ÜBERFORDERUNGEN

Wie feministischer Aktivismus gelingt

MAGDALENA BARAN-SZOŁTYS,
CHRISTIAN BERGER (HG.)
*für das Frauen*Volksbegehren*

ÜBER FORD ERUN GEN

Wie feministischer Aktivismus gelingt

MAGDALENA BARAN-SZOŁTYS,
CHRISTIAN BERGER (HG.)
*für das Frauen*Volksbegehren*

K&S

Für die 481.959 Menschen, die das
*Frauen*Volksbegehren unterzeichnet haben,*
die unzähligen Menschen, die für
gleiche Rechte gekämpft haben,
weiter fordern und überfordern, und
*die feministischen Revolutionär*innen,*
auf deren Schultern wir stehen.

INHALT

Einleitung

FORDERN UND ÜBERFORDERN – IN FEMINISTISCHER TRADITION

„Wir können uns auf *gar nichts* verlassen. Ständig ändert man – über unsere Köpfe hinweg – die Bedingungen, nach denen wir unser Leben planen sollen oder geplant haben", schreibt Elfriede Hammerl in ihrer Rede, die sie bei der Frauendemo am 8. März 1996 vorgetragen hat und die nun in diesem Band erstmals in voller Länge veröffentlicht wird. Zur Erinnerung: 1995 und 1996 führte die Regierung zwei Sparpakete ein, die vor allem Frauen Nachteile brachten. Die Frauenministerin Johanna Dohnal wurde 1995 vom damaligen Bundeskanzler Franz Vranitzky gegen ihren Willen aus der Regierung entlassen. Gleichzeitig bewirkten die Sparpakete zentrale Kürzungen bei sozialstaatlichen und frauenpolitischen Errungenschaften: Das Pflegegeld wurde reduziert. Das Karenzgeld für Alleinbeziehende von zwei auf eineinhalb Jahre gekürzt. Die Geburtenbeihilfe entfiel. Die Notstandshilfe verlangte nach längeren Anwartschaften usw. usf. Diese Anmaßungen von Seiten der Regierenden wollten sich viele Frauen nicht mehr gefallen lassen und beschlossen, dies in Form eines sogenannten Frauenvolksbegehrens kundzutun. Zwischen dem 7. und 14. April 1997 waren über fünf Millionen wahlberechtigte Österreicher*innen aufgerufen, das Frauenvolksbegehren mit seinen elf Forderungen zu unterschreiben. Zu jenen zählten unter anderem die arbeits- und sozialrechtliche Gleichstellung der Teilzeitarbeit und geringfügigen Beschäftigung mit der vollen Erwerbstätigkeit, gleicher Lohn für gleiche Arbeit sowie die Bereitstellung ganztägiger qualifizierter Betreuungseinrichtungen für Kinder.

644.665 Menschen unterzeichneten das erste Frauenvolksbegehren. Dies ist das neuntbeste Ergebnis eines Volksbegehrens in der Geschichte der Republik Österreich. Eine (!) der elf Forderungen wurde zur Gänze umgesetzt, andere in Ansätzen.

20 Jahre später motivierte die Situation der uneingelösten Forderungen sowie der allgemein vorherrschende rechtsnationale Backlash einige Frauen zur Neuauflage des Frauenvolksbegehrens. Die von drei der Initiator*innen niedergeschriebene Geschichte der Entstehung dieser Idee im Jahr 2016 und der anschließenden, bis heute aktiven Bewegung und breiten Allianz ist wohl einer der wichtigsten Beiträge dieses Bandes. Dank den Initiator*innen und den unzähligen, in der Folge für deren Idee und die Forderungen kämpfenden Menschen kam es zwischen dem 1. und 8. Oktober 2018 zur Eintragungswoche des Frauen*Volksbegehrens.

481.959 Menschen unterzeichneten das Frauen*Volksbegehren. Dies ist das dreizehntbeste Ergebnis eines Volksbegehrens in der Geschichte der Republik Österreich. Noch wurde keine (!) der neun Forderungen umgesetzt.

Dennoch hat sich etwas bewegt. Das Frauen*Volksbegehren hat zur Politisierung und Mobilisierung von jungen Menschen und zur Repolitisierung von Gesellschafts- und Lebensverhältnissen beigetragen. Es hat die die österreichische Demokratie belebt.

Es wurde initiiert, als die #MeToo-Debatte losbrach, „starke Männer“ mit frauenfeindlichen und demokratieskeptischen Ansagen in politische Ämter gewählt und neue, mit Rechtsextremismus verbundene Formen von Sexismus alltäglich wurden. Es braute sich etwas zusammen; die Ahnung, dass etwas kippen könnte, war präsent – und das ist sie nach wie vor. Wir erleben schließlich nicht nur in den USA, Ungarn oder Polen, sondern auch in Österreich und Deutschland autoritäre Verschiebungen, die männlich geprägt sind, traditionelle Geschlechter- und Familienbilder propagieren, Gender Studies delegitimieren und Frauenrechte in Frage stellen. Gegen diesen globalen Trend, der sich in der Verschärfung politökonomischer Ungleichheiten und der

Universalisierung von Konkurrenzprinzipien ausdrückt, formiert sich ein breiter feministischer Widerstand.

Dieses Buch entstand in der Überzeugung, dass diesen Realitäten etwas entgegengesetzt werden muss und die Stimmen der knapp halben Million Menschen gehört werden müssen. Dabei geht es nicht zuletzt um das Moment des „Sich-Schreibens" (Hélène Cixous), darum, die eigene Geschichte und Gegenwart zu schreiben. Der Band soll ruhig überfordern, dann haben wir alles richtig gemacht; in Zukunft sollen die diskutierten Forderungen Realität und zu Ausgangs- und Bezugspunkten für radikale Veränderungen werden. Für ein besseres Leben für alle. Damit wir uns endlich auf *etwas* verlassen können.

Die Stimmen in diesem Buch überfordern. Sie benennen Schieflagen, die gerne verleugnet und verdrängt werden. Das hat feministische Tradition. Sie müssen das Bestehende grundlegend in Frage stellen. Warum dem so ist, zeigt etwa Gabriele Michalitsch in ihrem Beitrag in diesem Band auf: „[D]ie Fundamente bestehender Macht- und Herrschaftsverhältnisse, mit dem eigenen Leben das Leben aller und mit dem Leben aller auch das eigene Leben zu verändern, bedeutet freilich nichts weniger als Revolution."

Die Forderungen des Frauen*Volksbegehrens beziehen sich auf geschlechtsspezifische Differenzen und Ungleichheiten, Gewalterfahrungen und Unsicherheitslagen, die aus der gesellschaftlichen Organisationsstruktur und Herrschaftsform Patriarchat resultieren. Sie sind ein Basisprogramm zum Abbau patriarchaler Vorstellungen und Verhältnisse; nicht mehr, nicht weniger. Dabei stand nie Angleichung an prototypisch-männliche Normen auf der Agenda, sondern die Überwindung der Unterwerfung des „Weiblichen" und der Überhöhung des „Männlichen" in der Verteilung von Posten, Ämtern, Einkommen und Vermögen, von bezahlter und unbezahlter Arbeit, in der politischen Repräsentation und Kultur. Die Forderungen des Frauen*Volksbegehrens sollen dazu beitragen, dass die Rechte von Frauen und Minderheiten ernst genommen und unterschiedliche Erfahrungen und Lebensrealitäten als gleichwertig anerkannt werden – mit dem radikalen Ziel einer „menschlichen Zukunft ohne Rollenzwänge und Gewaltverhältnisse“ (Johanna Dohnal).

Um Forderungen wie diese zu entwerfen, durchzusetzen und zu verwirklichen, bedarf es allerlei Gedanken und Maßnahmen. Welche das sind, stellt der vorliegende Band in drei Kapiteln am Beispiel des Frauen*Volksbegehrens dar. Der Ertrag des Buchs besteht in der Verbindung von instruktiven Einzeldarstellungen mit auf Aktivismus und institutionelle Politik bezogener Universalisierung. Somit stellen die Beiträge einzeln und in ihrer Gesamtheit eine Anleitung für Engagement auf unterschiedlichen Ebenen dar: vom Entwerfen neuer gesellschaftlicher Lebensformen und Ideale über die Finanzierung ihrer Öffentlichmachung bis zur Vernetzung und Umsetzung auf internationaler Ebene.

Der erste Teil „Gefordert werden“ bietet einen Einblick in die Entstehungsgeschichte der beiden Volksbegehren. Anstelle einer reinen historischen Kontextualisierung kommen die handelnden Frauen selbst zu Wort und artikulieren die Gründe, Stimmungen und Knotenpunkte rund um die Initiierung und Entwicklung dieses politischen Schritts. Eine reflektierte Perspektive auf das Frauen*Volksbegehrens bietet die Darstellung der österreichischen Initiative von der in Deutschland ansässigen Galionsfigur des jungen deutschsprachigen Feminismus, Margarete Stokowski.

Der Titel des zweiten Teils „Forderungen stellen“ bildet wesentliche Inhalte eines solchen und anderer politisch-feministischer Projekte ab. Dieser Teil liefert Einblicke in die konkrete feministische Arbeit und davon ableitend eine deskriptive Anleitung zu feministischem Aktivismus: im ersten Abschnitt

„Feminismus kampagnisieren“ anhand der Kampagne zum Frauen*Volksbegehren (Strategie, Finanzierung, Kommunikation usw.) und im zweiten „Feminismus praktizieren“ anhand anderer feministischer Organisationen (Sorority, HeForShe Vienna usw.) und Aktionsformen (Schweizer Frauen*Streik, Gesamtpolnischer Frauenstreik, #truediskriminierung usw.).

Der abschließende Teil „Forderungen entwerfen“ ist eine theoretische Darstellung der politischen Maßnahmen und Gesellschaftsinnovationen, deren Umsetzung für eine gerechte, lebenswertere Welt gebraucht wird - die Forderungen des Frauen*Volksbegehrens (F*VB) werden kontextualisiert, verbreitert, vertieft - und radikalisiert. In neun klarsichtigen Essays entwerfen Expert*innen anhand des F*VB-Forderungskatalogs, neuester Forschungsergebnisse und fundierter Erfahrungen Visionen für eine gerechtere Gesellschaft. Die jeweilige Forderung des Frauen*Volksbegehrens im Originalwortlaut ist jedem Beitrag vorangestellt.

Dazu kommen über das gesamte Buch verteilte Zwischenrufe, als Momentaufnahmen gegenwärtigen feministischen Gedankenguts im Kontext aktuell brennender Themen unserer Gesellschaft – ausgedrückt in persönlichen Statements von Journalistinnen und Aktivistinnen: Madeleine Darya Alizadeh (dariadaria), Magdalena Berger, Alexandra Stanić und Nicole Schöndorfer.

Die Diversität der Autor*innen und Textsorten spiegelt zweierlei wider: die Vielfalt, die wir fordern und die Vielfalt an Kritik und Handlungen, die gebraucht wird, um diese zu realisieren. Sie sind von der Haltung getragen, dass Gleichheit gerade in Vielfalt Realität wird.

1. GEFORDERT WERDEN

SYLVIA RIVERA & MARSHA P. JOHNSON

1997: „WIR SIND DIE BEVÖLKERUNG, WIR WOLLEN GEFRAGT WERDEN.“ BEITRAG ZUR FRAUENDEMO AM 8. MÄRZ 1996[1]

Elfriede Hammerl

„Wir sollen lieber das Positive sehen“, sagt die Frauenchefin der Volkspartei, wie ich lese. Zum Beispiel sollen wir uns darüber freuen, dass der Kündigungsschutz der Frauen in der Karenz aufrechtgeblieben ist.

Das wäre natürlich auch ein Ansatz gewesen. Wir hätten einen kleinen Dankgottesdienst abhalten können, weil die Witwenverbrennung noch nicht in den Verfassungsrang erhoben wurde.

Und wir könnten uns dankbar zeigen, weil das Familienministerium schließlich nicht ausdrücklich – jedenfalls nicht mit diesen Worten – der Müllabfuhr angegliedert wurde. Die bizarren Betrachtungsmöglichkeiten sind zahlreich.

Ein Zeitungskommentator hat es kürzlich auf diesen Punkt gebracht: „Wo alle zur Kostendämpfung beitragen müssen, können auch die Frauen oder die Behinderten nicht ausgespart werden.“ So sieht Mann uns: als lästigen Kostenfaktor und als privilegierte Kaste, die jetzt halt nicht mehr auf Rosen gebettet wird.

So stellt man uns gern dar, aber das Gegenteil ist wahr. Wir verursachen die Kosten nicht, wir *tragen* sie. Wir arbeiten, wir zahlen Steuern, wir mehren das Nationalprodukt. Und was man uns wegnimmt, immer wieder, ist nicht ein bisschen Luxus, sondern unsere Existenzgrundlage. Mann behandelt uns mit atemberaubender Willkür. Wenn wir außer Haus arbeiten wollen, sollen wir daheim bleiben, wenn wir daheim bleiben wollen, mehr oder weniger notgedrungen, schmarotzen wir sozial. Als Großmütter sollen wir unseren Enkeln den Kindergartenplatz ersetzen. Aber gleichzeitig sollen wir gefälligst länger arbeiten für die Pension – von der wir dann eh nicht leben können, weil wir viel zu wenig verdient haben all die Jahre davor. Dass wir wegen der Kinder nicht arbeiten gehen können, muss uns übrigens nicht kratzen, weil es eh keine bezahlten Arbeitsplätze für uns gibt. Wenn wir einen bezahlten Arbeitsplatz finden, nehmen wir ihn einem Familienerhalter weg. Wenn wir eine Familie erhalten, interessiert das keinen Schwanz. *Wie* es uns gelingt, eine Familie zu erhalten, ist unser Bier. Wir sollen die Alten und Hilflosen pflegen, und manchmal gibt es dafür sogar Pflegegeld, aber darauf können wir uns nicht verlassen. Keine Krankenschwesternausbildung? Dann kein Pflegegeld. Pflegling drei Wochen im Spital? So lang kein Pflegegeld. Macht nix, wir können für die drei Wochen ja einen Aushilfsjob als Generaldirektorin annehmen. Wir können uns auf *gar nichts* verlassen. Ständig ändert man – über unsere Köpfe hinweg – die Bedingungen, nach denen wir unser Leben planen sollen oder geplant haben.

Noch vor Kurzem hat man uns beruhigt: „Kindererziehung wird euch eh auf die Pension angerechnet". Jetzt heißt es: „Wirklich ankommen tut es ja auf die Beitragszeiten". Und mehr Beitragsmonate sind notwendig! Kindererziehungszeit ist bloß Ersatzzeit. Die gilt nicht so ganz. Ich denke mir: Gerade die sollte gelten. Und ich stelle mir vor, wie es bei der Pensionsversicherung auch zugehen könnte. Bis jetzt geht es so zu: Was haben Sie denn gemacht so viele Jahre? Zu Hause gesessen, Kinder gehutscht, Alte gepflegt? Dafür gibt es aber nix! Warum heißt es nicht so: Was haben Sie denn gemacht die ganze Zeit, *guter Mann?* Nur im Büro gesessen und telefoniert? Nie jemanden betreut, nie jemanden gepflegt? Das wird sich aber schwer ausgehen! So heißt es leider nicht. Statt dessen feiern die alten Rollenzuweisungen fröhliche Urständ'. Selbstlos sei die Frau, sauber und schuldbewusst. Ich frage mich: Für wie dumm hält man uns, wenn man meint, wir merken nicht, dass die Forderungen, die an uns gestellt werden, in Wirklichkeit unerfüllbar sind, weil sie einander widersprechen?

Wer glaubt, dass wir so idiotisch sind, uns schon für unabhängig zu halten, nur weil unsere Abhängigkeiten keinen Versorgungsanspruch nach sich ziehen?

Frauen sind ja so gutgläubig. Die fallen immer noch auf den alten Marie-Antoinette-Schmäh herein. Dieselben Politiker, die eine Verkürzung der Karenzzeit auf anderthalb Jahre beschließen, beschließen anschließend, dass Zweijährige noch nicht in den Kindergarten dürfen, weil für Zweijährige die Geborgenheit eines trauten Heims besser ist als ein Kindergarten. Aber gewiss doch. Ein Urlaub unter Palmen ist schöner als ein Job am Fließband. In einer Villa lebt sich's besser als in einer Gemeindewohnung. Wir geben Ihnen keine Gemeindewohnung, weil es in einer Villa eh viel schöner ist. Wir haben keinen Job für Sie, und wissen Sie, warum? Weil wir finden, dass es Ihnen unter Palmen besser gefallen wird. Sie kriegen kein Brot, denn dadurch, dass wir Ihnen kein Brot geben, zwingen wir Sie, den Kuchen zu essen, der durch den Brotmangel automatisch auf die Tische kommt. Niemandem würde man die Logik solcher Argumente zumuten. Den Frauen mutet man sie zu. Wir bauen keine Kindergärten, weil dadurch, dass es keine Kindergärten gibt, lauter traute Gartenlaubenheime aus dem Boden schießen.

Frauen speist man mit billigen Patentrezepten ab. Sie haben berufliche Schwierigkeiten nach der Karenz? Dann sollen sie eben in der Karenzzeit beruflich am Ball bleiben! Den naheliegenden Gedanken, dass eine Person, die beruflich am Ball bleiben kann, gleich im Beruf bleiben könnte, weshalb eine Person, die aus bestimmten Gründen nicht im Beruf bleiben kann, auch nicht beruflich am Ball bleiben kann – diesen naheliegenden Gedanken schieben wir weit weg. Dass er den Frauen kommen wird, kalkulieren wir erst gar nicht ein. Frauen sind ja so naiv.

Das Patentrezept, Frauen in Karenz sollten sich beruflich weiterbilden, verdanken wir übrigens nicht nur der Unternehmerseite, sondern auch der Arbeiterkammer. Das ist originell und ein schönes Beispiel für einen sozialpartnerschaftlichen Konsens. Frauen sind ganz leicht ablenkbar. Neulich habe ich in der Zeitung lesen dürfen, was uns wirklich fehlt: nicht Kindergärten, sondern männliches Personal in den Kindergärten! Es hapere, habe ich gelesen, an der Qualität der Kindergartenplätze, weil die Kinder, möglicherweise eh schon gehandicapt durch das Zusammensein mit einer alleinerziehenden Mutter, im Kindergarten erneut nur unter Frauen wären. So weit muss man sich zu gehen trauen: Erst die Frauen mit den Kindern alleinzulassen, und dann frech zu bejammern, dieses Alleinsein mit Frauen schade den Kindern. So weit zu gehen traut man sich unentwegt. Unentwegt werden Frauen wie die Packesel mit Pflichten beladen, im Stich gelassen und obendrein für jedweden Missstand verantwortlich gemacht. Wir müssen uns endlich fragen, wieso man sich das traut!

Das Sparpaket stoße auf eine *breite Akzeptanz in der Bevölkerung,* hat Minister Klima im Parlament gesagt. Herr Minister: *Wir sind die Bevölkerung. Wir wollen gefragt werden, was wir akzeptieren.*

Wir akzeptieren nicht, dass Männer immerzu besser wissen als Frauen, was Frauen akzeptieren und zu akzeptieren haben.

2017: „WIR ERHEBEN UNSERE STIMMEN." DIE ENTSTEHUNG DES FRAUEN*-VOLKSBEGEHRENS – ERZÄHLT VON DREI INITIATORINNEN

Agnes Roth-Gritsch, Eva-Maria Titz, Lena Jäger

Ein Wohnzimmer voller Frauen* im November 2016 in Wien Josefstadt – so beginnt die Geschichte des Frauen*Volksbegehrens. Wohl keine der vielen Frauen*, die an diesem Abend zusammenkamen, hatte damals wohl eine Vorstellung davon, dass zwei Jahre später eine halbe Million Menschen die daraus entstandenen Forderungen unterschrieben. Wir jedenfalls nicht.

Wie in fünf Monaten aus einer Idee ein Volksbegehren entstand

Es war der 18. November 2016. Im Vorfeld des Treffens hatten die Obfrauen* von „Sorority", einem Verein zur branchenübergreifenden Frauen*vernetzung, in der dazugehörigen Facebook-Gruppe eine Diskussion über ein mögliches neues Frauenvolksbegehren gestartet. Sie fragten, wer sich vorstellen könne, mitzuarbeiten. Quasi als Wiederaufnahme des Frauenvolksbegehrens, das 20 Jahre zuvor stattgefunden hatte und dessen Forderungen ja immer noch nicht umgesetzt waren. Mehr als 30 Frauen* folgten der Einladung. Was sie einte, war der Wunsch nach öffentlicher Diskussion und echter Veränderung.

Bei diesem ersten Kennenlernen war Zeit, dass jede Einzelne ihre persönlichen Beweggründe für ihr Kommen nannte. Bei vielen war es die Neugier, die sie hergebracht hatte, Wut und Enttäuschung lagen in der Luft. Der Schock über die Wahl Donald Trumps am 8. November 2016 zum amerikanischen Präsidenten saß allen in Mark und Bein. Auf nationaler Ebene war es die Sorge um die bevorstehende Bundespräsidenten-Wahl. Der rechtsnationale Backlash war spürbar groß und wir wussten noch nicht, dass Nobert Hofer bei der Wahl des Bundespräsidenten am 5. Dezember 2016 Alexander van der Bellen unterliegen würde. Vor diesem Hintergrund waren wir uns einig: Wir müssen etwas tun.

Die Aufbruchstimmung war spürbar und riss mit. Mut und Hoffnung wuchsen an diesem Abend bei jeder einzelnen Mitstreiterin*. Gemeinsam stärkten wir unseren Glauben daran, durch Aktivismus - wenn schon nicht die Welt, dann doch zumindest Österreich - zu verändern.

Netzwerke wurden aktiviert und Einladungen ausgesprochen. Bei unserem nächsten Treffen am 7. Jänner 2017 waren wir bereits über 50 Frauen*. Eine neue Bewegung hatte begonnen und die Entscheidung war gefallen: Wir ziehen das durch. Es wird ein neues Frauenvolksbegehren geben. Wir arbeiteten an diesem Tag bereits in verschiedenen Arbeitsgruppen, die sich thematisch aufteilten. Das Fundament bildeten die Forderungen. Darüber hinaus braucht ein Volksbegehren ein großes Netzwerk, einen soliden Zeitplan und ein sicheres Budget sowie eine mitreißende Kommunikationsstrategie und sichtbaren Aktivismus. Zu all diesen Punkten wurde an diesem Tag ein erstes Mal intensiv gearbeitet und diskutiert.

In den folgenden zwei Wochen entstand unsere Arbeitsstruktur, die mit leichten Modifikationen für das gesamte Projekt hielt. Fünf Arbeitsschwerpunkte wurden entwickelt: Aktivismus, Budget, Kommunikation, Legal und Netzwerk. Rund um diese Arbeitsschwerpunkte bildeten sich Teams, deren Leiter*innen das Orga-Team formten, das sich mit wenigen Ausnahmen über eineinhalb Jahre hinweg bis zum Oktober 2018 jeden Montagabend zum Orga-Jour fixe traf. Dieses erste neunköpfige Orga-Team trug in den ersten vier Monaten entscheidend dazu bei, dass aus der Neuauflage des Frauenvolksbegehrens von 1997 unser Frauen*Volksbegehren wurde. Sie sind die Initiator*innen:

Teresa Havlicek, Hanna Herbst, Lena Jäger, Therese Kaiser, Miriam Mitschka, Agnes Roth-Gritsch, Viktoria Spielmann, Karin Stanger, Eva-Maria Titz.

Die Teams waren unterschiedlich groß und wurden von ihren Leiter*innen autonom aufgebaut. Montags wurden Ergebnisse vorgestellt und Probleme besprochen. Entscheidungen wurden basisdemokratisch getroffen, was die Sitzungen lang und diskussionsreich gestaltete. Das Team Budget wurde von Agnes Roth-Gritsch übernommen und bis zur Veröffentlichung unserer Forderungen im Wesentlichen von ihr alleine bestritten. Team Netzwerke lag in der Verantwortung von Viktoria Spielmann, die in Abstimmung mit einzelnen Personen einen großen Verteiler der wichtigsten Bündnis-Organisationen für das Frauen*Volksbegehren erstellte. Das Team Legal wurde von Eva-Maria Titz und Miriam Mitschka aufgebaut und war verantwortlich für die Erstformulierung der Forderungen, die Struktur des Vereins sowie alle rechtlichen Fragen. Dieses Team hatte von Beginn an drei weitere feste Mitglieder und wuchs nach unserem ersten öffentlichen Auftreten sehr schnell auf etwa 20 Mitglieder an. Im Team Kommunikation arbeiteten ursprünglich Teresa Havlicek, Therese Kaiser, Karin Stanger und Hanna Herbst an einer Corporate Identity des Frauen*Volksbegehrens. Lena Jäger hatte als Lead des Teams Aktivismus, aus dem später die Aktionistas* des F*VBs wurden, in der Erarbeitungsphase noch wenig zu tun und klinkte sich daher in die verschiedensten Gruppen ein, vor allem in die Kommunikation und die Erstellung der Forderungen.

In der Zwischenzeit war ein regelmäßiger Austausch mit den Frauen* rund um das erste Frauenvolksbegehren entstanden. Es war geplant, dass sie am 28. April 2017 anlässlich ihres 20-jährigen Jubiläums eine Pressekonferenz geben würden. Sie luden uns dazu ein, und wir beschlossen, diesen Termin zu unserem ersten öffentlichen Auftritt zu machen. Wir arbeiteten auf Hochtouren und im Stillen. Vor diesem Tag sollten keine Informationen an die Öffentlichkeit gelangen. Gar kein so einfaches Unterfangen, regelmäßig arbeiteten zwischen 15-20 Frauen* an unserem Projekt, auf den internen Verteilern waren es zeitweise sogar um die 50 Personen.

Die Ansprüche, die wir an uns stellten, waren hoch. Der neunköpfige Kern hatte einander vorher nicht gekannt, das machte das gemeinsame Arbeiten auf Hochdruck nicht immer leicht. Wir mussten viel in kurzer Zeit schaffen und waren oft nicht einer Meinung. Eines stand aber von Beginn an außer Frage, nämlich, dass wir mit unserem Frauen*Volksbegehren auch ein klares Zeichen für eine neue, inklusive, intersektionale Frauen*bewegung in Österreich setzen wollten, der sich alle, die wollten, anschließen konnten. Hier liegt auch der Ursprung unseres Namens und unserer bewussten Schreibweise: Frauen*Volksbegehren.

Ebenso einig waren wir uns darüber, dass ein Volksbegehren, das für die Gleichstellung von Geschlechtern eintritt, so partizipativ wie möglich gestaltet werden sollte. Wir fühlten uns als die kleine und homogene Gruppe, die wir waren, nicht autorisiert, Forderungen aufzustellen, die die strukturelle Benachteiligung der Hälfte der österreichischen Bevölkerung aufzeigen und am Ende beseitigen wollen. Uns war es wichtig, Expert*innen hinzuzuziehen, wir erstellten daher einen Fragebogen mit drei Fragen, den wir österreichweit an ca. 50 Frauen*organisationen verschickten. Herzstück war die Frage nach drei gewünschten Forderungen für ein mögliches neues Frauen*Volksbegehren. Erstmals traten wir dadurch mit unserer Initiative an die Öffentlichkeit.

Die retournierten Fragebögen zeigten deutlich die vielfältigen Fragestellungen frauen*politischer Arbeit. Alle Antworten, die uns erreichten, wurden ausgewertet, kategorisiert und geclustert. In beinahe täglichen Arbeitstreffen, die in kleinerer und größerer Besetzung stattfanden, entstanden daraus die ersten Forderungen, die schließlich am 21. April 2017 in einem Plenum von 18 Frauen* final beschlossen wurden. Die erste Fassung hatte 15 Forderungen, die sich in jeweils fünf Forderungen der Bereiche Arbeit und Wirtschaft, Familie und Gesundheit, Gesellschaft und Politik gliederten. Parallel dazu entstand ein Logo und rundherum eine erste, zarte Corporate Identity, ein Finanzplan und unser erste Erfolgsgeschichte: die Crowdfundingkampagne, in der sich unser partizipativer Charakter widerspiegelte. Von Beginn an sollte klar sein, dass diese politische Bewegung von vielen getragen wurde und alle eingeladen waren, sich uns anzuschließen. Starttermin war die Pressekonferenz am 28. April 2017. Wir legten als Mindestsumme 100.000 Euro fest. Für uns war klar: Nur, wenn wir dieses erste Ziel schaffen und genügend Unterstützer*innen finden würden, hätte unser Projekt Sinn. Ein Volksbegehren braucht breite Unterstützung oder gehört eingestampft. Für uns war diese Kampagne unsere erste Feuerprobe und wir bestanden sie erfolgreich.[2]

Der 28. April 2017 – Von jetzt an gibt es kein Zurück

Es gibt verschiedene Tage und Momente im Leben eines Menschen, die als Erinnerungen immer präsent bleiben. Für uns Initiatorinnen* ist das sicherlich der 28. April 2017. Früh am Morgen trafen wir uns im Café Wirr. Es gab viel zu tun. Wir hatten alle klare Rollen und einem Drehbuch zu folgen. Direkt vor dem Start der Pressekonferenz gingen wir mit unserer Website, den Social Media-Kanälen und unserem Herzstück – der Crowdfunding-Kampagne auf *Startnext* – online. Von einer Sekunde auf die andere wuchs der Druck auf jede* von uns. Wir hatten eine Entscheidung gefällt und die letzten Wochen intensiv auf diesen Moment hingearbeitet. Schlagartig wurde uns klar: Es gibt jetzt kein Zurück und nach diesem Tag auch keine Erholung mehr. Schien uns dieser letzte Freitag im April 2017 das Ende einer sehr anstrengenden, erschöpfenden, aber entscheidenden ersten Phase – der Konzeption des Frauen*Volksbegehrens –, so war es doch in Wahrheit der Beginn. Der Vorhang war gelüftet, und wie es auf einer Bühne eben ist, kann es Patzer und Ausfälle geben, Applaus und Buhrufe, aber eines ist immer klar: Das Stück muss weitergehen. Das Werben um jede einzelne Stimme, jede Unterstützung, letztlich jede Unterschrift, hatte begonnen und endete erst eineinhalb Jahre später mit dem letzten Tag der Eintragungswoche im Oktober 2018. Wer schon einmal einen Wahlkampf oder ähnliches begleitet hat, weiß, dass eineinhalb Jahre für so eine intensive Zeit sehr lang sein können. Zum Glück wusste das damals keine* von uns.

Was bleibt

Was bleibt, ist ganz klar die Erkenntnis, dass es einen guten Plan braucht. Vor allem aber braucht es die Menschen, die alles daransetzen, diesen Plan umzusetzen. Unersetzbar sind aber auch die Spontaneität und die Entschlusskraft, diesen Plan immer wieder zu aktualisieren. Es braucht ein Team von Menschen, das nach Wochen, Monaten und Jahren immer noch bereit ist, miteinander Nachtschichten zu bestreiten und das Telefon in die Hand zu nehmen, wenn die zweite Crowdfunding-Kampagne nicht so läuft, wie sie sollte, und das zusammenhält, auch wenn die Nerven blank liegen.

Was bleibt, ist das Wissen, dass ein Volksbegehren zu organisieren weit anstrengender ist, als wir es uns jemals ausgemalt hatten. Es ist alles andere als eine Freizeitbeschäftigung neben einer Vollzeitarbeitsstelle. Vor allem ist es eine große Verantwortung.

Was bleibt, ist aber auch diese unendliche Erfüllung und Glückseligkeit, die jede von uns am 8. Oktober 2019 auf ihre ganz eigene, persönliche Art gespürt hat.

Was bleibt, ist die Bewegung Frauen*Volksbegehren, die viel größer geworden ist, als auch nur eine* von uns gedacht hatte. Eine Bewegung, die zu Spitzenzeiten auf 500 Aktionistas* in allen Bundesländern anwuchs und mehr als 600 Aktionen durchführte.

Was bleibt, sind fast eine halbe Million Unterschriften und Unterstützer*innen, die an uns und unsere Forderungen geglaubt haben und weiterhin glauben. Menschen, die wie wir genug von gläsernen Decken, Pension Pay Gap und leeren Floskeln haben und die nach wie vor Veränderungen von Politiker*innen und Expert*innen einfordern.

Was bleibt, ist das Wissen um und die Enttäuschung über eine Regierung, die die Unterschriften von einer halben Million Wähler*innen im Frühjahr 2019 „endabgefertigt" hat, ohne sich jemals ernsthaft mit ihnen auseinanderzusetzen. Im Gegenteil, die Allianz von ÖVP und FPÖ hat Frauen*- und Gleichstellungspolitik nicht nur sinnentleert, sondern auch zweckentfremdet und ad absurdum geführt, indem sie sie als Feigenblatt für so manche rassistische Maßnahme und zur Spaltung der Gesellschaft missbraucht hat. Dem haben wir uns entschieden entgegengestellt. Eine Reaktion auf die Regierungsbildung im Dezember 2017 war die Entwicklung des Frauen*Volksbegehrens zu einer gesellschaftspolitischen Treiberin in Zeiten des enormen Rechtsrucks. Es trug und trägt bis heute dazu bei, eine breite Gegenöffentlichkeit zu erzeugen und macht sich für Gleichstellung und Antidiskriminierung stark.

Was bleibt, ist die Einsicht, dass Frauen*politik in der Öffentlichkeit nicht als Querschnittsmaterie gesehen wird und es daher feministischer Organisierung bedarf, um etwas zu verändern. Dabei ist es wichtig, Verbündete in der Politik, in der Wirtschaft, in Kunst und in der Kultur zu finden. Es reicht eben nicht, wenn nur einige ihre Stimmen erheben, es müssen viele sein, die die von der Bewegung organisierten und eingeforderten Veränderungen weitertreiben. Feminismus muss dabei oft höheren Ansprüchen genügen, aber im Endeffekt müssen dieselben Hürden wie in jeder anderen Bewegung überwunden werden. Ein Kollektiv hat niemals eine uniforme Meinung darüber, was gemacht werden soll, und wie etwas gemacht werden soll; viele Bemühungen und Meinungen können nebeneinanderstehen.

Was bleibt, ist eine starke Vision. Die Vision eines Feminismus, der in der Überzeugung, dass alle gleich viel wert sind, kompromisslos ein gutes Leben für alle fordert und damit ein Gegeneinander in ein Miteinander verändert. Das mag für manche jetzt ein wenig platt, vielleicht übertrieben oder abgedroschen klingen. Aber das ist es, worum es letztlich geht. Diese Vision hat unser Frauen*Volksbegehren getragen und in so mancher schweren Stunde auch uns.

Was bleibt, sind unsere Forderungen. Sie gehören alle umgesetzt. Für echte Gleichwertigkeit.

KAMPF FÜR FRAUENRECHTE: VON ÖSTERREICH LERNEN

Margarete Stokowski

Österreich eignet sich, politisch betrachtet, nicht gerade als Vorbild - mit einer Ausnahme: einer Initiative für mehr Frauenrechte. Die ist nachahmenswert, denn auch in Deutschland ist noch Luft nach oben.

Da geht noch was

Es gab in Österreich schon mal ein Frauen-Volksbegehren, das war 1997. Der sogenannte „unbereinigte" Gender-Pay-Gap lag in Österreich damals bei 27 Prozent, heute vor zwei Jahren lag er immer noch bei gut 20 Prozent (etwas besser als in Deutschland, aber schlechter als der EU-Schnitt; „unbereinigt" in Anführungszeichen, weil das, was da noch rausgerechnet werden kann - Teilzeit etc. - zwar Erklärungen für die Lücke liefert, aber den faktischen Unterschied auf dem Konto nicht besser macht). Mit anderen Worten: Da geht noch was. Die erste Initiative war trotzdem zum Teil erfolgreich, unter anderem wurde die Kinderbetreuung ausgebaut und die Strafen bei häuslicher Gewalt wurden erhöht.

Die Forderungen der aktuellen Initiative gehen noch wesentlich weiter: Die Arbeitszeit für alle soll schrittweise reduziert werden - frage mich, wie jemals jemand dagegen sein könnte -, die Kosten für Schwangerschaftstests und -abbrüche sollen von Krankenkassen übernommen werden, ebenso die für Verhütungsmittel, wenn sie nicht direkt in Beratungsstellen kostenfrei verfügbar gemacht werden können.

Im Moment sieht es nicht besonders gut aus für die feministische Bewegung in Österreich. Die Frauenministerin will das

Frauen*Volksbegehren nicht unterstützen, feministischen und migrantischen Initiativen wird die Unterstützung gekürzt.

Mindestens zwei Dinge lassen sich aus der Initiative zum Frauen*-Volksbegehren direkt auf Deutschland übertragen:

Das erste liegt auf der Hand: Man könnte das alles hier auch fordern, in genauso großem Umfang - oder meinetwegen noch größer -, als Petition an den Bundestag. Unterschiedliche Bezahlung ist in Deutschland genauso ein Problem wie in Österreich, außerdem Altersarmut bei Frauen, ein unzureichendes Abtreibungsrecht, mangelnde Gewaltprävention, desaströse Zustände in Frauenhäusern, Armut bei Alleinerziehenden, ungenügende Kitaplätze - die Liste ist sehr lang. Dafür, dass oft behauptet wird, im heutigen mitteleuropäischen Feminismus gehe es nicht mehr wirklich um „Frauenrechte“, sondern um kleinere Alltagsfragen, gibt es enorm viel an der gesetzlichen Situation zu verbessern.

Die zweite Sache: Wer sich die Forderungen zum Frauen*Volksbegehren durchliest, wird feststellen, dass das allermeiste gar nicht nur Frauen und Mädchen betrifft, sondern für alle Geschlechter gut wäre. Wenn alles am Ende in Erfüllung gehen würde, was von der Initiative gewünscht wird, wären die einzigen, die darunter leiden würden: Männer, die Frauen keine öffentlichen Stimmen und nicht genug Geld zugestehen wollen; Männer, die gerne Frauen schlagen; alle, die gerne sexistische Werbung mögen und gegen sexuelle Selbstbestimmung sind. Und na ja, auch Frauen, die gerne als geknechtete Wesen leben.

Dieser Text ist zum ersten Mal am 18. September 2018 bei SPIEGEL Online publiziert worden und erscheint hier in einer leicht bearbeiteten Fassung.

+++ ZWISCHENRUF: 5 JAHRE FEMINISMUS – DAS FRAUEN*VOLKSBEGEHREN UND DIE ENTWICKLUNG MEINES FEMINISTISCHEN VERSTÄNDNISSES +++

Magdalena Berger

Es ist 2012 und in der österreichischen Bundeshymne müssen nun endlich die Töchter mitgesungen werden. Ich bin in der 6. Klasse Gymnasium, komme im Rahmen einer Erörterung zu besagtem Thema zum ersten Mal aktiv mit Feminismus in Berührung. In meinem Essay positioniere ich mich klar und deutlich: dagegen. *Haben wir keine größeren Probleme?* ist meine überaus kreative Hauptthese.

Seit meiner antifeministischen Streitschrift 2012 sind fast acht Jahre vergangen und bei mir ist politisch – zum Glück – viel passiert. Ich besitze wahrscheinlich alle popfeministischen Bücher der letzten Dekade, fast jede Seminararbeit auf der Uni hatte einen feministischen Fokus, genauso wie meine journalistischen Texte und Party-Gespräche, Feminismus ist überall. Es gibt viele Gründe für diese späte, aber doch klare Politisierung, das Frauen*Volksbegehren ist in jedem Fall einer davon.

Ich weiß noch ganz genau, wie es sich anfühlte, das erste Mal bei einem Treffen des Frauen*Volksbegehrens zu sein. Irgendwann Anfang 2017 sitze ich zum ersten Mal in einem Raum voller Mitstreiter*innen. Vorne steht Christian Berger und sagt: „Männer müssen verstehen, dass ihnen das Frauen*Volksbegehren nichts wegnimmt – nichts, das sie zu besitzen verdienen." Ich höre ihm zu, höre allen anderen zu, fast ehrfürchtig, weil ich beeindruckt davon bin, wie konsequent hier Rechte eingefordert werden. Das habe ich mich damals allein nämlich nicht getraut. Mein Feminismus war zwar theoretisch sehr weit fortgeschritten, aber in der Praxis zutiefst unsicher. Ich verbot mir selbst, zu laut zu werden und wenn Freunde oder Bekannte sexistische Bemerkungen machten, habe ich meistens geschwiegen. Ich wollte nie anecken, keine „von denen" sein, die jede Party ruinieren. Schon bevor ich Sara Ahmed gelesen habe, wusste ich, was es in der Praxis bedeutet, ein *feminist killjoy* zu sein.

Diesem ersten Abend folgen eineinhalb Jahre Arbeit für das Frauen*Volksbegehren – in manchen Wochen an jedem Tag, in anderen an keinem einzigen. Ich wollte alles über Feminismus wissen und das Frauen*Volksbegehren eröffnete mir die Möglichkeit, mit Mitstreiter*innen fernab einer Öffentlichkeit zu diskutieren, bis ich eine Position fand, die ich nach innen und außen vertreten konnte. Der meiste Dank gilt hier wahrscheinlich meiner Freundin und (Frauen*Volksbegehren-)Aktivistin Beate. Wir waren in den letzten Wochen vor der Eintragungswoche des Frauen*Volksbegehrens gemeinsam dafür zuständig, die Instagram-Kommentare des Accounts zu moderieren. Ich habe in der Zeit sehr, sehr viel Kritik am Frauen*Volksbegehren gelesen. Es ist wahrscheinlich immer gelogen, wenn Social-Media-Beauftrage sagen, dass sie sich über Kritik freuen, aber im Nachhinein betrachtet habe ich einiges daraus gelernt, was heute für mich absolut feministisches *basic Know-how* ist. Vieles von der Kritik hat damals den Anstoß für mich gegeben, mich intensiver mit geschlechtsspezifischen Themen und ihren Intersektionen auseinanderzusetzen: Wie hängen Feminismus und Kapitalismus zusammen? Warum sind immer nur weiße, nicht-migrantische Frauen an der Spitze des österreichischen Feminismus? Wir konnten das Projekt Frauen*Volksbegehren damals nicht einmal annähernd so inklusiv gestalten, wie es für feministische Projekte notwendig wäre, aber das ist eben der Widerspruch, den du als Aktivist*in nur mit dir selbst ausmachen kannst. Eine Brücke zu schlagen zwischen dem privaten Anliegen, immer härtere Forderungen zu stellen, und gleichzeitig eine breit aufgestellte

Initiative mitzutragen, ist nicht immer einfach. Die Aufgabe des Frauen*Volksbegehrens war es, weite Teile der österreichischen Bevölkerung feministisch abzuholen, ein Projekt zu entwickeln, mit dem sich möglichst viele identifizieren können. Es braucht auch solche Projekte, weil sie Menschen politisieren und Themen aufbringen, die in Österreich sonst nirgendwo besprochen werden.

Jede Person, die einmal in einer politischen Initiative, in einem Verein, einer Partei gearbeitet hat, weiß wahrscheinlich, wie frustrierend das oft sein kann. Durch zu viel Reflexion verliert man sich in den eigenen Widersprüchen, aber gleichzeitig muss man nach außen immer dieselben drei Argumente widerlegen, die Männer in den letzten Jahrzehnten auch eher selten upgedated haben. In meinem Metier, Instagram, war die mühsamste Aufgabe, den Post einer Grafik zu moderieren, in der wir darauf hingewiesen haben, dass es in Österreich 2018 mehr Bürgermeister mit dem Namen Josef gab als Frauen in diesem Amt. Das ist keine besonders *edgy* Meinung, sondern schlicht eine Beschreibung von Tatsachen. Der Post hat unsere Filterblase verlassen und obwohl es uns immer freut, neue Menschen zu erreichen, habe ich da erst so richtig realisiert, wie dystopisch die Diskussionen sind, auf die man sich als feministische Person immer und immer wieder einlassen muss. Hier zur Illustration ein paar Reaktionen auf den Post:

Mario_derGriller: sogar die Nationalhymne wurde gegendert.... Es gibt Grenzen! @frauenvolksbegehren sagt doch mal ein paar Punkte, die euch KONKRET fehlen in puncto Gleichberechtigung. Das es nicht jede Frau an eine hohe Position schaffen kann, könnte auch damit zusammenhängen das sich deutlich mehr Männer als Frauen bewerben..Das nur nebenbei*

Rafi_FCBayern: Es ist okay wenn sich frauen gleiche rechte wünschen wie männer und ich kann das nachvollziehen, aber die damen sollten sich nicht nur positive dinge herauspicken. Zu gleichberechtigung gehört auch, dass beide geschlechter zum bundesheer müssen*

(*Namen geändert, aber ähnlich; die beiden Kommentare sind in authentischer Schreibweise wiedergegeben)

So wie linke Kritik am Frauen*Volksbegehren für mich manchmal tiefe Interessenkonflikte aufgebracht hat, so sehr hat mich rechte „Kritik" wie die in den angeführten Kommentaren entweder zum Lachen oder zur Verzweiflung gebracht. Es sind keine Hasskommentare, die haben wir sowieso immer sobald wie möglich gelöscht, sondern Kommentare, in denen User*-innen glauben, sie hätten jetzt einen wirklich wichtigen Punkt gemacht – nur dass der halt seit Jahrzehnten als *Reply* auf jeden feministischen Text erschien. Dasselbe gilt für Liberale, die gedacht haben, sie nehmen einer ganzen Initiative den Wind aus den Segeln, wenn sie eine 30-Stunden-Woche für utopisch erklären. Für Arbeitgeber*innen-Vertretende war jede Arbeitszeitverkürzung immer utopisch, am Ende hat es dann doch funktioniert. Ich habe irgendwann gegen Ende der Laufzeit des Frauen*Volksbegehrens den Punkt erreicht, an dem ich nicht einmal mehr die Abschaffung der Lohnarbeit als utopisch kategorisiert hätte. Alles ist politisch möglich, man muss es nur wollen – und Österreich will eben meistens nicht.

Leute, die in den feministischen Szenen unterwegs sind, wissen, dass sich ihre politische Tätigkeit oft auf Wiederkäuen beschränkt, weil es immer und zu jedem Zeitpunkt einen „Rafi_FCBayern" in Österreich geben wird, der die Sache mit dem Feminismus kritisch sieht (wegen dem Bundesheer). Als ich die oben gezeigten Kommentare im September 2018 moderierte, hatte ich damit noch weniger Probleme. Ich dachte wirklich, wirklich,

wirklich, die meisten Leute müssen Ungerechtigkeit einfach nur bewusst sehen, dann beginnen sie von allein, mit uns zu kämpfen. Für viele, die schon länger als ein paar Jahre politisch aktiv sind, klingt das vielleicht naiv. Das tut es heute auch für mich, aber damals habe ich das wirklich geglaubt. Ich habe mit all den „Marios" diskutiert, völlig egal, wie oft sie das gleiche Argument gebracht haben – meistens eher erfolglos.

Heute würde ich das nicht mehr machen. Verweigerung als politischer Akt. Als Aktivistin lernte ich irgendwann, dass es nur eine Sache gibt, die einen daran hindert, müde zu werden. Für mich ist das konstante Weiterentwicklung. Im Rahmen des Frauen*Volksbegehrens habe ich immer wieder Leuten erklärt, warum geschlechtergerechte Sprache wichtig ist, Manspreading nervt und es mehr als zwei Geschlechter gibt. In den allermeisten Fällen diskutiere ich das heute nicht mehr, ich setze es voraus. Ich glaube, Diskurse können nur dann nach links verschoben werden, wenn nicht jeder Ablenkung nachgegeben wird. Die Arbeit beim F*VB und die nachfolgende Organisation mit unterschiedlichsten Mitstreiter*innen – digital wie analog – hat mir das nötige Selbstbewusstsein dafür gegeben. Wenn man nicht mehr versucht, jeden Menschen lieb und süß abzuholen, hat man plötzlich enorm viel Freiraum und Zeit, die man zum Beispiel in die Organisation von feministischen Vernetzungstreffen investieren kann oder in die Bildungsarbeit mit Jugendlichen.

Wer jahrelang mit allen diskutiert hat, wird zwangsläufig ideologisch gefestigt und kann seine Position besser artikulieren. Ich habe keine Angst mehr, von feministischen Utopien zu sprechen, zu kritisieren, wenn Aktivist*innen in der Hoffnung auf ein bisschen Teilhabe zu viele Kompromisse machen. Es ist schön zu erleben, wie einen eine Bewegung jahrelang begleitet.

Fast 500.000 Menschen haben 2018 das Frauen*Volksbegehren unterschrieben. Für viele war das Ergebnis vielleicht geringer als erhofft, ich hatte am Abend der Ergebnisverkündung trotzdem Tränen in den Augen. Ich bin heute jeder einzelnen Person für ihre Unterschrift dankbar, genauso dankbar wie ich den tollen Menschen bin, die sich damals gemeinsam mit mir engagiert haben – ich treffe sie heute überall wieder. Sie organisieren Demos, engagieren sich in linken Jugendorganisationen und publizieren feministische Texte. Diese Menschen zu kennen, mit ihnen gemeinsam geflyert, getextet zu haben und im Parlament gewesen zu sein, macht mich stolz und glücklich. Und auch wenn keine einzige Forderung im Parlament angenommen wurde, dieses Netzwerk ist stark. Es wird bleiben.

2. FORDERUNGEN STELLEN

A) FEMINISMUS KAMPAGNISIEREN: FALL-BEISPIEL FRAUEN*VOLKSBEGEHREN 2.0

*Es ist Zeit für echte Mitbestimmung: Politische und sprachliche Strategien des Frauen*Volksbegehrens*

Lena Jäger

Den ersten Satz eines neuen Textes zu schreiben ist manchmal fast genauso schwierig, wie ein neues Volksbegehren zu starten. Am Anfang steht eine Idee, das Verlangen, anderen etwas mitzuteilen. Ein leeres Blatt, das viele Möglichkeiten bietet und gleichzeitig aber auch nach Handlung verlangt. Alles scheint offen und gleichzeitig ungewiss. Aus den ersten Buchstaben wird das erste Wort und aus den ersten Wörtern der erste Satz und irgendwann schreiben die Hände, der Kopf denkt, und der Text kommt in Bewegung. Er wächst, teilt sich in unterschiedliche Abschnitte, gleichzeitig verlangt er nach einem roten Faden und genau um den soll es in diesem Text gehen. Um den roten Faden, die Strategie des Frauen*Volksbegehrens. In drei Abschnitten erläutere ich unsere Strategie. Im ersten geht es um die Wahl des Volksbegehrens als politisches Instrument, im zweiten um unsere Sprache und im dritten um Partizipation. Wie alles zusammenhängt, fasse ich abschließend in einem knappen Schlusswort zusammen.

Warum ein Volksbegehren?

Manche Texte beginnen mit einer Vorgabe und ähnlich verhält es sich mit dem Frauen*Volksbegehren, dass ja aus der Idee heraus entstanden ist, 20 Jahre nach dem ersten Frauenvolksbegehren in eine Neuauflage zu gehen. Die Wahl des Instruments stand also ganz am Anfang und war eigentlich weniger eine Entscheidung als eine Voraussetzung. Gleichzeitig wäre es ungerecht, uns vorzuwerfen, gedankenlos oder ohne Bedacht gehandelt zu haben. Das war ganz und gar nicht so.

Wie passen Feminismus und so ein konservatives Instrument zusammen, wurden wir des Öfteren gefragt. Bewusst haben wir das Instrument vielleicht nicht gewählt, aber wir sind bewusst dabei geblieben. Wir haben unsere Stimmen erhoben und wir wollten, dass sie von den Politiker*innen, deren Gesetze und Entscheidungen nach wie vor nicht vermögen, die bestehende Ungleichheit zwischen den Geschlechtern zu beenden, gehört werden müssen. Wir wollten im Parlament sprechen, dort, wo wir Frauen – mehr als die Hälfte der Bevölkerung – nach wie vor nicht genügend Berücksichtigung finden. Wir wollten politische Stimme sein und eben nicht nur aktivistisch auftreten. Aus der Tradition des ersten Frauenvolksbegehrens, in dessen Fußstapfen wir bewusst traten, wurde ein Erbe, das wir selber formten und uns zu eigen machten. Nicht allein durch Nachahmung, sondern durch Interpretation. Wir dachten es feministisch, und daraus erwuchs die Maxime eines *Volksbegehrens 2.0,* das auch Berücksichtigung in unserem Vereinsnamen fand. Für uns stand noch vor der ersten Pressekonferenz fest, das Instrument Volksbegehren zu einem Hauptelement unserer Strategie zu machen. Trotz eines kritischen Umgangs damit wollten wir es besetzen und deutlich machen, dass es, ebenso wie alles in unserer Welt, einer feministischen Deutung bedarf. In Bezug aufs Volksbegehren legten wir für uns das Ziel fest, mit unserem Frauen*Volksbegehren erst einmal alle Menschen erreichen zu wollen.

Wir arbeiteten mit dem Slogan:
*Frauen*Volksbegehren – Eines für alle.*

Einfach & klar

Ein guter Text braucht einen Stil, im Grunde sollte das jede*r gute Autor*in können. Stil schafft Wiedererkennungswert und verleiht auch komplexen Inhalten eine gewisse Attraktivität. In unserem Fall ging es um noch mehr, es ging darum, feministische Inhalte greifbar und verständlich zu machen, und zwar für alle – für alle, die wollten zumindest. Wir setzten uns das Ziel, „einfach & klar" zu sprechen, und hinterfragten unsere Sprache bei jedem Flyer, jeder Presseaussendung, jedem Post.

Über kaum etwas haben wir so viel diskutiert wie über unser Selbstverständnis, das wir im Rahmen unseres Strategieprozesses aufgesetzt haben.

Am Ende standen da sieben Wörter, beschreibend, prozesshaft, wobei die letzten zwei Wörter, die ich für diesen Abschnitt als Überschrift gewählt habe, als Pärchen auftraten.

GEMEINSAM / IN BEWEGUNG / STARK / VIELFÄLTIG / EINFACH & KLAR

Diese Begriffe haben wir so nie geschlossen nach außen kommuniziert, als einzelne Wörter wurden sie aber sehr wohl bewusst, in Anlehnung an unser Selbstverständnis, in verschiedene Texte eingebaut. Sie finden sich beispielsweise in unserer Präambel wieder.

Wir haben uns entschieden, auf bestimmte Begriffe, die in feministischen Kontexten selbstverständlich sind, zu verzichten und sie so auszudrücken, dass auch unkundige Menschen verstehen können, was wir meinen. Ein Beispiel dafür ist nicht-binär. Wir hatten in einer der ersten Versionen der Präambel die Formulierung, dass wir binäre Geschlechtermodelle ablehnen. In der Endfassung findet sich diese Ablehnung in verschiedensten Formulierungen wieder, ohne das Wort binär zu benutzen. Besonders deutlich lässt sich unser nicht-binäres Weltbild in der dritten Strophe ablesen. „Es ist Zeit, sich zu lösen. Wir wollen frei entscheiden, wie wir leben. Selbstbestimmt wählen, wen wir lieben. Ohne Geschlechterrollen und Klischees. Gelöst von gesellschaftlichen Normen. Für eine Welt voller Vielfalt.“[3]

Die einfache & klare Sprache findet sich in Bezug auf unsere Forderungen in ihrer stärksten Ausprägung in unserem Folder. Die komplexen Forderungen in eine relativ leicht verständliche Form zu bringen, war eine der größten Herausforderungen in der Projektleitung. Am Ende aber ist uns das mit Hilfe von externen Expert*innen gelungen. Aus unserer Forderung nach Quoten auf allen Ebenen wurde *Macht teilen,* aus der Arbeitszeitverkürzung *Arbeit teilen* und aus unserer Forderung nach einem Ende der Reproduktion von Geschlechterstereotypen in Werbung und Medien wurde *Vielfalt leben.* Alle neun Forderungen bekamen immer den Beisatz: „Das ist gerecht!“ Diesen Beisatz haben wir bewusst gewählt. Die neun Forderungen, die sich in drei Blöcke zu je drei Forderungen zusammenfassen lassen, bekamen die Überschriften, *Recht auf Gleichwertigkeit, Recht auf Vielfalt, Recht auf Sicherheit.* Mit einem Volksbegehren werden Forderungen aufgestellt, die Änderungen an der geltenden Rechtsauffassung bewirken. Darin liegt der Sinn und Zweck eines Volksbegehrens und das wollten wir mit unserer Sprache so deutlich wie möglich machen.

Auf einen letzten Begriff, der essenzieller Bestandteil unserer Sprach-Strategie ist, möchte ich abschließend hinweisen. Wir haben bewusst weder von Gleichstellung, noch von Gleichberechtigung gesprochen, sondern von *Gleichwertigkeit.* Zum einen, um auf die ökonomische Benachteiligung hinzuweisen, zum anderen aber - und das ist das entscheidende Element -, um die vorhandene Benachteiligung von Frauen* bildhaft und fühlbar zu machen. Während Gleichberechtigung und Gleichstellung in breiten Teilen der Gesellschaft eine negative Konnotation besitzen, wird dem Begriff der Gleichwertigkeit erst einmal neutral begegnet. Schnell lassen sich Sprachbilder finden, wie beispielsweise, dass das Leben und Tun einer Frau* wohl weniger wert sein muss, als das eines Mannes*, wenn sie am Ende ihres Lebens nur gut halb so viel Pension bekommt wie etwa ihr Bruder.

Wir haben die Menschen in verschiedenen Kontexten gefragt: Ist es gerecht, dass deine Mutter nur halb so viel Pension bekommt wie dein Vater? Hat deine Oma keine finanzielle Absicherung verdient? Ist es richtig, dass deine Schwester weniger verdient als ihre Arbeitskollegen? Das hat in weiten Teilen sehr gut funktioniert, wenngleich wir uns der Tatsache bewusst sind, dass auch wir an Grenzen gestoßen sind und mit unserer Sprache viele Menschen nicht erreicht haben. Vor allem jene, die sich mit unseren Fragestellungen und Inhalten noch nie auseinandergesetzt haben. Hier hätte es noch sensiblere, aufbauende Kampagnen gebraucht.

Unterschreibe für mich

Kommen wir zurück zum Volksbegehren 2.0. Das Instrument Volksbegehren konsequent zu Ende zu denken bedeutet auch, die mögliche Partizipation aller zum Kern unserer Strategie zu machen. Schon die Finanzierung über eine Crowdfunding-Plattform hat dies umgesetzt. Gerade die kleinen Spendenbeträge waren jene, die für uns am meisten gezählt haben, wir wollten erreichen, dass möglichst viele einen kleinen Beitrag im Rahmen ihrer Möglichkeiten leisten können. Das haben wir durchwegs so kommuniziert.[4] Um die 2600 Personen haben gespendet und waren für uns ein erster Testlauf für unsere Strategie der Partizipation.

Mit den Forderungen ging es weiter. Schon die Basis des ersten Forderungskatalogs, der zum Zeitpunkt der ersten Pressekonferenz aus 15 Forderungen bestand, war ein Fragebogen, den wir an 50 Organisationen aussandten, die mit oder für Frauen* arbeiteten. Diese so gesammelten Forderungen wurden dann in einem offenen Prozess bearbeitet und zu den neun Forderungen, die das Frauen*Volksbegehren ausmachten und dann auch unterschrieben werden konnten.

In unserer Kampagne zur Eintragungswoche gipfelte der partizipative Gedanke. Es gab neun Karten, zu jeder Forderung eine. Jede Karte erzählt die Geschichte von einer oder mehreren Personen, die positiv von der Umsetzung der jeweiligen Forderung betroffen wären. Die Karten trugen den Titel: *Unterschreibe für mich.*[5] Wir riefen jede Frau*, jede Person auf, die eigenen Geschichte zum Gegenstand des Volksbegehrens zu machen und ihren Mitmenschen zu sagen, warum sie für sie unterschreiben sollten. Zum einen erfüllte das die Forderungen mit Leben, zum anderen aber riefen wir damit auch zur partizipativen Solidarität auf, jene, die sich selber nicht von den Forderungen repräsentiert fühlten, konnten für eben die anderen unterschreiben – und das taten einige.

Außerdem beteiligten sich einige aktiv am Werben um weitere Stimmen. In der Eintragungswoche gingen über 2000 Menschen auf die Straße, sie holten sich ein paar Flyer ab oder ließen sich welche zuschicken und leisteten so einen entscheidenden Beitrag zum Erfolg des Frauen*Volksbegehrens.

Eines für alle

„Wir müssen offen Stellung beziehen
gegen alle Hetze und Diffamierung
von Menschen und Minderheiten.
Wir müssen die Demokratie vor Demontierern schützen."[6]

Johanna Dohnal

Es ließe sich noch unendlich viel mehr über die Strategie des Frauen*Volksbegehrens schreiben, aber mit den drei erwähnten Punkten sind wesentliche Eckpfeiler genannt. Da über eine gute Strategie gesagt wird, ihre Qualität liege darin, in einem Satz zum Ausdruck gebracht werden zu können, möchte ich auch diese Challenge nicht auslassen: *Feminismus als Vision eines guten Lebens für alle, dafür kämpfen wir: gemeinsam, solidarisch und selbstbestimmt.*

Strategische Planung war für uns nicht alles, aber durchaus ein zentrales Element. Am Ende braucht es immer die Menschen dahinter, die diese Strategie umsetzen und auf Veränderungen reagieren. Ende 2017, im selben Jahr, in dem wir erstmals öffentlich in Erscheinung traten, wurde Schwarz-Blau II am 15. Dezember mit Sebastian Kurz als Kanzler angelobt. Die ersten Monate warteten wir, wenn auch nicht stumm, so doch leise ab. Aus dem Abwarten wurde dann im Frühjahr 2018 eine klare Opposition, nicht nur frauenpolitisch, sondern sozialpolitisch. Wir widersprachen lautstark, als die Regierung sozialen Raubbau und dazu unablässig eine Politik der Spaltung betrieb. Wir haben uns dem entgegengestellt und genau darin lag am Ende das, was wir angekündigt haben. Wir haben ein Volksbegehren ins Leben gerufen, das sich konsequent für die Gleichwertigkeit aller einsetzt, unabhängig davon, welche Entwertung oder Marginalisierung sie erfahren.

„Nur Geld kriegen wir meistens keines..."[7] Finanzierungs- und Budgetfragen

Benedikt Hämmerle, Agnes Roth-Gritsch, Eva-Maria Titz

„Eine gute Kampagne braucht Infrastruktur und dafür braucht man eines: Geld“, appellierten die Initiator*innen des Frauen*-Volksbegehrens 2.0 (im folgenden F*VB) auf der ersten Pressekonferenz am 28. April 2017 an die Öffentlichkeit.

Es war ihnen von Anfang an wichtig, eine breite Bewegung für Frauen*rechte in Österreich entstehen zu lassen. Aus finanzieller und bewegungspolitischer Sicht sollte diese Breite wesentlich durch ein Crowdfunding[8] und Spenden getragen werden. Um von Beginn an Inklusion zu demonstrieren und zu zeigen, dass diese Bewegung von vielen einzelnen Personen ermöglicht wird, haben die Initiator*innen bewusst nicht nach Großspender*innen gesucht. Sie wollten eine breite Masse miteinbeziehen und demonstrieren, dass frauen*politische Kampagnen - wenn sie von einzelnen politischen Parteien unabhängig sein wollen - neben sehr viel ehrenamtlicher Arbeit auch eine eigenständige finanzielle Basis brauchen.

Hand in Hand mit der Fokussierung auf eine spendenbasierte Finanzierung ging die Entscheidung zu finanzieller Transparenz. Dies bedingte, dem Verein eine Finanzordnung zu geben, welche anhand von Erfahrungen in diversen österreichischen Vereinen erstellt wurde. Drei wesentliche Aspekte dieser Ordnung waren und sind auch im weiterbestehenden Verein heute:

- das finanzielle Handeln des Vereins möglichst gut planbar zu gestalten,
- inhaltliche Anleitung für die Mitarbeitenden zu bieten und
- Gebarungen für die Mitgliederversammlung möglichst nachvollziehbar zu machen.

Hierbei dienten die gesetzlichen Vorgaben der Vereinsgesetze[9] als Grundlage, welche durch strengere Anforderungen sogar noch erweitert wurden. Dem wurde ein „Code of Conduct“[10] für alle Vereinsmitglieder, Mitarbeitende und Geschäftspartner*innen hinzugefügt.

Die Rechtsform eines gemeinnützigen Vereins wurde gewählt, weil sie dem Zweck der Durchführung eines Volksbegehrens rechtlich am nächsten steht. Darüber hinaus entschieden sich die Initiator*innen aus Gründen der Gemeinnützigkeit für diese Rechtsform.

Mittelherkunft

Der Anspruch, eine breite demokratische Bewegung zu begründen, bedingte als primäres Finanzierungsvehikel ein Crowdfunding. Verschiedene Finanzierungsplattformen wurden auf ihre Vor- und Nachteile hin analysiert, wobei besonderes Augenmerk auf folgenden Kriterien lag:

- Das F*VB beruhte auf einer politischen Projektidee, daher musste die Plattform Erfahrung in diesem Bereich vorweisen.
- Aufgrund der europäischen Datenschutzrichtlinien sollte die Plattform, wenn möglich, europäisch sein.
- Die Gebühren der Plattform sollten so gering wie möglich sein.

Schließlich fiel die Wahl auf den deutschen Anbieter Startnext.[11] Als Start der Crowdfundingkampagne wurde der Termin der ersten Pressekonferenz des F*VB am 28. April 2017 gewählt. Der Finanzierungszeitraum erstreckte sich bis zum 11. Juni 2017. Die Kampagne setzte sich dabei zwei Ziele:

- Mindestschwelle von **100.000 Euro:** Wäre dieser Betrag, also ein Euro pro Unterschrift für eine Behandlung des Volksbegehrens im Parlament, nicht erreicht worden, so hätte das F*VB gar keine Finanzierung aus der Crowdfundingkampagne

erhalten. Somit diente dieses Ziel als direkte Bestätigung oder Ablehnung der Bewegung. Der Fokus bei der Mindestschwelle lag auf Betriebsmitteln wie Büro, Kommunikationsmaßnahmen und laufenden Kosten des Vereins.
- Oberes Ziel von 150.000 Euro: Jede finanzielle Unterstützung, die über 100.000 Euro hinausging, bedeutete ein noch stärkeres **Zeichen für unabhängige frauen*politische Arbeit.**

Schließlich wurde diese Kampagne von **2.580 Menschen** mit einem Betrag von **137.508 Euro** unterstützt. Gleichzeitig spendeten Personen und Organisationen auch direkt an den Verein, sodass insgesamt über **175.000 Euro** für den Start der politischen und medialen Arbeit zur Verfügung standen. Das ursprüngliche Crowdfundingziel wurde weit übertroffen.

Im nachfolgenden Zeitraum bis zum Frühjahr 2018 wurden die Grundsteine für das erfolgreiche Abhalten eines Volksbegehrens gelegt: die Kampagnenarbeit wurde aufgenommen, Gruppen in allen Bundesländern etabliert, österreichweit Veranstaltungen abgehalten und die Unterstützungserklärungsphase durchgeführt. Nach Erreichen von 247.436 Unterstützungserklärungen wurde der Termin der Eintragungswoche vom Bundesministerium für Inneres (im folgenden BMI) auf das sehr späte Datum von 1. bis 8. Oktober 2018 festgelegt, was für den Verein suboptimal war, u.a. auch wegen der hohen finanziellen Beanspruchung, da neue und unvorhergesehene Fixkosten über den langen Zeitraum anfielen. Aus diesem Grund wurde eine zweite Crowdfundingkampagne mit folgenden Zielen ab dem 8. Mai 2018 gestartet:

- Mindestschwelle von 25.000 Euro: Dieser Betrag sollte die Kontinuität der F*VB-Arbeit aufrechterhalten und die laufenden Kosten abdecken.
- Oberes Ziel von 50.000 Euro: Zuwendungen, die über den Mindestbetrag hinausgingen, garantierten einen größeren

politischen Impact durch weitere Drucksorten, Kinowerbung, Plakatkampagnen.

Am 5. Juni 2018 wurde das zweite Crowdfunding mit 38.666 Euro bei 979 Unterstützer*innen abgeschlossen.

Darüber hinaus wurde die Arbeit am Frauen*Volksbegehren im Zeitraum vom 28. April 2017 bis 24. April 2019[12] durch laufende Einzelspenden und Spendenaufrufe bei Veranstaltungen unterstützt. Zusätzlich kamen vereinzelt finanzielle Zuwendungen von (teilweise institutionellen) Großspender*innen und kompetitiv ausgeschriebene Förderungen der öffentlichen Hand hinzu. Eine Aufschlüsselung ist in Tabelle 1 ablesbar. Zu betonen ist, dass der Durchschnittsbeitrag zum ersten Crowdfunding 53,30 Euro und beim zweiten 39,50 Euro betrug, wodurch klar ist, dass die beiden Crowdfundings durch Kleinspenden getragen wurden. Insgesamt ergaben sich für den Kampagnenzeitraum bis zum 24. April 2019 verfügbare Mittel im Umfang von 305.063,30 Euro.

	Betrag	In Prozent	Anzahl
Crowdfundings	167.273,27 Euro	54,83 %	2
Förderungen	9.985,52 Euro	3,27 %	2
Großspenden (> 2.000 Euro)	59.908,97 Euro	19,64 %	7
laufende Spenden und Veranstaltungen (≤ 2.000 Euro)	67.895,52 Euro	22,26 %	633

Tabelle 1: Einnahmen des Vereins Frauen*Volksbegehen 2.0 – Verein zur Neuauflage eines Frauen*Volksbegehrens in Österreich im Zeitraum vom 28. April 2017 bis zum 24. April 2019 nach Mittelherkunft

Die Finanzierung über eine so große Zahl von Einzelbeträgen aus laufenden Spenden, Veranstaltungen und 3.559 Crowdfundingbeiträgen bedingte, dass erheblicher, großteils ehrenamtlicher Personalaufwand notwendig war. Nur durch den unermüdlichen Einsatz helfender Hände war es möglich, eine von der öffentlichen Hand unabhängige Basisfinanzierung aufzustellen und so das F*VB als selbstständiges politisches Projekt umzusetzen.

Mittelverwendung

Den Einnahmen standen Ausgaben von ungefähr 290.000 Euro gegenüber. Das bedeutet, dass dem Verein nach Durchführung des Volksbegehrens noch rund 15.000 Euro zur Verfügung standen. Dadurch kann garantiert werden, dass die Stimmen der halben Million an Unterstützer*innen weiterhin gehört werden und die Themen des F*VB in der laufenden politischen Diskussion immer wieder zurück auf die politische Agenda gebracht werden.

Da der Trägerverein des Volksbegehrens eine Zweckgründung und keiner bereits existierenden Institution angeschlossen war, dienten alle Ausgaben des Vereins der Durchführung des Volksbegehrens. Diese umfassten allerdings viel mehr als Ausgaben für politische Veranstaltungen und Kampagnenmaterial im engeren Sinn. Kosten für Büro und Personal gehörten ebenso zu den laufenden Ausgaben wie Aufwendungen für Server, Personalverrechnung und technische Infrastruktur. Grob lassen sich die Ausgaben in vier Kategorien einteilen (siehe Tabelle 2):

- Kampagnenarbeit: In diesen Topf fallen Werbeausgaben wie Drucksorten, Socialmedia-Marketing und Kinowerbung etc., sowie Ausgaben für Merchandise, wovon T-Shirts und Tragetaschen (aus Baumwolle von lokalen, nachhaltigen Betrieben) den Großteil ausmachten, die bei Veranstaltungen gegen freiwillige Spenden ausgegeben wurden, wobei sich die Kosten dafür sehr gut durch Spenden abdeckten. Die Ausgaben für Kommunikation und Marketing umfassten außerdem Veranstaltungen, Presseaussendungen und sonstige Mediakosten (Foto und Video).

- Personal: Der Verein verfügte über den Großteil des Kampagnenzeitraums über eine auf Honorarbasis beschäftigte Kampagnenleitung. Außerdem wurden insgesamt vier weitere Personen in unterschiedlichen Zeiträumen geringfügig beschäftigt. Zusätzlich zu den entgeltlich beschäftigten Personen wurde das F*VB durch die ehrenamtliche Mitarbeit von über 200 Mitgliedern des Vereins getragen, deren Engagement das F*VB ausgemacht hat.
- Verwaltung und Administration: In diese Kategorie fallen insbesondere regelmäßige Kosten für Büro und in Anspruch genommene Services wie Versicherung, Websitehosting, Bankkonto, Dateiablagen, etc., sowie einmalige Kosten wie Drucker, Bürobedarf, Veranstaltungsequipment.
- Sonstige Kosten: Nicht alle Ausgaben lassen sich in obige Töpfe kategorisieren. Als Beispiel seien hier Kosten für Reparaturen nach einem Einbruch im Büro und die Ausgaben für die Anmeldung und die Durchführung eines Volksbegehrens beim BMI genannt.

	Betrag	In Prozent	Anzahl
Kampagnenarbeit	178.220,38 Euro	61,51 %	263
Personal (mit Nebenkosten)	58.081,96 Euro	20,05 %	90
Verwaltung und Administration	48.077,73 Euro	16,59 %	149
sonstige Kosten	67.895,52 Euro	1,86 %	9

Tabelle 2: Ausgaben des Vereins Frauenvolksbegehren 2.0 – Verein zur Neuauflage eines Frauenvolksbegehrens in Österreich im Zeitraum vom 28. April 2017 bis zum 24. April 2019 nach thematischer Verwendung und Häufigkeit

Lässt man Einzelspenden im Zuge des Crowdfundings außen vor – die Beträge des Crowdfundings wurden am Ende des Zeitraums gesammelt an den Verein überwiesen –, so stehen 644 Einnahmen zu Buche, denen 511 Ausgaben gegenüberstehen. Im Gegensatz zu den Einnahmen, bei denen die Mehrheit der Zuwendungen Kleinspenden waren, verteilten sich die Ausgaben auf eine größere Bandbreite, wobei in beiden Fällen der Großteil der Transaktionen 400 Euro nicht überschritt. Eine Verteilung der Einnahmen und Ausgaben unter 400 Euro ist in Abbildung 1 dargestellt.

Die Durchführung eines Volksbegehrens bedingt in finanziellen Belangen einige Spezifika. Beispielhaft soll dies hier kurz durch die finanziellen Transfers mit dem BMI erklärt werden. Das Volksbegehrengesetz[13] schreibt vor, dass bei Anmeldung eines Volksbegehrens ein Kostenbeitrag in der Höhe von 500 Euro auf ein Konto des Ministeriums zu überweisen ist.[14] Wurde dem Einleitungsantrag stattgegeben und die Eintragungswoche vom BMI bestimmt, so müssen nochmals 2.250 Euro als Druckkostenbeitrag[15] an das Ministerium überwiesen werden. Ist das Volksbegehren durchgeführt und von der Bundeswahlbehörde dem Nationalrat vorgelegt worden, so ist der fünffache Betrag rückzuerstatten.[16] Der Empfehlung des BMIs folgend wurde für diese Transaktionen ein zusätzliches Bankkonto eingerichtet, das nur den Transaktionen mit dem Ministerium diente und kurz darauf wieder geschlossen wurde.

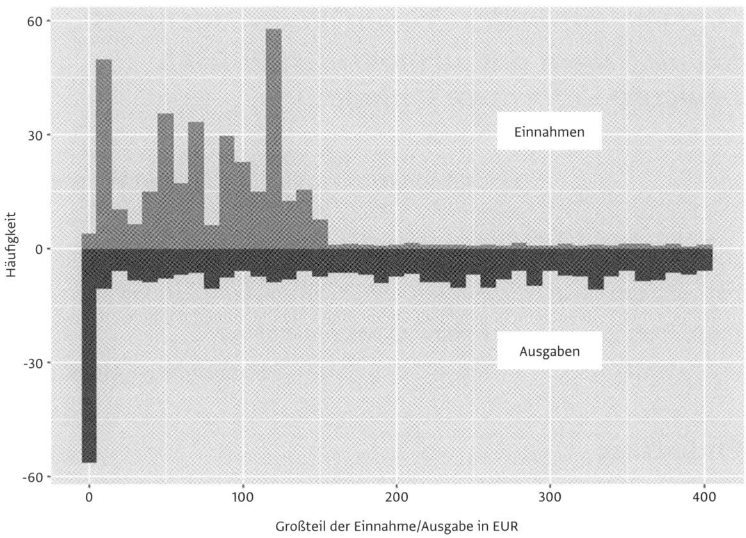

Abbildung 1: Verteilung der Einnahmen und Ausgaben unter 400 Euro

Fazit

Ursprüngliche Kalkulationen aus dem Jahr 2017 beliefen sich auf einen Budgetbedarf von 300.000 Euro für ein erfolgreiches Volksbegehren von 100.000 Unterschriften. Vor diesem Hintergrund ist das Ergebnis von 481.959 Unterschriften ein phänomenaler Erfolg. Dennoch muss klar sein, dass emanzipatorische, politische Arbeit ein viel größeres Potenzial hat, wofür aber leider nur sehr begrenzt Mittel zur Verfügung stehen. Daher ist ein zentrales Resultat des F*VBs die Notwendigkeit zusätzlicher finanzieller Ressourcen und institutionalisierter Repräsentation frauen*politischer Arbeit.

*Das Verfahren des Frauen*Volksbegehrens: Rechtsfragen und demokratiepolitisch bewegte Reformvorschläge*

Christian Berger, Eva-Maria Titz, Lisa Weinberger

„Law has required that women use its rules to be effective, even as part of women's political agenda has been to challenge and change those rules – rules women had no voice in making."[17]

Catharine A. MacKinnon

Einleitung

Das Frauen*Volksbegehren (F*VB) hat einen explizit rechtspolitischen Anspruch. Um Frauenrechte zu schützen und patriarchale Herrschaft abzubauen, bedarf es gesellschaftlichen Wandels, aber auch rechtlicher Maßnahmen. Dafür braucht es Druck auf den Gesetzgeber. Um diesen aufzubauen, hat eine Gruppe von Frauen nach der Weltfrauenkonferenz 1996 das erste Frauen-Volksbegehren initiiert. Trotz der breiten öffentlichen Zustimmung und der Behandlung im Gleichbehandlungsausschuss des Nationalrats kam es letztlich nur zu symbolischen und kleinteiligen legislativen Verbesserungen.[18] Im Jahr 2018 gelang es nicht nur, Unterschriften einer halben Million Menschen zu sammeln, sondern darüber hinaus eine Generation junger Menschen zu politisieren. Und das ausschließlich spendenfinanziert und von politischen Parteien unabhängig.[19] Das F*VB hat dabei sowohl die rechtlichen und demokratiepolitischen Stärken und Schwächen von Volksbegehren als auch Chancen und Grenzen für feministischen, rechtspolitischen Aktivismus ausgelotet.

Rechtsgrundlagen, Stärken und Schwächen von Volksbegehren

Das Volksbegehren als Verfahren und Instrument ist seit der Bundesverfassung von 1920 Teil der demokratischen Grundordnung Österreichs.[20] Gleichwohl wurde erst durch den Erlass des Ausführungsgesetzes im Jahr 1963 und eine detaillierte verfahrensgesetzliche Regelung im Jahr 1973 die Möglichkeit für eine tatsächliche Durchführung eines Volksbegehrens geschaffen.[21]

Auf Grundlage von Art. 41 Abs. 2 Bundes-Verfassungsgesetz (B-VG) können Bürger*innen mit einem Volksbegehren eine Gesetzesinitiative auf die parlamentarische Agenda setzen: Nach Unterstützung durch ein Promille der Wohnbevölkerung (zurzeit 8.401) kann ein Volksbegehren initiiert werden, das bei Unterzeichnung durch 100.000 Stimmberechtigte oder ein Sechstel der Stimmberechtigten dreier Bundesländer als formal erfolgreich eingebracht gilt und dem Parlament zur Behandlung vorgelegt wird.[22]

Aufgrund des repräsentativen Charakters des in der österreichischen Verfassung vorgesehenen Demokratiemodells liegt die Entscheidungshoheit, wie und in welchem Ausmaß auf ein formal erfolgreich eingebrachtes Volksbegehren reagiert wird, bei den Nationalratsabgeordneten. So wird gesetzlich weder vorgegeben, wie die gesetzgebende Körperschaft ein Volksbegehren zu behandeln hat und welche Rechte den Volksbegehren-Vertreter*innen in Ausschüssen und im Plenum zukommen, noch besteht irgendeine Pflicht, einen auf ein Volksbegehren bezogenen (Gesetzes-)Beschluss zu fassen.[23] In dieser politischen Unverbindlichkeit liegt freilich eine große Schwäche des Volksbegehrens.[24] Eine weitere demokratiepolitische Schwierigkeit stellt die Finanzierung eines Volksbegehrens dar. Finanzielle Ressourcen entscheiden wesentlich darüber, inwieweit ein Volksbegehren kampagnenfähig ist und nicht nur von Freiwilligenarbeit abhängt.

Zu den Stärken von Volksbegehren zählt, dass sie breite gesellschaftliche Debatten auslösen können und derart auf Umwegen in den politischen Diskurs intervenieren. Gesetzliche Veränderungen bewirken sie hingegen nur mittelbar. So hat das Volksbegehren zur schrittweisen Einführung der 40-Stunden-Woche von 1969, das von 889.659 Personen unterzeichnet wurde,[25] keine Gesetzesänderung nach sich gezogen, wohl aber eine Einigung von Gewerkschaftsbund und Wirtschaftskammer. In der Folge wurde auf Generalkollektivvertragsebene 1970 die Normalarbeitszeit auf 43 und 1972 auf 42 Stunden pro Woche gesenkt. Erst 1975 wurde die 40-Stunden-Woche als Normalarbeitszeit schließlich auf Bundesgesetzebene erreicht.

Verfahrensstufen und Besonderheiten

Um ein Volksbegehren formal erfolgreich einzubringen, ist ein mehrstufiges öffentliches Verfahren nach dem Volksbegehrengesetz 2018[26] zu bestreiten.

Zunächst muss das Volksbegehren beim*bei der Bundesminister*in für Inneres „angemeldet" werden. Die **Anmeldung** erfolgt über ein Formblatt, das auf der Website des Bundesministeriums für Inneres (BMI)[27] heruntergeladen und elektronisch übermittelt werden kann.

Der Text des Volksbegehrens kann entweder in Form eines Gesetzesantrags (der ein zu beschließendes Gesetz oder eine zu beschließende Gesetzesänderung enthält) oder als regulativer Vorschlag ausgestaltet sein. Das F*VB hat sich für Letzteres entschieden, um Bürger*innen und Abgeordneten Spielraum in der Interpretation der Gleichstellungsforderungen zu lassen. Wichtig ist, dass der Text so formuliert ist, dass nur durch ein Bundesgesetz zu regelnde Fragen und Materien betroffen sind. Denn der Nationalrat als Bundesgesetzgeber kann nur über bundesrechtliche Fragen entscheiden und müsste einen Antrag, der in die Kompetenzen der Länder fällt, abweisen. Das Legal Team des

F*VB hat daher im Antragstext klargestellt, dass „verfassungsgesetzliche Regelungen“ bei der Umsetzung der Forderungen zu berücksichtigen sind. Konkret bedingt diese Formulierung, dass vor Umsetzung bestimmter, landesgesetzliche Bestimmungen berührender Forderungen des Volksbegehrens verfassungsgesetzliche Änderungen vorzunehmen sind, die eine Regelung auf Bundesebene legitim machen.

Binnen zwei Wochen entscheidet der*die Bundesminister*in für Inneres, ob die Voraussetzungen für die Anmeldung vorliegen; daran anschließend wird das Volksbegehren im Zentralen Wahlregister registriert und das Einleitungsverfahren gestartet. Im Rahmen des **Einleitungsverfahrens** müssen Unterstützungserklärungen im Ausmaß von einem Promille der Wohnbevölkerung gesammelt werden - per händischer Unterschrift, unabhängig vom Hauptwohnsitz in jeder beliebigen Gemeinde oder mit qualifizierter elektronischer Signatur auf der Website des BMI. Zu beachten ist, dass diese Verfahrensstufe relativ lange aufrechterhalten werden kann[28] und Unterstützungserklärungen im Eintragungsverfahren den für eine spätere parlamentarische Behandlung erforderlichen 100.000 Unterschriften angerechnet werden. Wurden die notwendigen Unterstützungserklärungen getätigt, so können Vertreter*innen eines Volksbegehrens jederzeit einen **Einleitungsantrag** beim*bei der Bundesminister*in für Inneres einbringen. Der Antrag auf Einleitung eines Volksbegehrens muss erneut mit Formularantrag eingebracht werden. Die Angaben müssen weitgehend ident mit jenen des Anmeldeformulars sein. Zu ergänzen sind weitere Stellvertreter*innen und eine Begründung, die dem Antrag anzuschließen ist, sowie ein Nachweis darüber, dass der*die Bevollmächtigte und seine*ihre Stellvertreter*innen zudem bei der Antragstellung zum im Antrag bekanntgegebenen Konto nur gemeinsam zeichnungsberechtigt sind. Über diesen Antrag ist binnen drei Wochen zu entscheiden.

Nach Stattgabe der Einleitung wird vom*von der Bundesminister*in für Inneres ein Eintragungszeitraum aus acht aufeinanderfolgenden Tagen bestimmt und verlautbart. Während diesem **Eintragungsverfahren** kann in allen Gemeinden sowie mit verlängerten und Sonder-Öffnungszeiten auf elektronischem Weg ein Volksbegehren unterstützt werden. Zu beachten ist, dass zwischen dem Tag der Verlautbarung und dem ersten Tag des Eintragungszeitraumes ein Zeitraum von mindestens acht Wochen liegen muss. Die Eintragungswoche darf nicht später als sechs Monate nach dem Tag der Verlautbarung enden. Im Falle des F*VBs wurde – entgegen der ausdrücklich an die Bundeswahlbehörde kommunizierten Bitte um einen möglichst zeitnahen Termin für die Eintragungswoche – diese Maximalfrist durch den Bundesminister für Inneres in Anspruch genommen.

Demokratiepolitische Fragen

Eine Reform des Instruments erscheint aus demokratiepolitischer Sicht dringend notwendig, denn wie Ex-Bundeskanzler Alfred Gusenbauer meinte, bekämen Volksbegehren in Österreich in der Regel ein „Begräbnis erster Klasse".[29]

Gleichzeitig ist dabei umsichtig vorzugehen, verfassungsrechtlich wie auch demokratiepolitisch. Die von der ÖVP-FPÖ Bundesregierung (2017–2019) geplante Verschränkung von Volksbegehren und (automatischer) Volksabstimmung,[30] die dazu geführt hätte, dass vom Parlament nicht umgesetzte Gesetzesinitiativen vollzogen werden müssten, ist mit dem tragenden, demokratischen Grundprinzip der österreichischen Verfassung[31] nicht ohne Weiteres vereinbar. Zentral für die österreichische Landes- und Bundesgesetzgebung ist nämlich ihr repräsentativdemokratischer Charakter.[32] Dies bedeutet, dass die österreichischen Bürger*innen Vertreter*innen wählen, die für sie im Rahmen des parlamentarischen Gesetzgebungsverfahrens politisch tätig werden.

Das Hinwegsetzen über den (Mehrheits-)Willen des Parlaments durch eine Volksgesetzgebung würde den repräsentativen Charakter der österreichischen Demokratie so einschränken, dass die Grenze zur Gesamtänderung der österreichischen Bundesverfassung wohl erreicht wäre. Einem solchen Umbau der Gesetzgebung müsste daher eine obligatorische Volksabstimmung vorangehen, um diesen Prozess verfassungsrechtlich zu legitimieren.

Ein weiteres Problem direktdemokratischer Gesetzgebungsverfahren besteht darin, dass Parlamente – in einem von Massenmedien und Ressentiments beherrschten gesellschaftlichen Klima – von rechtspopulistischen und antidemokratischen Kräften zu direktdemokratischen Marktplätzen umfunktioniert werden könnten.[33] Dies wäre der Fall, wenn mittels Ja-Nein-Abstimmungen Minderheitenrechte eingeschränkt würden oder direkt oder indirekt versucht würde, den Ausstieg aus der EU herbeizuführen, um dem vermeintlichen nationalen Mehrheitswillen Ausdruck zu verleihen. Zudem ist die Teilnahme der Stimmberechtigten an direktdemokratischen Verfahren keineswegs immer so groß, dass diese tatsächlich den Mehrheitswillen der Bevölkerung abbilden; so liegt die Beteiligung an eidgenössischen Volksabstimmungen in der Schweiz durchschnittlich etwa bei unter 50 Prozent. Verfassungsrechtlich und demokratiepolitisch legitim können direktdemokratische Mechanismen, die Gesetzgebungsakte auslösen, nur dann sein, wenn sie von einer Mehrheit der Stimmberechtigten per Volksabstimmung in die verfassungsmäßige Ordnung eingepasst werden. Zum anderen sollte die Beteiligung im politischen Diskurs weder unter- noch überbewertet werden. Nicht zuletzt müssen sich diese Gesetzgebungsakte inhaltlich wiederum an der Grundrechtsordnung und deren Grenzziehung des mehrheitlich Regelbaren messen lassen.

Verfahrensgarantien würden vor allem die rechtliche Position von Vertreter*innen der Zivilgesellschaft im parlamentarischen

Prozess stärken, was den demokratischen Diskurs in Österreich bereichern und lebendiger machen würde. Ein Automatismus, der bewirken würde, dass jedes Volksbegehren zu einer Gesetzesinitiative (und letztlich zu einem Gesetz) werden könnte, ist jedoch ohne eine Gesamtänderung der Bundesverfassung und einen entsprechenden Grundrechtsschutz problematisch. Volksbegehren sind insofern durchaus modernisierungsbedürftige, aber geeignete Vehikel, um Menschen für Anliegen, die vonseiten der Regierung vernachlässigt werden (historisch gesehen sind das Frauen*- und Minderheitenrechte, zu denken wäre aber auch an Kilmaschutz), zu sensibilisieren und zu (re-)politisieren.

Fazit

Das Frauen*Volksbegehren hat der österreichischen Medien- und Politiklandschaft gezeigt, was lebendige Demokratie und rechtspolitisch ausgerichteter feministischer Widerstand bedeuten. Es wurde in einer Zeit initiiert, als die #MeToo-Debatte losbrach und sich nationalistische und autoritäre Entwicklungen in Europa im Aufschwung befanden. Die Initiator*innen und Aktivist*innen des F*VB wollten sich mit dem Erstarken von Sexismus und dem Aufkommen antidemokratischer Kräfte nicht abfinden und haben das direktdemokratische Instrument Volksbegehren bewusst gewählt, um Rechtspopulismus mit feministischem Populismus zu begegnen. Während diesem Prozess entstand eine breite feministische Allianz, die weit über die Debatte im Parlament hinaus wirkt und sich auch in Zukunft als gesellschaftliche Gegenmacht für Geschlechtergerechtigkeit einsetzt, in der alle gleiche Bedingungen und Teilhabemöglichkeiten vorfinden und sich so unterschiedlich entwickeln können, wie sie wollen.

*Wer hat unterschrieben? Zur Entwicklung und Demografie der Unterzeichner*innen-Zahlen des Frauen*Volksbegehrens*

Benedikt Hämmerle

Hard Facts

Volksbegehren müssen in Österreich beim Bundesministerium für Inneres angemeldet werden. Zur korrekten Anmeldung ist es notwendig, Unterstützungserklärungen im Umfang von mindestens einem Promille der Bevölkerung vorzulegen,[34] was zur Zeit des Frauen*Volksbegehrens 8401 Unterstützungserklärungen entsprach. Grundsätzlich gibt es im Unterschied zur Eintragungswoche keinen fixierten Zeitraum, in dem diese Unterstützungserklärungen gesammelt werden müssen. Verschiedene Volksbegehren haben daher unterschiedlich lange um Unterstützungserklärungen geworben. Die Unterstützungserklärungen für das Frauen*Volksbegehren wurden über einen Zeitraum von siebeneinhalb Wochen zwischen 12. Februar und 4. April 2018 gesammelt. Dabei gaben 247.436 Personen eine Unterstützungserklärung ab. Dass zur gleichen Zeit auch das von Krebshilfe und Ärztekammer Wien initiierte Volksbegehren „Don't smoke" Unterstützungserklärungen sammelte, war für beide sicher ein Vorteil, welcher sich nur schwer quantifizieren lässt. Aufgrund der wesentlich größeren Reichweite von „Dont't smoke" ergab sich für das Frauen*Volksbegehren die Möglichkeit, Personen außerhalb des engeren Zielbereichs zu erreichen.

In Abbildung 1 ist die Menge der Unterstützungserklärungen über den Zeitraum, in dem gesammelt wurde, dargestellt. In den ersten zwei Wochen stieg die Anzahl sehr steil mit im Durchschnitt mehr als 10.000 Unterstützungserklärungen pro Tag an. Anschließend ging die Anzahl laufend in Sättigung, bevor an den letzten Tagen noch ein Sprung zu verzeichnen war. Gut zu erkennen sind die Wochenenden, an denen die Unterstützungen jeweils weniger stark zunahmen, weil Gemeinde- und Magistratsämter geschlossen waren und eine Unterstützung nur online mittels Bürgerkarte möglich war. Die gerade Linie stellt die für eine Behandlung im Nationalrat notwendige Schwelle von 100.000 Unterschriften dar. Diese Schwelle wurde schon nach neun Tagen erreicht. Somit war die Eintragungswoche für das Erreichen der Behandlung im Parlament rein technisch gar nicht mehr notwendig.

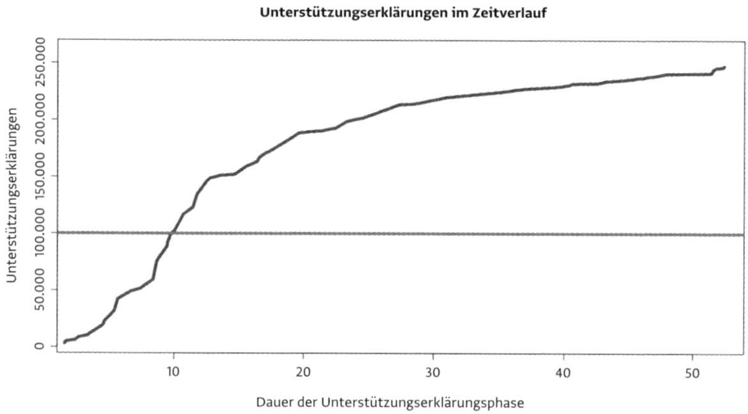

Abbildung 1: Anzahl der Unterstützungserklärungen über den Zeitraum, in dem gesammelt wurde, in ganzen Tagen

Wird für ein Volksbegehren eine Eintragungswoche abgehalten, so werden alle Unterstützungserklärungen zu den Eintragungen hinzugezählt, weil die Bekundung zum Volksbegehren schon geschehen ist. Umgekehrt bedeutet das natürlich, dass eine Person, die bereits eine Unterstützungserklärung abgegeben hat, sich für das Volksbegehren nicht mehr eintragen lassen kann. In der Eintragungswoche vom 1. bis zum 8. Oktober 2018 kamen zu den 247.436 Unterstützungserklärungen ungefähr die gleiche

Menge an Eintragungen hinzu, sodass am Ende 481.959 Personen das Frauen*Volksbegehren unterschrieben haben.

Regionale Aufteilung

In Tabelle 1 ist das Ergebnis nach Bundesländern aufgeschlüsselt. Der Begriff „Unterschriften" ist hier als Kombination von Unterstützungserklärungen und Eintragungen zu verstehen. Die dritte Spalte gibt den Anteil an Unterschriften in Prozent der Wahlbevölkerung an.

Das mit Abstand beste *absolute* Ergebnis konnte in der Bundeshauptstadt Wien erzielt werden. Auch sonst lagen die Landeshauptstädte durchwegs über dem Landesdurchschnitt: In Eisenstadt unterschrieben 962 (8,98 %), in Klagenfurt 6.113 (8,3 %), in Sankt Pölten 2.800 (7,12 %), in Linz 13.145 (9,48 %), in der Stadt Salzburg 8.938 (9,01 %), in Graz 23.958 (12,18 %), in Innsbruck 8.576 (9,85 %) und in Bregenz 1.169 (6,09 %) Personen das Frauen*Volksbegehren. Das *relative* Ergebnis in Graz ist sogar besser als das in Wien, solange man Wien selbst nicht wieder in die einzelnen Bezirke zerlegt. Dann ergibt sich nämlich eine weite Bandbreite von Simmering mit 4.193 (6,97 %) bis Neubau mit 4.809 (23,23 %) Unterschriften.

	Unterschriften	Prozent
Burgenland	16.472	7,08 %
Kärnten	26.176	5,99 %
Niederösterreich	85.628	6,65 %
Oberösterreich	76.131	6,92 %
Salzburg	25.250	6,41 %
Steiermark	69.147	7,17 %
Tirol	31.169	5,76 %
Vorarlberg	13.930	5,11 %
Wien	138.003	12,03 %
Österreich	**481.959**	**7,56 %**

Tabelle 1: Endergebnis des Frauen*Volksbegehrens nach Bundesländern.

Verortung

Ob ein Volksbegehren erfolgreich ist, bemisst sich zuallererst am Erreichen von 100.000 Unterschriften, welche eine Behandlung im Nationalrat garantieren. Darüber hinaus ist natürlich die tatsächliche Anzahl der Unterschriften ein gutes Maß für den Erfolg. Vergleicht man alle 45 Volksbegehren der zweiten Republik, so ergibt sich ein sehr weites Feld, das von 27.568 (Volksbegehren „Für verpflichtende Volksabstimmungen“, 2019) bis 1.361.562 Unterschriften (Volksbegehren für das Konferenzzentrum-Einsparungsgesetz, 1982) reicht.[35] Das Frauen*Volksbegehren belegt dabei mit 481.959 Unterschriften Platz 13 und befindet sich somit im erfolgreichsten Drittel.

Da die Wahlbevölkerung der Zweiten Republik ständig gewachsen ist, ist der Vergleich von absoluten Zahlen nur bedingt aussagekräftig. Zur Zeit der Durchführung des Frauen*Volksbegehrens waren in Österreich 6,38 Millionen Personen wahlberechtigt, woraus sich eine Beteiligung von 7,56 Prozent ergibt. Damit liegt das Frauen*Volksbegehren auf Platz 15 der in relativen Zahlen erfolgreichsten Volksbegehren. Vergleichen mit bundesweiten Wahlen wie den Nationalratswahlen 2017 und 2019, sowie mit der Wahl zum Europäischen Parlament 2019 wohnen einige Unstimmigkeiten inne: Erstens stehen Parteien, die bei Wahlen antreten, immer in Konkurrenz zueinander. Dagegen profitieren Volksbegehren weitgehend von gleichzeitig abgehaltenen Eintragungswochen anderer Volksbegehren, weil potenzielle Unterstützer*innen bereits zum Unterschreiben in die Gemeinde oder das Amt gekommen sind und die Hürde zur Unterstützung weiterer Volksbegehren dadurch geringer ist. Zweitens beträgt die Wahlbeteiligung bei Wahlen niemals 100 Prozent. Es können die abgegebenen Unterschriften von Volksbegehren also nur bedingt zur gesamten Wahlbevölkerung in Relation gesetzt werden.

Wirksamkeit

Der Erfolg jeglicher Bewegung muss immer in Relation zu den eingesetzten Mitteln gesehen werden. Das Frauen*Volksbegehren wurde von keiner etablierten Institution getragen, sondern von einem eigens für den Zweck gegründeten Verein, der sich über Spendengelder finanziert und von ehrenamtlicher Arbeit getragen wird. Der Vergleich zu anderen Volksbegehren gestaltet sich schwierig, da nicht immer klar ist, welche Institutionen diese indirekt oder direkt unterstützt haben und Publikationen zur Organisation dieser Bewegungen rar sind.

Bis 1999 konnten Volksbegehren von Abgeordneten zum Nationalrat oder zu Landtagen initiiert werden. Von den 23 bis dahin durchgeführten Volksbegehren wurden zwölf durch Abgeordnete initiiert, wodurch klar ist, dass es zumindest eine implizite, meistens sogar eine explizite Unterstützung durch politische Parteien und/oder Interessenvertretungen in Form von finanziellen und insbesondere personellen Ressourcen gab. Von diesen Volksbegehren erreichten alle die für die Behandlung im Parlament notwendigen 100.000 Unterschriften, was auf den Wert dieser Art von Unterstützung hinweist. Auch im Fall von durch Unterstützungserklärungen initiierten Volksbegehren lässt sich kaum rekonstruieren, welche Ressourcen den Antragsteller*innen zur Verfügung standen.

Das Frauen*Volksbegehren verfügte über den Zeitraum von zwei Jahren über einen Betrag von ungefähr 300.000 Euro.[36] Daraus ergibt sich ein Budget von etwas mehr als 62 Cent pro Unterschrift. Leider gibt es dafür keine Vergleichswerte von anderen Volksbegehren. Der Vergleich zu Wahlen ist auch hier nicht zulässig, was ebenfalls an der ganz anderen Dimension der zur Verfügung stehenden Mittel liegt. Aus den Ausgaben pro Unterstützung ein höheres Ergebnis in Abhängigkeit von einem größeren Einsatz zu interpolieren oder einen Budgetbedarf für zukünftige Volksbegehren zu errechnen, ist heikel. Es ist notwendig, nicht direkt kampagnenbeteiligte Kosten herauszurechnen. Aus den im Beitrag zum Budget angegebenen Zahlen[37] ergeben sich zwei Möglichkeiten, die Ausgaben zu bereinigen:

- Es wäre argumentierbar, dass Personal- und Administrationskosten sowie sonstige Kosten nicht direkt potenzielle Unterstützer*innen mobilisieren. Werden folglich nur Kampagnenkosten herangezogen, ergibt sich ein Betrag von 37 Cent pro Unterschrift.
- Vereinfachend könnte man auch annehmen, dass die Fixkosten unabhängig vom Erfolg anfallen und nur die variablen Kosten für die Berechnung herangezogen werden sollten. Dadurch ergibt sich ein Betrag von 39 Cent pro Unterschrift.

Dessenungeachtet sind diese Zahlen mit sehr viel Vorsicht zu genießen. Es gibt leider noch keine Vergleichswerte, um sie zu verifizieren. Ist man sich ihrer Unsicherheit bewusst, so können diese Werte in Ermangelung von Alternativen dennoch als Grundlage für Aufwandsschätzungen zukünftiger Bewegungen genutzt werden.

Demografie

Von besonderem Interesse wäre eine soziodemografische Untersuchung der Bevölkerungsgruppen, die das Frauen*Volksbegehren unterschrieben haben. Obwohl dies bei Wahlen mehr als üblich ist, gibt es leider keine Daten aus empirischen Umfragen zur Unterstützungsbereitschaft in der Bevölkerung im Vorfeld von Volksbegehren. Daher ist auch nicht ganz klar, wer das Frauen*Volksbegehren unterschrieben hat. Das schließt nicht aus, dass nicht geraten werden kann (und man dabei vermutlich in vielen Fällen richtig liegen würde). Eine empirische Betrachtung nach Charakteristiken, die über die Heimatgemeinde hinausgehen, wäre dennoch spannend und wichtig für zukünftige politische Kampagnen. Darüber hinaus könnte man einzelne Forderungen des Frauen*Volksbegehrens auf ihre praktische Relevanz hin prüfen, was auch für zukünftige Bewegungen wichtig sein könnte.

*#EinesFürAlle – Intersektionalität im Frauen*Volksbegehren 2.0*

Elisabeth Lechner

„There is no such thing as a single-issue struggle,
because we do not live single-issue lives."[38]

Audre Lorde (1982)

Wenn es einen Satz gibt, auf den die Ziele des Frauen*Volksbegehrens 2.0 heruntergebrochen werden können, dann ist es das eingangs zitierte Statement der berühmten US-amerikanischen Schriftstellerin und Aktivistin Audre Lorde. Obwohl sie selbst nicht von „Intersektionalität" spricht, um die es in diesem Beitrag gehen soll, nimmt ihre Aussage bereits den Kern der Thematik vorweg: Feministische Kämpfe können sich nicht nur mit Geschlecht beschäftigen, sie müssen andere Ungleichheit generierende Strukturen und Identitätsmarker wie *Race,* Klasse, Nationalität, Religion, Sexualität, Alter und Behinderung mitdenken, um der Komplexität unserer „multi-issue"-Leben gerecht zu werden. Wie das F*VB durch seine Forderungen und in seiner Gesamtheit jene Vielschichtigkeit aktivistisch umzusetzen versuchte und dabei zwischen oft verhöhnten Identitätspolitiken und Strukturkritik eine Brücke schlug, stelle ich nachfolgend dar.[39]

Das Konzept der Intersektionalität stammt ursprünglich aus einem US-amerikanischen Kontext – demnach gilt es, unterschiedliche soziopolitische Gegebenheiten mitzudenken. Auf Basis von Vorläufertexten (Sojourner Truth (1851)), Combahee River Collective (1981)) entwickelte die Juristin Kimberlé Crenshaw 1991 den Begriff „Intersektionalität"[40] im Sinne einer feministischen Rechtskritik. Gemäß dem sprachlichen Bild der Straßenkreuzung (engl. *intersection)* bezeichnet das Konzept „die Verschränkung verschiedener, Ungleichheit generierender

Strukturkategorien"[41]. Während sich Crenshaw der Mehrfachdiskriminierung von schwarzen Frauen am Arbeitsmarkt widmete, ist Intersektionalität heute vor allem auch als „Sensibilisierungsstrategie" wichtig: „[Sie] macht auf Schnittmengen von Diskriminierungen aufmerksam, sensibilisiert für die Prozesshaftigkeit binärer Differenzlinien und verdeutlicht zudem die jeweiligen Machtstrukturen und Herrschaftsverhältnisse, in die kategoriale Zuschreibungen eingebettet sind."[42]

Verschiedene Identitätsmarker stehen nie für sich, sie müssen immer als ko-konstitutiv und in komplexer Abhängigkeit voneinander betrachtet werden. Gleichermaßen ist Geschlecht keine leicht abzugrenzende Kategorie. Geschlecht ist, wie Gabriele Michalitsch[43] pointiert bemerkt, in „Gesellschaften *überall* eingeschrieben und wirkt somit in allen gesellschaftlichen Bereichen." Für aktivistische wie theoretische Projekte bleibt folgende Überlegung: Setzen wir „Kategorien sozialer Teilung bzw. Gruppenzugehörigkeit als analytischen Ausgangspunkt", oder fragen wir „zunächst nach Systemzusammenhängen und Mechanismen der Herstellung gesellschaftlicher Spaltungen [...] und damit letztlich auch nach Konstitutionsbedingungen sozialer Ungleichheit"?[44]

Das F*VB versteht Identitätspolitiken als „political point of departure, as a motivation for action"[45] und versucht dabei aber, Identitäten nicht als essenzialistisch und fixiert zu positionieren, sondern als vorläufig, immer im Werden begriffen und als bedingt durch systemische Faktoren. Dieser Zugang spiegelt sich unter anderem in der inhaltlichen Schwerpunktsetzung und Ausformulierung der Forderungen, in der Wahl der Sprecher*innen, vor allem aber auch im visuellen Auftritt des Projekts wider. Es lädt durch die vielfältige Repräsentation verschiedenster Aktivist*innen auf den Drucksorten und Social Media-Kanälen ein, sich als Mitkämpfende*r in der persönlichen Individualität gesehen und gehört zu fühlen, pocht aber, wie die neun Forderungen belegen, immer darauf, dass Gleichstellungsagenden nie an scheinbar unüberbrückbaren Grabenkämpfen scheitern, sondern auf einer strukturellen Ebene eingefordert und gemeinsam ausgefochten werden.

Dem F*VB ging es immer darum, „echte Gleichwertigkeit" für alle zu erkämpfen. Dementsprechend wurde in der Bildsprache auf Vielfalt geachtet und durchwegs geschlechtssensibel kommuniziert (vgl. das inklusive „Frauen*" und #EinesFürAlle).[46]

Postkarten-/Plakat-Sujet „Unternehmensberaterin Dorothea" zur Forderung „Macht teilen" der F*VB-Kampagne „Unterschreib für mich", 2018

Postkarten-/Plakat-Sujet „Reproduktive Rechte" zur Forderung „Selbst bestimmen" der F*VB-Kampagne „Unterschreib für mich", 2018

Die Forderung „Macht teilen", die auf Geschlechterquoten in Politik und Wirtschaft drängt, wird beispielsweise illustriert durch Unternehmensberaterin Dorothea, die im Rollstuhl sitzt, und nicht etwa durch eine stereotypisch junge, weiße Geschäftsfrau mit langem Haar und perfektem Make-up in hautengem Bleistiftrock und Blazer. Gewohnheiten werden herausgefordert und erweitert, gleichzeitig verharrt das Projekt nicht bei bloßer Repräsentationspolitik oder reduziert die Protagonistin auf ihre Behinderung. Dorotheas Bild ist mehr als Illustration und Zurschaustellung eines essenzialistisch gedachten Identitätsmerkmals, es diente uns Aktivist*innen bei der Bewerbung des Projekts mit Flyern als visueller Auslöser, um über die zutiefst strukturellen Barrieren zu sprechen, die ihr in den Weg gelegt werden.[47]

Ähnlich verhält es sich mit der Forderung „Selbst bestimmen", also der Forderung nach bedingungslosen reproduktiven Rechten.[48] Auf der Karte finden sich vier junge Menschen – ein Mann und drei junge Frauen, wovon eine zusätzlich zu einem farbenfrohen Blouson ein Kopftuch trägt. Abermals werden Gewohnheiten und Stereotype hinterfragt – die junge Frau mit dem Kopftuch kämpft ganz selbstverständlich genauso für reproduktive Rechte und sexuelle Selbstbestimmung wie die anderen drei Protagonist*innen. Sie wird nicht exotisiert und auch nicht im Kontext der Forderung „Schutz gewähren" präsentiert, die sich für geschlechtergerechte Asylpolitik einsetzt.

Dasselbe gilt für die Social Media-Kanäle des F*VB.[49] Sieht man sich stellvertretend den Instagram-Account des Projekts an, so wird klar, dass das Mitdenken von Mehrfachbenachteiligungen auch hier ein zentrales Anliegen ist. Die Betreiber*innen des Accounts legen großen Wert darauf, Vielfalt abzubilden und Inhalten von Frauen* mit diversen Perspektiven und Hintergründen Raum zu geben. In den letzten Wochen finden sich neben Postings zu #metoo und dem Urteil gegen Harvey Weinstein auch Beiträge mit Aktivistin Leyla Hussein, die sich gegen FGM starkmacht, oder Filmemacherin Sudabeh Mortezai, die mit ihrem Film „Joy" beim Österreichischen Filmpreis 2020 erfolgreich war. Unbezahlte Care-Arbeit, Gewaltschutz und Schutz von Menschen mit Behinderungen sind auf dem Account genauso Thema wie die Sichtbarmachung der Arbeit historischer Vorkämpfer*innen und eigener F*VB-Aktivist*innen. Immer wieder wird mit Hashtags wie #VoteforEquality, #EinesfürAlle oder #KeinenMillimeter gearbeitet, um die eigene Community zu mobilisieren, sie untereinander zu vernetzen und auch affektiv mit den Belangen des F*VB in Kontakt zu bringen.[50]

Wie Lea Susemichel und Jens Kastner in ihrem Essayband „Identitätspolitiken" richtig feststellen, werden bei der „ausschließenden Gegenüberstellung des Kampfes um soziale Anerkennung versus den Kampf gegen soziale Ungleichheit [...] die vielen – praktischen wie theoretischen – Verknüpfungen von Politiken der Anerkennung kultureller Differenzen mit jenen gegen soziale Ungleichheit übersehen"[51] und durch diese vermeintlich klare Opposition Angriffsflächen für Vereinnahmungen von rechts geboten. Das F*VB zeigt, dass Identitätspolitik ein Anstoß für kollektiv geübte Systemkritik sein kann und auch, wie Intersektionalität als „Sensibilisierungsstrategie" umsichtiger verwendet werden kann denn als bloße „essenzialisierende Repräsentationspolitik".[52]

Fazit: Das F*VB strebt radikale Solidarität[53] statt identitätsbasierter Vereinzelung an. Es verfolgt einen kollektiven Kampf gegen Unterdrückungsstrukturen und lebt ein solidarisches Miteinander in Vielfalt vor.

#EinesFürAlle

Wen soll das interessieren? Oder: Eine Sprache, die die Menschen verstehen

Andrea Hladky

Gemeinsam mit Christian Berger, Schifteh Hashemi und Lena Jäger war ich Sprecherin des Frauen*Volksbegehrens. Aufgabe und Ziel unserer Kommunikation war es, das Frauen*Volksbegehren und seine neun Forderungen in der Öffentlichkeit bekannt zu machen. Von Beginn an war uns klar: Das sollte in einem Sprachstil passieren, den die Menschen verstehen. Emotional berührend, nachvollziehbar, einfach. Nicht zu akademisch, zu wissenschaftlich, zu komplex. Dieser Code wurde nur für die detaillierte juristische Ausformulierung der Forderungen verwendet – die im Übrigen an keiner einzigen Stelle formal kritisiert wurden: eine große Leistung.

Den medialen Auftakt machte eine Crowdfunding-Kampagne, die das Frauen*Volksbegehren finanziell überhaupt erst ermöglichte. Der überwältigende Zuspruch zeigte sich in der Summe von 137.000 Euro, vorrangig von Einzelpersonen in kleineren Summen gespendet.[54] Diese Gruppe und viele andere feministisch Interessierte waren relativ einfach und kostengünstig über Special Interest-Kanäle und Soziale Medien zu erreichen. Im Laufe der Zeit wuchs diese Community auf tausende Frauen* und Männer* an. Gleichzeitig verschaffte uns die erste Pressekonferenz eine große mediale Plattform, die sich in vielen Medienberichten widerspiegelte. So entstanden auch weitere Kontakte, vorwiegend zu Journalistinnen.

Nun galt es, medial wesentlich breiter zu werden, mehr Menschen überhaupt über das Frauen*Volksbegehren zu informieren. Es gab einige Hindernisse, die wir überwinden mussten – und nicht immer konnten.

Zunächst bestand die Schwierigkeit darin, die (mitunter komplexen) neun Forderungen einfach zu erklären. In Drucksorten und unseren Online-Kanälen gelang uns das sehr gut. Presseaussendungen, die via Austria Presse Agentur (APA) versendet wurden, orientierten sich ebenfalls an einer einfachen, verständlichen Sprache.

Schwierig war es allerdings, diese Aussendungen und Themen in den Mainstream-Medien außerhalb unserer Community zu platzieren. Dazu fehlte vor allem Geld. Das Crowdfunding-Projekt finanzierte die Infrastruktur und sonstige laufende Kosten bzw. hie und da auch kleinere Schaltungen, aber große, überregionale Kampagnen, wie sie Unternehmen und Parteien fahren, konnten wir uns nicht leisten. Eine halbe Seite in einer auflagenstarken Tageszeitung hätte die Hälfte des Gesamtbudgets verschlungen. Viele unterstützende Künstler*innen und Kreative halfen uns, indem sie Videos produzierten und Fotosessions zu einem Sonderpreis machten.[55] Ansonsten mussten wir mit Zeit und Euphorie wettmachen, was wir an Geld nicht hatten. Redaktionen nachtelefonieren, lästig sein und lästig bleiben, schnell auf tagespolitisch relevante Ereignisse reagieren, viel in den Sozialen Medien posten.

Das funktionierte gut mit medienwirksamen Fototerminen und Presseaussendungen zu unseren Meilensteinen: Pressekonferenz zum Start, Aufruf zum Sammeln der Unterstützungserklärungen, Beginn der Eintragungswoche, Präsentation des Ergebnisses.

Zeit war dennoch auch kein unendlich verfügbares Gut bei uns: Die meisten gingen neben ihrer (ehrenamtlichen) Unterstützung für das Frauen*Volksbegehren weiter ihrer normalen Erwerbsarbeit nach, studierten oder hatten Kinder. Wir verbrachten also nicht 40 Stunden pro Woche gemeinsam in einem Büro mit der nötigen Infrastruktur und rascher Absprache.

Zum Thema Budget gehören auch Bereiche wie Medienbildung, Kommunikationstraining etc. für die Sprecher*innen - Seminare und Ausbildungen, die viel zu teuer für uns waren. Oft saßen wir in TV-, Radio- oder Live-Diskussionen Politiker*innen und Expert*innen gegenüber, die wahrscheinlich 800 Stunden mehr Medienerfahrung als wir hatten. Das merkte das Publikum bzw. der*die Leser*in auch. Manchmal war das mühsam für uns, oft aber für das Publikum ungewohnt neu und authentisch.

Es gelang es uns gut, im Laufe der Zeit Kontakte zur Presse auszubauen. Die meisten Medienberichte (abgesehen von unseren eigenen Meilensteinen) im Zusammenhang mit dem Frauen*Volksbegehren gab es, als wir den Rücktritt der damaligen Frauenministerin Juliane Bogner-Strauß forderten. Das sagt wohl viel aus über das Spiel (mit) der Presse. Besonders gerne wurde auch - wir nannten es „Horse Race" - gespielt: Würden wir so viele Unterschriften erreichen wie das erste Frauen*Volksbegehren 20 Jahre zuvor? Und wenn nicht, waren wir dann gescheitert? Diese Fragen begleiteten uns von Anfang an und nach wie vor,[56] ebenso wie die Frage nach der 30-Stunden-Woche, die am meisten öffentlich diskutierte Forderung, hinter der die acht anderen manchmal verschwunden sind. Wir hatten die Kritik daran bereits kommen gesehen und oft darüber gesprochen, diese Forderung abzuschwächen oder zu entfernen. Umso bemerkenswerter finde ich, dass wir sie nicht aus taktischen Überlegungen strichen und trotzdem fast eine halbe Million Unterschriften erhalten und dazu einen nicht in Zahlen zu fassenden Diskurs über frauenpolitische Themen wieder angestoßen haben.

Überrascht hat mich die Voreingenommenheit, mit der teilweise über uns berichtet wurde - und ich wage zu behaupten, dass nicht alle, die über uns geschrieben haben, sich mit allen neun Forderungen auseinandergesetzt haben. Diese wurden falsch zitiert, Teile davon weggelassen, verzerrt, mit Attributen wie „nur für kinderlose Karrierefrauen“, „rot-grün“, „illusorisch“, „weltfremd“ versehen... andererseits aber auch als visionär, euphorisch, enthusiastisch, gut recherchiert, sinnvoll bezeichnet.

In den Jahren vor dem Frauen*Volksbegehren habe ich im Presse- und Kommunikationsbereich verschiedener Unternehmen gearbeitet. Da wie dort lässt sich sagen: Auch in der Medienbranche sind „die Bestimmer“ - wie Kinder sagen würden - Männer*. Das bedeutet, vorwiegend Männer sind etwa als Chef vom Dienst, als Chefredakteur, als Channel-Verantwortlicher, als Finanzchef, als Generaldirektor verantwortlich dafür, welche Themen wo, wie groß und wann kommuniziert werden. Im Laufe der zwei Jahre intensiver Pressearbeit für das Frauen*Volksbegehren bzw. für aktuelle frauenpolitische Themen lässt sich sagen: Dort, wo über uns konstruktiv, aber nicht immer zustimmend berichtet wurde, saßen (vorwiegend) Frauen* an verantwortlichen Positionen bzw. konnten sich im eigenen Unternehmen durchsetzen. Ich kann mich an einen großen Artikel über das Frauen*Volksbegehren in einer Tageszeitung erinnern, der auf der Rückseite der Wochenendausgabe erscheinen sollte - ein Platz mit ungeheurer Reichweite. Im letzten Moment entschied der Chefredakteur gegen die zuständige Ressortchefin, dass stattdessen das (gleichzeitig stattfindende) Nichtraucher-Volksbegehren dort platziert würde, weil das viel spannender für die Leser*innen sei - denn wen interessieren schon Frauenthemen?

Die Conclusio lautet also wie in vielen Bereichen: Wir brauchen mehr Frauen* in verantwortlichen Positionen in den Medien, um Gender-Themen breitenwirksam kommunizieren zu können. So lange nicht über uns geschrieben wird, sind wir nicht sichtbar. Wenn wir nicht sichtbar sind, gibt es uns nicht. Das gilt auch für Frauen*(-Politik).

#gegengewaltanfrauen – wie das Frauen*Volksbegehren 2.0 die Macht der Sprache sichtbar macht(e)

Ulrike Schöflinger

Zum Aktionismus im Allgemeinen gehören Kommunikation und die Verbreitung von Informationen. Das Mittel, dessen wir uns vor allem in politischen Diskursen bedienen, ist Sprache. Denken wir nur an die politisch konnotierten Wortschlachten in den Medien. Wir erschaffen unsere Welt mit Sprache und beschreiben sie. Zum Aktionismus im Rahmen einer politisch-gesellschaftskritischen Frauen*-Bewegung gehört, darauf zu achten, wie die Worte in diesem Kontext verwendet werden: Wie wird über Gewalt an Frauen* berichtet, wie über Ungerechtigkeiten? Wird die Ungleichbehandlung aufgegriffen und wie verhält es sich mit der Gleichwertigkeit? Hier waren und sind die Aktionista*s – wie wir beim Frauen*Volksbegehren 2.0 die Kämpfer*innen für eine gerechtere Welt nennen – gefordert, beispielhaft voranzugehen. Das begann bei der Formulierung der Präambel und der Forderungen bis hin zum Befüllen der unterschiedlichen Kommunikationskanäle. Die ausnahmslose Verwendung des Gendersternchens sowie die häufige Wiederholung der Hashtags #einesfueralle, #wirsindmehr, #gegengewaltanfauen #genderrules, #fuerechte..., #feminist... auf Twitter, Instagram und Facebook sind Belege dafür. Immer ein Auge auf Gemeinschaftsrichtlinien und die eigens definierten Umgangsformen zu haben und Verstöße dagegen schonungslos aufzuzeigen, ist Teil der Kommunikationsarbeit.

Sprache – ob geschrieben oder gesprochen – ist eines der meistangewandten Instrumente zur Sichtbarmachung. Und: Sprache ist von ihrer Struktur her männlich.

Wir leben in einem sozialen Gefüge, dessen Werte, Verhaltensweisen und Normen großteils von Männern* vorgegeben und kontrolliert werden. Wir bewegen uns also sprachlich in einem hierarchisierenden Geschlechterhabitus. In der Sprache spiegelt sich das im Begriff „generisches Maskulinum" wider. Kurz gesagt, beschreibt es die Verwendung der männlichen Form für alle Geschlechter. Etwas komplexer ausgedrückt, sei damit gemeint, dass es sowohl geschlechtsspezifische als auch geschlechtsunspezifische Personenbezeichnungen gibt. Komme aber die Maskulinform geschlechtsspezifischer Personenbezeichnungen zur Anwendung, würden die Substantive dadurch keineswegs geschlechtsneutral. So erklärt es die Professorin der Germanistik und Linguistik Gabriela Diewald von der Universität Hannover und führt als Beispielbegriffe Redner, Arbeiter oder Diplomat an. „Man assoziiert damit in erster Linie Männer", ergänzt die Wissenschaftlerin und verdeutlicht ihre Argumentation, dass das Ableitungssuffix „-in" an das ursprünglich männliche Wort angehängt wird („Müllerin"), was historisch die Funktion als Ehefrau beschrieb und nicht einen Berufsstand. „Die ersten Dokumente, die darüber sprechen, dass Personenbezeichnungen wie Bürger oder Müller in verallgemeinernder Weise für beide Geschlechter stehen können, berufen sich gerade nicht auf eine angebliche Geschlechtsneutralität der Maskulinformen, sondern ganz explizit darauf, dass sie geschlechtsspezifisch männlich sind. Dabei wird - in offen sexistischer Manier - mit der ‚natürlichen' Rangordnung der Geschlechter argumentiert: Männer seien das erste, privilegierte und würdigere Geschlecht, daher muss bei verallgemeinernder Bedeutung die männliche Sprachform, zum Beispiel Bürger (semantisch männlich, grammatisches Maskulinum), gewählt werden. Da Frauen an sich nachrangig sind, muss man sie nicht nennen."[57] Mitunter wurden diese Formen spezifisch männlich definiert, um Frauen auszuschließen. Bis heute verzichten anerkannte Medien bewusst auf die „politisch korrekte" Schreibweise, die beide Geschlechter und alle dazwischen einschlösse. Dafür wird immer wieder gewitzelt, dass Frauen* eh mitgemeint seien.

In den letzten fünf Jahren wurde die männliche Dominanz im Sprachgebrauch allerdings durch sprachpolitische Maßnahmen abgebaut. Genderforschung, die Forderungen von Feminist*innen wie Aktivist*innen trugen und tragen ihren Teil dazu bei. Beim Frauen*Volksbegehren 2.0 drückte sich das vor allem in den Forderungen und der unermüdlichen, gendergerechten Medienarbeit aus - also in der inkludierenden Schreibweise mit Sternchen auf Flyern/Plakaten, Broschüren, Artikeln und in den Social-Media-Kanälen. Wenn eins bedenkt, dass bis 1970 eine Frau zum Fräulein abgewertet wurde, basierend auf der bloßen Tatsache, dass sie unverheiratet war, ist sofort erkennbar, wie träge Veränderungen vonstattengehen.[58] Umso wichtiger ist es, beharrlich unsere Sinne zu schärfen und auf sprachimmanente Abwertung aufmerksam zu machen, denn: „Oft merken wir gar nicht mehr, wie tief verwurzelt androzentristische Strukturen sind und [wie] wir die männliche Norm unbewusst und aus unreflektierter Selbstverständlichkeit heraus immerzu und überall reproduzieren und verfestigen."[59] Gerade in den Sozialen Medien herrscht ein gigantischer Gegenwartskampf über den Einsatz von gendergerechter Sprache. Das zeigten die teils aggressiven wie hasserfüllten, teils absurden wie zutiefst beleidigenden Kommentare unter den Posts des Frauen*Volksbegehrens und unserer Mitstreiter*innen. Nur konsequentes Dagegen-Anschreiben hilft gegen diese Ignoranz.

#Gewaltanfrauen

Ein weiterer Bereich, in dem ungenaue Formulierungen zu fahrlässigen Verzerrungen und Exklusion führen, ist die Berichterstattung über Gewalt an Frauen*. Opfer werden mit wenigen Worten zu Täter*innen gemacht („hätte sie ihm die Kinder nicht vorenthalten, während er im Gefängnis saß"), weil Gewalt verharmlost, sexualisiert (es besteht ein Unterschied zwischen „leicht bekleidet" und „halbnackt") oder die Identität nicht gewahrt wird. Wobei nicht nur die falschen Begriffe, sondern auch allzu detaillierte Berichte die Grenzen der Pietät sprengen. Oft wird Femizid als „Sextat" und Vergewaltigung als „Sexattacke" dargestellt. Das Wissen um die Wirkkraft der Worte – wie der Bilder – sollte steter Begleiter aller Menschen sein, die sich öffentlich zu Gewalttaten an Frauen* äußern. Der Kanal ist dabei völlig unerheblich. Es gilt schließlich nicht nur die Opfer zu schützen, sondern auch jene Menschen, die bereits eine Gewalterfahrung machen mussten und selbstredend auch die Angehörigen beider Seiten.

Trauriges Beispiel – stellvertretend für viele andere Fälle – ist der Fünffachmord in Kitzbühel, wo ein von den Boulevardmedien verfasster Artikel „Beziehungstat: Fünf Tote bei Eifersuchtsdrama..." titelt, anstatt den Tatsachen entsprechend „Mann tötet Frau und deren Familie aus dem Unvermögen, auf das Beziehungsende gewaltfrei zu reagieren". Der Fokus, wie Soziologin Laura Wiesböck dazu festhält, verschiebt sich damit auf die Eifersucht und nicht auf den Täter.[60] Wie oft falsch über Femizide geschrieben wird, ist im Bericht von Alexandra Stanić zu lesen.[61]

Ein Thema, das gleichermaßen in den Sozialen Medien wie auch in der Berichterstattung die Schieflage und das Ausmaß des Hasses im Netz gegen Frauen* veranschaulicht, war und ist der Umgang mit Natascha Kampusch. Sibylle Hamann (vormals Journalistin, jetzt Politikerin) hat versucht, diesen Mechanismus zu erfassen und erklärt: „Es ist der Neid auf die Zuwendung, die eine Person bekommt in der Öffentlichkeit." Gemeint ist damit, die Betroffene*n sollte/n sich nicht so wichtig machen/nehmen. Auffallend sei, dass in den Augen vieler Menschen Sichtbarkeit von Frauen bestraft werden müsse, weil sie den Frauen nicht zustünde. Genau darum geht es in Beatrice

Frasls 28. Podcast-Reihe „Große Töchter" mit Natascha Kampusch, in dem die beiden Frauen Kampuschs Buch „Cyberneider" besprechen. Immer wieder gibt es Versuche, Frauen mundtot (Stichwort #silencing) zu machen, indem sie von Heerscharen misogyner Männer mit Beschimpfungen und Drohungen bombardiert werden. Journalist*innen sind davon genauso massiv betroffen wie Politiker*innen oder die Unterstützer*innen des Frauen*Volksbegehrens.

Damit Berichterstattung gut gelingen könnte, müssten folgende Kriterien erfüllt sein, schlägt Andrea Brem, Geschäftsführerin des Vereins Wiener Frauenhäuser, vor:

- Die Würde der Opfer und der Angehörigen muss gewahrt werden.
- Die Öffentlichkeit soll umfassend mit Hintergrundwissen informiert werden.
- Ein Problembewusstsein für soziale und strukturelle Zusammenhänge soll geschaffen werden.
- Mythen und Vorurteilen soll entschieden entgegengewirkt werden.
- Hilfseinrichtungen sollen immer - sowohl in Artikeln/Berichten als auch in Social-Media-Posts - angeführt werden.

Sprache MACHT den Menschen - ein Plädoyer für geschicktes Gendern

Sprache ist etwas wunderbar Vielfältiges! Sie drückt aus, sie erschafft, sie diversifiziert, sie hat Bedeutung. Sie kann aber auch zerstören, verletzen und spalten. Ich fordere daher alle auf, geschlechtergerechte Sprache anzuwenden und Tatbestände und Realitäten korrekt zu benennen. Nicht bloß, weil es eine Frage des Respekts bzw. der Höflichkeit ist, sondern, weil die Kommunikation dadurch - wider alle Kassandrarufe - wesentlich klarer wird. Wir können mit der Anwendung geschlechtergerechter Sprache Veränderungen anschieben: Nennen wir die Dinge beim Namen und versuchen wir, gemeinsam mit dem Frauen*Volksbegehren und anderen NGOs, Bezeichnungen zu vermeiden, bei denen Zweifel aufkommen könnten, wer gemeint ist. Unklare Personenbezeichnungen werden von einem Großteil der Sprachgemeinschaft als diskriminierend wahrgenommen. Dabei sind es oft Kleinigkeiten, die uns den Alltag - wären wir etwas umsichtiger mit unserem Sprachgebrauch - verbessern könnten. Wer verunsichert ist, findet im Buchhandel sowie im Internet praktische Anwendungsratgeber bzw. Leitfäden. Ausreden sind also nicht mehr zu akzeptieren. Zum feministischen Aktionismus gehört, unaufhörlich mit aller Vehemenz auf die Ungenauigkeiten bzw. gezielt eingesetzten Diskriminierungen hinzuweisen und gegen sie anzusprechen. Wir können alle einen Beitrag zur Gleichstellung der Geschlechter in der Sprache leisten, indem wir laut vorangehen, die geltenden Schreibweisen konsequent umsetzen, gegen Hass im Netz anschreiben und Sexismus entgegenwirken. Lasst uns gemeinsam eine Sensibilisierungslawine lostreten und allen möglichen Geschlechtern ihren gender-inkludierenden SprachRaum schaffen!

*Überzeugend argumentieren: Framing-Techniken des Frauen*Volksbegehrens*

Maria Schachinger

Für echte Gleichwertigkeit

Die Forderungen des Frauen*Volksbegehrens bauen auf einer zentralen Kernforderung auf: Echte Gleichwertigkeit in allen Bereichen des Lebens zu schaffen.[62] Die Wertschätzung, die allen Menschen gleichermaßen zugesprochen wird und ein gutes Leben ermöglichen soll, aktuell aber zwischen den Geschlechtern ungleich verteilt ist, bildet das grundlegende Framing des Frauen*Volksbegehrens. Dieses Framing hat es uns erleichtert, den neun inhaltlich sehr breit gefächerten Forderungen eine klare inhaltliche Einordnung zu geben und damit die Komplexität zu reduzieren.

Fakten einen Rahmen geben

Die Framing-Theorie erklärt die Zusammenhänge von moralischen Grundsätzen, politischer Sprache und die Wahrnehmung von Informationen. „Frames" sind gedankliche Deutungsrahmen, mit denen unser Gehirn Fakten verarbeitet und bewertet. Das menschliche Gehirn tut sich schwer mit Zahlen, Statistiken und Prozenten. Es braucht einen Rahmen, in den Informationen eingebettet werden. Unsere Lebenserfahrung, Werthaltungen und das erlernte Wissen stellen diesen Rahmen dar, mit dem wir neue Informationen abgleichen. Frames sind selektiv: Jedes Wort und jede Information ist mit einer Reihe von Kontexten verbunden. Welcher Themenaspekt hervorgehoben wird, hängt stark von der Wortwahl ab. Bestimmte Worte aktivieren bestimmte Gedankenmuster, die Wissen und Werte verbinden.

Frames lassen sich nicht negieren – das Gehirn überhört das Wort „Nein" und denkt innerhalb des Frames, der mit einer bestimmten Wortwahl aktiviert wurde. Daher ist es wichtig, sich der verschiedenen Deutungsrahmen eines Themas bewusst zu sein und dann jene zu wählen, mit denen man die eigene Forderung überzeugender argumentieren kann: FÜR etwas einzutreten, das man selbst will, lohnt sich mehr, als GEGEN etwas zu argumentieren.

Passt eine Botschaft nicht in den Frame, tendiert das Gehirn dazu, diese Informationen abzulehnen. Zwei Menschen können über dieselben Zahlen, aber trotzdem über komplett unterschiedliche Themen reden. Ein Klassiker in feministischen Debatten ist die Frage nach der Vereinbarkeit von Familie und Beruf. Dieser Vereinbarkeitsframe zeigt gängige Werthaltungen auf, nämlich die Verknüpfung von Frauen* und Care-Arbeit. Frauen* werden gefragt, wie sie das mit Job und Kindern machen, Männer* fast nie. Der Vereinbarkeitsframe ist ein „Deep Seated Frame", also ein tief verankerter Deutungsrahmen, mit dem grundlegende moralische, politische und weltanschauliche „Wahrheiten" festgelegt werden. Manche nennen dies auch „Hausverstand".

„Neurons that wire together fire together", das besagt die sogenannte „Hebb'sche Regel": Wird ein Konzept gemeinsam mit einem anderen aufgerufen, stellt das Gehirn eine Verbindung her. Je öfter Konzepte gemeinsam aktiviert werden, desto fester wird diese Verbindung, bis das eine Konzept das andere automatisch mit aktiviert. Da „Frau" und „Familie" oft zusammen „feuern", ruft das Gehirn dann den Vereinbarkeitsframe auf, sobald es Feminismus hört.

Grundlegende Frames

Für die Ausarbeitung der Positionen und der Argumentationslinie ist es sinnvoll, zuerst die grundlegenden Frames und die damit erfassten Aspekte zu analysieren. Eine Orientierung bei der Analyse kann folgendes Raster bieten:[63]

- **Definition des Problems und Festlegung des Themas:** Worum geht es eigentlich?
- **Was sind die genauen Ursachen – und wer trägt die Verantwortung:** Woher kommt das Problem? Wer trägt die Verantwortung? Überlasse ich jemandem die Verantwortung, z.B. der Regierung, oder nehme ich es selbst in die Hand?
- **Lösungsmöglichkeiten und Handlungsaufforderung:** Wie sieht die Lösung des Problems aus? Wird Akteur*in A von Akteur*in B zum Handeln aufgefordert („Die Regierung muss für mehr Kinderbetreuungsplätze sorgen!"), oder wird Akteur*in A selbst aktiv („Wir sorgen für mehr Kinderbetreuungsplätze!")?
- **Die moralische Bewertung:** Um welche zugrundeliegenden Werte geht es, welches Weltbild spreche ich an?

Beim Vereinbarkeitsframe ist das Thema die Vereinbarkeit von Beruf und Familie, die Freiheit, sich für ein Leben zu entscheiden, das die aktive Teilhabe an der Arbeitswelt enthält, ein eigenes Einkommen, das die Unabhängigkeit von dem*der Partner*in sichert, aber auch Raum und Zeit für ein erfülltes Privatleben bietet. Das Thema ist also Wahlfreiheit und das Problem, dass diese durch den Mangel an Kinderbetreuungsplätzen nicht gegeben ist. Ursachen sind beispielsweise stereotype Vorstellungen von Familienleben, die Gratis-Pflegearbeit von Frauen* voraussetzen, und dass deshalb kein öffentliches Geld zur Verfügung steht. Die Regierung kann als Konsequenz dazu aufgerufen werden, ausreichend qualitative Kinderbetreuungsplätze zur Verfügung zu stellen. Und warum? Gleichstellung aller Geschlechter ist hier das Ziel, es kann aber auch Freiheit der Lebensgestaltung, Verantwortung für die eigene Familie oder Zeit für Privatleben als moralische Facette im Vordergrund stehen.

Die gleichen Bausteine können unterschiedliche Frames ergeben: Das Thema und die Problemstellung sind gleich, aber die

Verantwortung wird dem Individuum zugeordnet, möglicherweise konkret bei der Frau*, und in der moralischen Bewertung steht das Familienleben an erster Stelle. Um einen Frame aufzurufen reicht es, nur einen dieser Bausteine zu erwähnen, das Gehirn fügt die weiteren hinzu. Menschen haben unterschiedliche Erfahrungen und Werte, und letztere haben viel mit Grundbedürfnissen zu tun. Respekt, Teilhabe, Aufmerksamkeit, Selbstbestimmung - all diese Bedürfnisse teilen die meisten Menschen. Die Strategien, um diese zu erfüllen, unterscheiden sich jedoch, dementsprechend auch die grundlegenden Moralvorstellungen. Wenn Deutungsrahmen und Information nicht zusammenpassen, werden die Fakten regelrecht abgestoßen, es entsteht ein unangenehmer Zustand, der in der Psychologie als „kognitive Dissonanz“ bezeichnet wird. Als Beispiel sei hier die Debatte um Quotenregelungen genannt: Selbst Frauen* lehnen diese teilweise ab, aus Angst, als „Quotenfrau“ den Respekt und die Anerkennung für die eigene Leistung zu verlieren. Quoten werden innerhalb des Deutungsrahmens „Leistung“ definiert: *„Ich bin selbst imstande, durch meine Leistung voranzukommen. Ich brauche keine Hilfe von außen."* Innerhalb des Leistungsframes fallen empirische Daten zur Diskriminierung von Frauen* am Arbeitsmarkt selten auf fruchtbaren Boden. Wer davon überzeugt ist, dass Leistung zählt und Angst vor Gesichtsverlust hat, wird kognitive Dissonanz erleben und eine Strategie suchen, um diesem Unwohlsein zu entkommen. Diese Strategie ist oft das Negieren von Fakten.

In dieser Situation kann es helfen, den Frame zu wechseln. Das Frauen*Volksbegehren hat beispielsweise die Forderung nach der Quotenregelung unter dem Titel *„Macht teilen"* präsentiert. Das Framing ist nun Selbst- und Mitbestimmung sowie Vielfalt: *„Ziel des Frauen*Volksbegehrens ist, die Gesellschaft in ihrer Vielfalt abzubilden. Für echte Gleichwertigkeit ist es nötig, dass Frauen überall dort dabei sind, wo Entscheidungen getroffen werden. Frauen** *sind nicht entsprechend ihrem Bevölkerungsanteil vertreten. Deswegen entscheiden mehrheitlich Männer* über das tägliche Leben. Weibliche Perspektiven und Bedürfnisse werden dabei nicht ausreichend gehört."*[64]

Botschaften aufbauen

Eine nachvollziehbare Argumentationslinie kann mithilfe der Botschaftenpyramide aufgebaut werden, die wir als Leitfaden für den inhaltlichen Aufbau der neun Forderungen für die Kommunikation nutzten. Die Spitze bildet eine klare Werthaltung, die den Rahmen der Debatte setzt: „Wir wollen echte Gleichwertigkeit und ein gutes Leben für alle." Auf der Faktenebene reichen wenige, nämlich drei bis fünf anschauliche Zahlen. Mehr bleibt in der Regel nicht länger im Gedächtnis. Das Fundament der Pyramide sind konkrete Beispiele, die die Problematik und Lösungsvorschläge nicht nur veranschaulichen, sondern auch persönliche Betroffenheit und Emotionen auslösen. Geschichten von realen Menschen, die du und ich sein könnten, die beispielsweise Ungerechtigkeit erfahren haben.[65]

Hier ein Beispiel, wie ein Gesprächsleitfaden mithilfe dieser Pyramide aufgebaut werden kann: *„Häufig reden wir bei unseren Informationsständen mit Pensionistinnen, die die Auswirkungen der ungerechten Lohnschere ganz besonders spüren. Da war beispielsweise*

eine Frau, eine gelernte Friseurin, die trotz Vollzeitjob mit rund 900 Euro Pension auskommen muss. Frauen bekommen im Durchschnitt 40 Prozent weniger Pension als Männer. Was es dringend braucht, ist echte Gleichwertigkeit der Geschlechter, gerade wenn's ums Geld geht."[66]

Gehört werden

„Framing“ ist nicht der magische Schlüssel, mit dem plötzlich alle zu ambitionierten Feminist*innen werden. Aber der Großteil der Gesellschaft hat ein offenes Ohr für Argumente. Wer sich um eine gemeinsame Gesprächsbasis bemüht, Werthaltungen bewusst analysiert und offen anspricht, steigert die Chancen, dass feministische Positionen gehört werden.[67]

Zum Beispiel Tirol: Wie gelingt es, emanzipatorische, frauenpolitische Forderungen zum Thema zu machen?

Elisabeth Grabner-Niel

Es ist ein mühsames Vorhaben, gesellschaftliche Strukturveränderungen herbeizuführen. Dies gilt bereits für den ersten Schritt dazu, nämlich überhaupt die Aufmerksamkeit auf Problemlagen zu richten, insbesonders, wenn dabei ein fest eingefahrenes soziales Gefüge wie das existierende Patriarchat angetastet wird. Anhand der Aktivitäten der Tiroler Aktionistas* des Frauen*Volksbegehrens sollen entsprechende Versuche exemplarisch dargestellt werden.

Politische und geografische Ausgangslage

Zwei Perspektiven spielen bei der Frage, wie in diesem Bundesland emanzipatorische Frauenanliegen beworben werden können, eine gewichtige Rolle:

Einerseits gilt Tirol als eine traditionelle ÖVP-Hochburg mit dem entsprechend konservativen Menschen- und Familienbild: Seit 1945 stellt immer diese Partei den Landeshauptmann. Auch bei bundesweiten Wahlen dominiert sie, und lange Zeit hatte sie sogar eine Zweidrittelmehrheit im Tiroler Landtag.

Der andere Aspekt ist die Geografie: Tirol ist durch große strukturelle Unterschiede zwischen den peripheren Alpentälern und dem urbanen Zentralraum rund um Innsbruck und entlang des Inntals geprägt. Der Anteil an ländlichen Gemeinden ist relativ hoch, und diese weisen auch einen höheren Frauenanteil auf.[68] Markante Unterschiede auf den Feldern Arbeitsmarkt, Infrastruktur wie z.B. Kinderbetreuung, gesellschaftliche Normen und Einstellungen, Bildungsangebote sowie Mobilitätsbedingungen bestimmen den weiblichen sozialen und wirtschaftlichen

Lebensalltag - und damit auch die Möglichkeiten zur Mitwirkung in gesellschaftspolitischen Angelegenheiten wie dem Frauen*Volksbegehren.

Diese Gegebenheiten spiegeln sich in der regionalen Verteilung der Zustimmung zu frauenpolitischen Forderungen. Das Frauenvolksbegehren von 1997 wurde in Tirol von 32.077 Menschen, sieben Prozent der Wahlberechtigten, unterstützt: In Innsbruck waren es 9,05 Prozent, das Schlusslicht der Bezirk Landeck im Tiroler Oberland mit den Seitentälern mit 5,19 Prozent.[69] Dr. Monika Jarosch, Obfrau des AEP (Arbeitskreis Emanzipation und Partnerschaft)[70] und eine der zentralen Aktivistinnen, zog als Fazit aus den vielen Gesprächen im Rahmen dieser Kampagne: „Frauen [in Tirol] sind selbstbewusst und erkämpfen ihre Freiräume, aber nicht in der Öffentlichkeit."[71]

2017 - Das neuerliche Anlaufen eines emanzipatorischen Frauenprojekts: das Frauen*Volksbegehren 2.0

Der Kick-Off mit einer der Hauptinitiator*innen Lena Jäger am 10.1.2018 im Innsbrucker Treibhaus, einer bekannten alternativen Location, zog an die 80 Interessierte an. Darüber hinaus wurden in diversen Gesprächsrunden potenzielle Kooperationspartner*innen aus der Politik und der autonomen Frauenszene eingeladen, ihre jeweiligen Organisationsstrukturen für das Frauen*Volksbegehren zur Verfügung zu stellen. In Innsbruck hat sich über die Jahrzehnte eine lebendige und gut vernetzte autonome Frauenszene entwickelt, die mit frauenpolitisch Engagierten in Institutionen wie Universität, Ämtern, Kirche, ÖGB und einzelnen Parteien in engem Austausch steht, ein fruchtbares und vielfältiges Umfeld für diese neue Initiative. Eine Gruppe von etwa 20 Aktionistas* fand als bunter und verlässlicher Kern aller Aktivitäten zusammen, mal größer, mal kleiner, aber immer mit viel Spaß, Kreativität und Engagement. Hier einige ihrer Stimmen:

Warum engagiere ich mich für das Frauen*Volksbegehren?

„Warum ich beim F*VB mitmache? Ich habe mir vorgenommen, aktiv etwas bewegen zu wollen, was gesellschaftlich notwendig ist, statt immer nur darüber zu jammern, was nicht richtig läuft. Deshalb kam die Einladung zur Mitarbeit beim F*VB gerade recht. Es ist für mich sehr bereichernd, mit einer so bunten Vielfalt von Frauen zusammenzuarbeiten."

„Die herrschende Männerpolitik hat mich veranlasst, die Forderungen des Frauen*Volksbegehrens möglichst vielen näherzubringen. Die Menschheit besteht nicht nur aus Männern!"

„Als Mama von zwei Söhnen bedeutet das Frauen*Volksbegehren für mich einen wichtigen Schritt zur Sensibilisierung der nächsten Generation für die bestehende Ungleichheit zwischen Männern und Frauen."

„Ich unterstütze das Frauenvolksbegehren, weil in einem modernen Land das Recht auf den eigenen Körper eine Selbstverständlichkeit sein muss und Schwangerschaftsabbrüche und der Zugang zu Verhütungsmitteln keine Frage der Brieftasche mehr sein darf. Außerdem muss es endlich gleichen Lohn für gleiche Arbeit geben."[72]

Unterstützende Materialien

Neben den von der Projektleitung gelieferten Werbemitteln stellte die Ausgabe 2/2018 der feministischen Zeitschrift für Politik und Gesellschaft des Innsbrucker Arbeitskreises für Emanzipation und Partnerschaft, die *AEP-Informationen,* ein zentrales

Material bei den vielen Medien- und persönlichen Kontakten dar. Sie widmete sich ausschließlich den Forderungen des F*VB und zeigte konkret auf, welche Frauenprojekte im Bereich der einzelnen Forderungen seit Jahrzehnten in Tirol wirken.[73]

In allen Tiroler Bezirken fanden Info- und Diskussionsveranstaltungen statt, bei denen auch Roll-Ups der Wanderausstellung *Feminism Loaded* zum Einsatz kamen, eines Projekts des AEP, in dem zehn feministische Themen anschaulich dargestellt werden.[74] Das Interesse der lokalen und regionalen Medien (Bezirksblätter, Regional-TV) und der „Tiroler Tageszeitung" war erfreulicherweise über die gesamte Bewerbungszeit hinweg rege, immer wieder erschienen Berichte und auch Originalbeiträge von Aktionistas*.

Landauf - landab: die frauenpolitischen Forderungen im Gespräch

Monate hindurch bereisten Aktionistas* alle Tiroler Bezirke und informierten in Straßengesprächen, Aktionen im öffentlichen Raum, bei Info-Veranstaltungen und Diskussionen, in Schulen und Jugendzentren sowie mittels Mediengesprächen - immer in enger Kooperation mit frauenpolitischen Einrichtungen und feministischen Initiativen vor Ort, wodurch der Austausch mit frauenpolitisch tätigen Projekten in den Tiroler Bezirken verstärkt wurde.

Dabei zeigten manche Gesprächspartner*innen wenig Bereitschaft, sich auf einen Dialog einzulassen. Bei anderen wiederum wurde umgehend Zustimmung signalisiert und sogar Anerkennung für das zivilgesellschaftliche Engagement ausgedrückt. Beide Haltungen kamen quer durch die Bevölkerung vor: jung, betagt, weiblich, männlich, mehr oder weniger betucht, städtisch oder vom Land - und alles, was dazwischen liegt.

In den frauenpolitischen Diskussionen setzten die Aktionistas* bei sozialen Strukturen an, die oft übersehen oder als „natürlich" und damit „unveränderbar" wahrgenommen werden; eine Sichtweise, die durch den neoliberalen Zeitgeist („alles hängt von den eigenen individuellen Entscheidungen ab") enorm gestützt wird. Dabei wurde häufig behauptet, diese Forderungen seien doch heutzutage veraltet, es sei schon die volle Gleichberechtigung für Frauen erreicht, auch von Jugendlichen, obwohl die Zahlen, insbesondere im jüngsten Tiroler Gleichstellungsbericht von 2016, eine andere Sprache sprechen.[75]

Forderungen, die Interesse erregten

Das Thema „Einkommensunterschiede beseitigen" stieß vor allem bei jungen Menschen auf Aufmerksamkeit, insbesondere, wenn die langfristigen Auswirkungen klar vor Augen geführt werden konnten. „Schutz gewähren" und „Gewalt verhindern" wurden nur von Einzelnen in Frage gestellt, ebenso die Forderung nach Ausbau und Verbesserung der Kinderbetreuungsmöglichkeiten. „Macht teilen" löste schon eher Diskussionen aus, wie etwa durch die Aussage: „Wenn Frauen etwas können, dann kommen sie auch schon dorthin, wo sie wollen. Hier ‚künstlich' einzugreifen, z.B. mit Quoten oder anderen Maßnahmen, ist ungerecht." Auch die Forderung nach einer 30-Stunden-Woche stieß eher auf Skepsis.

Ergebnis: Sehr erfreulicher Spitzenplatz in der ersten Phase, jedoch für die Aktionistas* etwas enttäuschender Abschluss

In Tirol lag die Unterstützung mit 31.169 Unterschriften bei 5,76 Prozent der Bevölkerung - ein Prozentsatz, der dieses Bundesland österreichweit an die vorletzte Stelle reiht. Der Bezirk Innsbruck-Stadt sticht jedoch mit 9,85 Prozent der Wahlberechtigten heraus und landete damit auf dem dritten Platz hinter Graz mit 12,18 Prozent und Wien mit 12,03 Prozent. Schon in der ersten Phase der Sammlung von Unterstützungserklärungen zwischen 12. Februar und 4. April 2018 war in Innsbruck der Zuspruch groß und erreichte schließlich sogar noch vor Graz und Wien die Spitze unter den Landeshauptstädten.

Die ungleich starke Unterstützung zwischen Innsbruck-Stadt und Innsbruck-Land einerseits und peripheren Bezirken wie Landeck andererseits ist das Resultat einer lokal guten Vernetzung der diversen Fraueneinrichtungen und -projekte und eines damit verknüpften Aktivierungspotenzials in der und um die Landeshauptstadt, aber auch der Schwierigkeit, in die entlegeneren Regionen frauenpolitische Anliegen wie die Forderungen des F*VB zu transportieren.

An dieser Stelle kann als eine Art Zwischenbilanz festgehalten werden: Eine vielfältige, aktive, autonome feministische Szene ist eine wesentliche Voraussetzung dafür, emanzipatorische frauenpolitische Forderungen in der Öffentlichkeit zum Thema zu machen. Wo solche Anschlussmöglichkeiten nicht gegeben sind, fällt dies ungleich schwerer.

Die unverändert ausgeprägten geschlechtsspezifischen Ungleichheiten in Tirol sind jedoch Anlass für die Tiroler Aktionistas*, trotz oder auch wegen des insgesamt nur bescheidenen Erfolgs weiter aktiv zu bleiben.

Folgende Innsbrucker und Tiroler Frauenprojekte haben aktiv mitgewirkt:
*ArchFem – Interdisziplinäres Archiv für feministische Dokumentation, Frauenreferat der Diözese Innsbruck, DOWAS-für-Frauen, ARANEA Zentrum für Mädchen*Arbeit, AEP-Arbeitskreis Emanzipation und Partnerschaft, kinovi[sie]on – Leokino, Frauen gegen VerGEWALTigung, Autonomes FrauenLesbenZentrum Innsbruck, Frauen aus allen Ländern – Bildungs- und Beratungseinrichtung, Tiroler Frauenhaus, FIB Frauen im Brennpunkt, Vertreter*innen der Tiroler Grünen, der SPÖ-Frauen Tirol, des ÖGB Tirol und AMS Tirol sowie der Business & Professional Women Club Tirol (BPW.)*

*When sisters unite: Frauen*Volksbegehren goes international*

Magdalena Baran-Szołtys

Frauen kämpfen weltweit

Ich schreibe diese Zeilen am 8. März 2020 - am internationalen Frauentag. Die Medien sind dieser Tage voller Berichte über Feminismus, (erfolgreiche) Frauen und Festivitäten bzw. Kundgebungen zum Frauen(kampf)tag, meistens in der umgekehrten Reihenfolge, wodurch sich die Essenz dieses medialen Interesses offenbart: Es ist nicht das Thema, es ist der Feiertag. Es hätte genauso Weihnachten, der Tag der Arbeit oder der Muttertag sein können. An jenem Datum haben Aktivist*innen, Expert*innen und Organisationen ihre *15 minutes of fame* und (kurzfristige) Aufmerksamkeit für ihre Anliegen. Zynisch könnte man(n) sagen: „Besser als nichts." Ein Statement, das einen großen Teil der vorherrschenden Diskussionen erneut gut pointiert: Die Frauen mögen sich doch an dem erfreuen, was sie schon erreicht haben, und... dankbar sein. Doch diese Büchse der Pandora[76] öffne ich nicht.[77]

Folglich zurück zum Kalender: Feiertage als stabilisierende Konstanten im alljährlichen Zyklus zeigen uns, welche Themen und Werte die Gesellschaft als identitätsstiftend sowie wichtig erachtet – der internationale, vereinigende Kampf um Frauenrechte gehört offensichtlich (ob erfreulicherweise, sei dahingestellt, es wäre besser, wir bräuchten ihn gar nicht) in vielen Ländern der Welt dazu. Erstmals 1911 international gefeiert, sollte er in erster Linie der Agitation für das Frauenwahlrecht dienen. Von Anfang an war den Initiatorinnen klar: „Der Frauentag muss einen internationalen Charakter tragen", [78] was sie auch in den Gründungsbeschluss schreiben ließen. Denn der Kampf für die Gleichstellung der Frauen* kann nur auf internationaler Ebene seine notwendige Bedeutung entfachen; Selbstbestimmung und Gleichberechtigung sollen nicht an der eigenen, nationalstaatlichen Grenze enden: Es muss eine weltweite Anerkennung der Rechte der Frauen* geben, was durch lokale, nationale und internationale Organisationen wie *UN Women* gesichert und vorangetrieben wird.

Über Grenzen hinweg stützen und vernetzen

So war und ist es auch dem Frauen*Volksbegehren ein Anliegen, Organisationen und Menschen anderer Staaten aktiv zu unterstützen, sich international zu vernetzen und über die Staatsgrenzen Österreichs hinaus wirksam zu sein. Inhaltlich trat die internationale Komponente vor allem in der Forderung „Schutz gewähren" in den Vordergrund, worin gleichzeitig das Nationale mit seinen (in diesem Kontext) „schützenden Grenzen" ersichtlich wurde. Bei der Forderung ging es konkret um die gesetzliche Anerkennung frauen- und geschlechtsspezifischer Fluchtgründe sowie um die Etablierung einer den UNHCR-Richtlinien, der UN-Frauenrechtskonvention und der Istanbul-Konvention entsprechenden Anwendung von Migrationsrecht in allen Verfahrensstufen und in der Asylpraxis in Österreich.[79]

Diskurstechnisch unterstützte das Frauen*Volksbegehren während seiner aktivsten Phase u.a. den Schwarzen Protest bzw. Frauenstreik *(Ogólnopolski Strajk Kobiet)* in Polen, den Frauen*streik in der Schweiz oder die Petition gegen Upskirting in Deutschland,[80] wodurch eine starke internationale Solidarität entstand, was einen guten Austausch in der öffentlichen Debatte ermöglichte.

Vom Nationalrat ins EU-Parlament

Eine der bedeutendsten Aktivitäten des Frauen*Volksbegehrens auf internationaler Ebene war wohl das durch den österreichischen Verein vorbereitete Expert*innen-Statement im Ausschuss des Europäischen Parlaments – im *European Parliament Committee for Women's Rights & Gender Equality.* Das Frauen*Volksbegehren, vertreten durch Christian Berger und Lena Jäger, hat am 27. November 2018 im Gleichbehandlungsausschuss des EU-Parlaments über die Frauen*- und Menschenrechtssituation in Österreich im gesamteuropäischen Kontext referiert.[81] Die verkündete Stellungnahme mit dem Titel „Gender Equality under Attack: Feminist Struggles against Sexism, Neoliberalism and Right-Wing Populism" war wesentlich an dem Beschluss beteiligt, der in die „European Parliament resolution of 13 February 2019 on experiencing a backlash in women's rights and gender equality in the EU 2018/2684(RSP)" mündete. Resolutionen dieser Art werden dazu verwendet, den Europäischen Rat und die Europäische Kommission richtungsweisend bei weiteren Beschlüssen zu beraten, zu beeinflussen und zu lenken. Neben dem Frauen*Volksbegehren sprachen im Ausschuss Katrine Thomasen, Senior Legal Adviser for Europe vom Centre for Reproductive Rights und Virginija Langbakk, Direktorin des European Institute for Gender Equality (EIGE). Die Tatsache, dass das Frauen*Volksbegehren als Expert*innenkreis in einen Ausschuss des Europaparlaments eingeladen wurde, zeigt die Wahrnehmung des Frauen*Volksbegehrens und seiner politischen Anliegen über nationalstaatliche Grenzen hinweg, die seinen Erfolg widerspiegeln, unterdessen aber auch den Bedarf nach feministischen Initiativen auf europäischer Ebene aufzeigen, denn, wie die besagte Resolution subsummiert: „Equality between men and women is a fundamental value of the EU; whereas the right to equal treatment and non-discrimination is a fundamental right enshrined in the Treaties which should be applied in legislation, practice, case-law and everyday life."[82]

Eben diese Anliegen und deren praktische Realisierungsvorschläge sind in den Forderungen des Frauen*Volksbegehrens zur Umsetzung vorbereitet worden und dessen Aktivist*innen arbeiten jeden Tag daran, jene progressiv zu realisieren bzw. in letzter Zeit bedauerlicherweise immer öfter daran, den Status quo zu erhalten. Gibt es auf globaler oder zumindest europäischer Ebene Unterstützung, fällt dies leichter: Bei größerem internationalen Druck werden Forderungen einfacher durch- und umsetzbar, die Demokratie wird gestärkt. In diesem Sinne lasse ich abschließend das Frauen*Volksbegehren selbst zu Wort kommen: „Strengthening women's rights and human rights means strengthening Europe and European democracies. Developing a strong European identity and democratic relations is not possible without gender democracy. In order to reach that, we need broad alliances and an international, intersectional feminism that is critical of traditional social and economic structures, inequalities and totalitarian trends."[83] Word.

*Regressive und progressive Geschlechterpolitik. Türkis-blaue Regierungspolitik und Frauen*Volksbegehren im Vergleich*

Max Preglau

Vorbemerkung: Was heißt „emanzipatorische“ Geschlechterpolitik?

Im vorliegenden Beitrag wird im Anschluss an die Sozialpolitikforschung[84] und die daran anknüpfende Feministische Diskussion[85] von folgendem *normativen geschlechterpolitischen Konzept* ausgegangen:

Ziel ist die Realisierung einer geschlechtergerechten Gesellschaft – in der die Möglichkeit und das Recht auf freie Wahl der Arbeits- und Lebensformen für alle Geschlechter bestehen, unabhängig von rechtlich-politischen und gesellschaftlich-kulturellen Normierungen und Zwängen.

Die Erreichung dieses Ziels soll durch folgende *Maßnahmen* erreicht werden:

a) Faire Arbeitsteilung der Geschlechter: Förderung der Beteiligung von Frauen* an der Entscheidungsmacht und Erwerbsarbeit („Kommodifizierung“) und Entlastung der Männer* davon („Dekommodifizierung“), Förderung der Beteiligung von Männer*n an der Haus- und Sorgearbeit („Familialisierung“) und Entlastung von Frauen* bzw. Eltern davon („Defamilialisierung“).
b) Freie Wahl der Geschlechtsidentitäten und -beziehungen: Recht auf sexuelle und reproduktive Selbstbestimmung, Gleichstellung der Partner*innen in allen Beziehungen, Gleichstellung aller Spielarten – keine „heteronormative“ Privilegierung heterosexueller Varianten.[86]
c) Schutz vor Entrechtung und Zwang durch Antidiskriminierung und Gewaltschutz.

Entwicklung der Geschlechterpolitik in Österreich

Bis in die 1970er Jahre gab es keine freie Wahl der Arbeits- und Lebensformen, sondern die Vorherrschaft des „Hausfrauenmodells der männlichen Versorgungsehe“[87] mit männlichem Familienernährer und weiblicher Familienversorgerin sowie eines „heteronormativen“, „ehebezogenen Patriarchats“[88]. Diese Geschlechterordnung war v.a. in „konservativen“, wesentlich durch christlich-soziale Parteien bestimmten Wohlfahrtsstaaten wie Österreich verbreitet.

Seit den 1970er-Jahren bis 2017 hat sich dann unter dem Einfluss der zweiten und dritten Frauen*bewegung der schrittweise Übergang zu einem „Vereinbarkeitsmodell der männlichen Versorgungsehe“[89] mit männlichem Familienernährer und weiblicher teilzeit-erwerbstätiger Familienversorgerin sowie in Richtung Inklusion nicht-traditioneller, queerer Geschlechtsidentitäten und -beziehungen vollzogen.

Diese Entwicklung hat sich nicht geplant, sondern als Effekt gegenläufiger, fortschrittlicher und konservativer geschlechterpolitischer Projekte im Kräfteparallelogramm zumeist VP-SP-großkoalitionärer Regierungsformen vollzogen. Wechselseitige Blockaden wurden fallweise durch europäische Vorgaben (z.B. „Gender Mainstreaming“, Antidiskriminierungsrichtlinien) und nationale und europäische Höchstgerichte (z.B. „Homoehe“, „drittes Geschlecht“) überwunden. Dieser Trend wurde durch die schwarz-blaue/orange, rechts-konservative Wendekoalition unter Schüssel 2000-2006 nur kurz unterbrochen.[90]

Im Herbst 2016 ist dann das Frauen*Volksbegehren 2.0 angetreten, um das emanzipatorische, geschlechterpolitische Projekt in Richtung eines „Doppelversorger-/Doppelbetreuermodells“[91] sowie einer gleichberechtigten Vielfalt der Lebensformen und Geschlechtsidentitäten weiterzutreiben. Noch vor dessen Abstimmungsreife brach allerdings Sebastian Kurz mit seiner türkisen „Neuen ÖVP“ ohne Not vorzeitige Neuwahlen vom Zaun und bildete Ende 2017 eine neuerliche Regierungskoalition mit der FPÖ. Diese hat, wie im folgenden Abschnitt gezeigt werden soll, eine emanzipatorischen Ideen entgegengesetzte Geschlechterpolitik verfolgt und nimmt sich damit geradezu als Antithese zum F*VB aus.

Geschlechterpolitik von Türkis-Blau als Antithese zum F*VB

MACHT TEILEN

Das F*VB will die Teilhabe von Frauen* an der Entscheidungsmacht in Wirtschaft und Politik durch verbindliche Quoten stärken. Türkis-Blau hat stattdessen die Geschlechterfrage durch Schließung von Genderabteilungen und Einschränkung der geschlechtergerechten Sprache in Ministerien und Schulen abgewertet, die Ressourcen für die Ermächtigung von Frauen* durch Einfrieren des Budgets des Frauenressorts reduziert und das Selbstermächtigungsprojekt F*VB abgelehnt und ignoriert.

GELD TEILEN

Das F*VB will die Einkommensunterschiede zwischen den Geschlechtern sichtbar machen und beseitigen. Türkis-Blau hat sich zwar zum Grundsatz „Gleicher Lohn für gleiche Arbeit" bekannt, aber eine Steuerreform veranlasst, die (bei teilzeitbeschäftigten Frauen* besonders häufigen) Einkommen unter der Besteuerungsgrenze nicht zugutekommt, einen Familienbonus beinhaltet, der (überproportional „weibliche") niedrige Einkommen benachteiligt – und so die Einkommensdifferenzen und damit auch das Modell des männlichen Familienernährers zementiert.

ARBEIT TEILEN

Das F*VB will durch eine Arbeitszeitverkürzung die Erwerbsarbeit gerechter zwischen Beschäftigten und Arbeitslosen sowie Frauen* und Männern* verteilen. Türkis-Blau hat sich zwar allgemein zur Gleichstellung der Geschlechter am Arbeitsmarkt bekannt, jedoch mit dem 12-Stunden-Tag, der 60-Stunden-Woche und weniger Ruhezeiten im Tourismus eine Arbeitszeitpolitik verfolgt, die die hierzulande zumeist doppelt belasteten und daher für Mehrarbeit nicht verfügbaren Frauen* vom Arbeitsmarkt verdrängt. Die (sehr) partielle Inklusion von Männern* in die Sorgearbeit qua „Papamonat“ wurde hingegen aufgeschoben.

ARMUT BEKÄMPFEN

Das F*VB will die - hierzulande überwiegend weibliche - Armut bekämpfen, insbesondere im Bereich von Alleinerziehenden. Türkis-Blau hat stattdessen mit der „Sozialhilfe neu“ durch Abzüge bei mangelnden Deutschkenntnissen und stark reduzierte Sätze für Kinder die Armut in ausländischen Haushalten und kinderreichen Familien insgesamt massiv verstärkt (zentrale Teile der Reform wurden mittlerweile vom Verfassungsgerichtshof aufgehoben).

WAHLFREIHEIT ERMÖGLICHEN

Das F*VB will Wahlfreiheit zwischen Familie und Beruf durch den Ausbau von und den Anspruch auf Kinderbetreuungsplätze(n) erhöhen. Türkis-Blau hat sich zwar zur „Vereinbarkeit von Familie und Beruf“ bekannt, aber in der Praxis den Ausbau von Betreuungseinrichtungen und die schulische Ganztagsbetreuung beschränkt.

VIELFALT LEBEN

Das F*VB ist mit der Forderung angetreten, Geschlechterstereotypen entgegenzuwirken und für die Vielfalt der Geschlechtsidentitäten und Lebensformen zu sensibilisieren. Türkis-Blau hat sich dagegen an stereotypen Geschlechter-, Familien- und Gesellschaftsbildern orientiert: Das Regierungsprogramm bekannte sich zu einem „heteronormativen“ Geschlechter- und

Familienkonzept, das bahnbrechende Urteil des VfGH zur Öffnung von Ehe und eingetragener Partnerschaft für alle wurde nur zögerlich umgesetzt. Der religiösen Vielfalt wurde durch Kopftuchverbot in Kindergärten und Volksschulen der Kampf angesagt.

SELBST BESTIMMEN

Das F*VB fordert die Selbstbestimmung der Menschen über ihre Körper und ihre Sexualität, Türkis-Blau hat die Möglichkeiten der sexuellen Selbstbestimmung gezielt beschränkt: Einrichtungen und Projekten für Aufklärung und Bildung von Frauen* wurden Mittel gestrichen, unabhängige Sexualpädagogik wurde aus Österreichs Schulen verbannt, die Anti-Abtreibungsinitiative #fairändern wurde unterstützt, und das bahnbrechende Urteil des VfGH zum dritten Geschlecht nur sehr restriktiv umgesetzt.

GEWALT VERHINDERN

Das F*VB fordert Maßnahmen gegen körperliche und/oder sexuelle Belästigung und Gewalt gegen Frauen*, Türkis-Blau hat sich zwar zum Gewaltschutz bekannt, jedoch lediglich auf polizeiliche Maßnahmen, strengere Strafen und Opferstärkung, aber nicht auf präventive Aufklärungsarbeit, opfer-sensiblere und treffsicherere Ermittlungs- und Strafverfahren oder therapeutische Maßnahmen gesetzt. Obendrein wurde die auch unter Einheimischen verbreitete Geschlechtergewalt als „Ausländerproblem“ dargestellt und damit ethnisiert.

SCHUTZ GEWÄHREN

Das F*VB fordert, die Rechte von Frauen* im Asylbereich zu stärken. Türkis-Blau hat dagegen das Asylrecht eingeschränkt („Asyl auf Zeit“), die unabhängige Flüchtlingsbetreuung und -beratung abgeschafft, Unterstützungsleistungen für Asylsuchende und -berechtigte stark reduziert, den Verlust von Aufenthaltsrecht und Asylstatus erleichtert und Abschiebungen auch in Kriegsgebiete wie Afghanistan forciert. Erklärtes Ziel war, dass in Österreich überhaupt keine Asylanträge mehr gestellt werden können und kein Schutz mehr gewährt werden muss. Auch international hat sich Österreich durch Nicht-Unterzeichnung des UN-Migrationspakts und ein Engagement gegen Seenotrettung im Mittelmeer als Schutzverweigerer in Szene gesetzt.

Fazit: Vorwärts in die geschlechterpolitische Vergangenheit

Schwarz/Türkis-Blau hat einen restaurativen, den Zielen des F*VB diametral entgegengesetzten Kurs in der Geschlechterpolitik verfolgt – gegen Gleichstellung der Geschlechter am Arbeitsmarkt und in der Familie, gegen Gleichberechtigung nicht heteronormativer Geschlechtsidentitäten und Lebensformen, ausgerichtet auf eine Schwächung autonomer Frauen*einrichtungen und -projekte und begleitet von antigenderistischer Symbolpolitik –, und damit die Weichen für eine Rückkehr zu männlichem Familienernährer und weiblicher Familienversorgerin und zur Heteronormativität gestellt. Dieses geschlechterpolitische Retro-Projekt fand im Mai 2019 mit der sogenannten „Ibiza-Affäre“ ein jähes Ende. Aus emanzipatorischer Sicht bleibt zu hoffen, dass die neue türkis-grüne Regierung einen neuerlichen Kurswechsel in Richtung mehr Geschlechtergleichheit vollzieht.

+++ ZWISCHENRUF: WIESO DIE KLIMAKRISE EINE FEMINISTISCHE ANGELEGENHEIT IST +++

Madeleine Darya Alizadeh (dariadaria)

Vandana Shiva, Greta Thunberg, Luisa Neubauer, Autumn Peltier und Isra Hirsi haben eines gemeinsam – sie sind Frauen und sie sind Klimaaktivist*innen. Die Klimabewegung ist auffallend weiblich, genauso wie die Opfer des Klimawandels. Denn Frauen sind und werden häufiger vom Klimawandel betroffen sein. UN-Zahlen zeigen, dass 80 Prozent der durch den Klimawandel vertriebenen Menschen Frauen sind. Frauen sind weltweit nach wie vor diejenigen, die sich mehr als die Männer um Kinder, Familie, Ältere kümmern und für die Versorgung all dieser verantwortlich sind. Gleichzeitig sind Frauen häufiger von Armut betroffen und nach wie vor sozioökonomisch benachteiligt.

Globale Naturkatastrophen, durch den Klimawandel verursacht, führen so zu immenser Benachteiligung von Frauen, die aufgrund struktureller Benachteiligung länger als Männer brauchen, um sich von diesen zu erholen. Naturkatastrophen wie der Hurrikan Katrina im Jahr 2005 zeigen ganz klar, wer die Leidtragenden sind; in diesem Fall waren alleinerziehende, schwarze Frauen die am schlimmsten betroffene Gruppe in den Wochen und Monaten nach dem Desaster. Die Abhängigkeit von Wohn- und Arbeitsplatz macht deren Verlust nach einer Umweltkatastrophe für Frauen, die oft Hauptverantwortung für Kinder und Familie tragen, besonders prekär. Hinzu kommt, dass Notunterkünfte oft nicht gemäß den Bedürfnissen von Frauen ausgestattet sind. Dies fängt bei Sanitärprodukten für Frauen an und geht bis zu Gewalt gegen Frauen, die oft in Evakuierungszentren stattfindet. Sexuelle Übergriffe und Vergewaltigungen in Auffangstationen nach Umweltkatastrophen bedeuten ein überproportional größeres Risiko für Frauen und ihre Kinder. Hochwasser im Globalen Süden bedeuten für Mädchen und Frauen oft den Verlust des eigenen Lebens. Ein Oxfam-Bericht stellte fest, dass die Überlebenden des Tsunamis von 2004 in der Mehrzahl Männer waren. Ein Grund hierfür war die Tatsache, dass Männer eher schwimmen konnten und Frauen beim Versuch, sich selbst, Kinder oder Verwandte zu retten, ertranken. Dürreperioden wiederum bedeuten für Frauen, die im Globalen Süden primär für die Nahrungsmittelversorgung, aber auch für deren Anbau verantwortlich sind, eine höhere psychische und ökonomische Belastung.

Die Tatsache, dass Frauen also stärker vom Klimawandel betroffen sind, die Hälfte der Weltbevölkerung ausmachen und dennoch in internationalen Klimaverhandlungsgremien unterrepräsentiert sind, erhöht noch die Wichtigkeit eines feministischen Aktivismus im Klimakontext. Eine Studie aus dem Jahr 2005 ergab, dass Länder mit einem hohen Frauenanteil im Parlament globale Umweltinitiativen eher unterstützen. Dies deutet darauf hin, dass die Beteiligung von Frauen an der Entscheidungsfindung von Fortschritten beim Kampf gegen den Klimawandel besonders wichtig ist. Geschlechtsspezifische Fragen müssen auf den Agenden der Gremien stehen, genauso wie die Einbindung und Berücksichtigung von indigenen Bevölkerungen. Im internationalen Dialog zum Klima darf nicht verabsäumt werden, neben den Grundlagen Wissenschaft, Technologie und gesetzlichen Richtlinien auch inklusiv zu denken. Unumgänglich ist hier auch die Forderung, Mädchen im Globalen Süden länger zur Schule gehen zu lassen. Bildung und Ausbildung für Mädchen haben einen enormen Einfluss auf die globale Erwärmung. So bekommen Frauen mit einer höheren Ausbildungszeit tendenziell weniger und gesündere Kinder, kümmern sich aktiv um ihre sexuelle und reproduktive Gesundheit und sind eher in der Lage, sich mit den Folgen des Klimawandels auseinanderzusetzen. Ersteres impliziert auch die Bedeutung und den Kontext reproduktiver Rechte im Zusammenhang mit der Klimakrise. Im Kontext eines ökologisch-feministischen Aktivismus ist es stets wichtig anzuerkennen, dass das kapitalistische Wirtschaftsmodell, welches maßgeblich Schuld am Klimawandel trägt, ein patriarchales Modell ist, welches Frauen und andere marginalisierte Gruppen lange Zeit weder am Diskurs teilhaben, noch mitbestimmen ließ. Enteignung, Ausbeutung und Vertreibung von indigenen Bevölkerungen und deren Land gehören zur DNA des fossilen Zeitalters, was klar zeigt, dass Rassismus und die Ausbeutung von Mensch und Umwelt Hand in Hand mit dem patriarchalen Wirtschaftsmodell namens Kapitalismus gehen. Die Umweltfrage ist vor allem eine Frage der Gerechtigkeit und die Antwort muss eine sein, die alle Menschen, vor allem Marginalisierte, miteinbezieht.

Im Sinne unserer kollektiven und individuellen Verantwortung sehe ich es als unheimlich wichtig an, die Klimabewegung inklusiv und vielschichtig zu betrachten. Zu sehen, dass die Klimafrage keine ist, die sich rein mit neuen und effizienten Produktionstechnologien, sondern vor allem mit der Frage nach Gerechtigkeit auseinandersetzt. Selbstverständlich ist die technische und naturwissenschaftliche Ebene vollends zu berücksichtigen, dabei dürfen Genderfragen und Fragen nach sozialer Gerechtigkeit jedoch nie vernachlässigt werden. Die globale Erwärmung als reines Naturphänomen und nicht als das Produkt struktureller Ungerechtigkeit zu sehen, ist in meinen Augen die größte Gefahr des herrschenden Diskurses, vor allem in den sozialen Medien. Ungleichheit zwischen den Geschlechtern und zwischen Globalem Süden und Globalem Norden müssen benannt und adressiert werden, statt einem blinden, rein technischen Ansatz zum Opfer zu fallen. Frauen stellen zentrale Akteurinnen* in der Klimadebatte, sowohl als Aktivist*innen als auch als Leidtragende. Die Tatsache, dass genau diese Frauen in Kommissionen und Ausschüssen unterrepräsentiert sind, unterstreicht einmal mehr die fundamentale Signifikanz von Feminist*innen in der Klimadebatte. Die Klimapolitik darf keine werden, die die wichtigen Stimmen der Frauen, vor allem jener im Globalen Süden, ausblendet. Hierfür gehen Vandana Shiva, Greta Thunberg, Luisa Neubauer, Autumn Peltier, Isra Hirsi und viele mehr wöchentlich auf die Straße und zeigen, dass die Klimadebatte durchaus eine feministische ist.

+++ ZWISCHENRUF: SO HAT MICH MEIN VATER ZUR FEMINISTIN ERZOGEN +++

Alexandra Stanić

Ich weiß, was es heißt, solidarisch zu sein – das habe ich meinem Vater zu verdanken.

Als ich meinen Vater vor ein paar Monaten fragte, wie es sich für ihn anfühlt, in Pension zu sein, füllten sich seine Augen mit Tränen. Mein Vater hat sein ganzes Leben hindurch schwere körperliche Arbeit verrichtet. Jetzt ist er 69. „Ich glaube, ich habe genug geleistet", antwortete er. „Ich will mich jetzt ausruhen."

Mein Vater, Trivun Stanić, hat eine Bilderbuch-Gastarbeiter-Biografie. Wobei sein Anfang in Österreich alles andere als Bilderbuch war. Eigentlich wollte er nur für ein paar Jahre in Österreich bleiben, um genug Geld zu sparen und seine Familie im ehemaligen Jugoslawien finanziell zu entlasten. Schlussendlich ist er, wie viele andere, geblieben. Der Schweizer Schriftsteller Max Fritsch meinte: „Wir riefen Arbeitskräfte und es kamen Menschen."

Mein Vater ist ein hochpolitischer Mensch: Er schloss sich der Gewerkschaft an; war in der ex-jugoslawischen Community in Österreich aktiv. Ich bin in einem Arbeiterinnenhaushalt (generisches Femininum, ihr wisst Bescheid) aufgewachsen, auch in politischer Hinsicht.

Schon immer hat mein Vater mir ein völlig anderes Männerbild vermittelt, als es etwa Filme und Serien getan haben: Mein Vater schämt sich nicht für seine Tränen. Er kann Schwäche zeigen. Ich weiß, dass es gerade ihm als Gastarbeiter nicht leichtfällt, nicht mehr zu arbeiten. Wie denn auch? Er hat sich ein Leben lang über seine Leistung definiert. Österreich wollte in den 70er Jahren Arbeitskräfte, gekommen sind Menschen. Mein Vater war einer von ihnen: Er stammt aus armen Verhältnissen, musste seine Familie früh finanziell unterstützen. Im Winter teilte er sich mit seinen Geschwistern ein Bett und sie kuschelten sich aneinander, damit sie nicht froren. Auch in Österreich hat er in der ersten Zeit mit anderen Gastarbeitern auf engstem Raum zusammengelebt.

Nach und nach hat er mir erzählt, unter welchen Bedingungen er gelebt hat. Je politischer ich wurde, umso mehr hat er mir anvertraut. Ich habe durch meinen Vater auch selbst gelernt, Schwäche zu zeigen – und ich habe verstanden, wie viel Stärke es dafür braucht. Aber nicht nur das: Mein Vater hat mich zusammen mit meiner Mutter zur Feministin erzogen, ohne dass das Wort Feminismus in unserem Haushalt je gefallen ist.

Als in der Unterstufe ein neues Mädchen zu uns in die Klasse gekommen ist und von Mitschülern und Mitschülerinnen aufgrund seiner mangelnden Deutschkenntnisse gemobbt wurde, hat mich mein Vater dazu ermuntert, für es einzustehen. Ich habe von klein auf gelernt, was es heißt, solidarisch zu sein – das habe ich meinem Vater zu verdanken.

Mein Vater ist kein Patriarch

Ich hatte als Kind nicht nur eine tolle Mutter, mit der ich mich identifizieren konnte; auch mein Vater war emotional erreichbar. Das hat mir viel mitgegeben: Ich kann kommunizieren, wie ich mich fühle. Mein Vater verbarrikadiert sich nicht in einem emotionalen Panzer. Er rastet bei Fußballspielen nicht aus. Er kümmert sich um den Haushalt. Wichtige Entscheidungen trifft er nicht alleine, sondern zusammen mit meiner Mutter. Er ist kein Patriarch, anders als viele meiner Freundinnen habe ich mich nie davor gefürchtet, meinem Vater zu widersprechen.

Jedes Mal, wenn er mir auf Facebook schreibt, wie es mir geht, was ich mache, schreibt er mir auch, dass er mich liebt. Er merkt sofort, wenn etwas nicht in Ordnung ist. Ich weiß nicht, wie viele Male ich vor ihm in Tränen ausgebrochen bin, weil er die richtigen Fragen gestellt hat. Er ist der Grund für mein gesundes Verhältnis zu Gefühlen und zwischenmenschlichen Beziehungen.

Mein Vater ist eine Ausnahme, vielleicht sogar ein Gegengewicht zu der männerdominierten Welt, in der wir leben. Er hat mich nie angebrüllt, er hat mich nie geschlagen, er hat seine Emotionen nie tobend zum Ausdruck gebracht. Über Gefühle zu sprechen, das fällt den meisten Männern schwer, und das, obwohl Expert*innen vor den Folgen warnen.[92]

Wenn mein Vater lacht, vergesse ich all den Kummer dieser Welt für kurze Zeit; heute wie damals. Papas Haar ist ergraut, sein Lachen ist geblieben. Er nimmt das Leben nicht sonderlich ernst, obwohl es oft hart und ungerecht zu ihm war, spricht er von sich selbst immer als Glückspilz. Es fällt mir schwer, ihn altern zu sehen. Wo ist sein pechschwarzes Haar hin?

Meine politischen Werte habe ich meinem Vater zu verdanken

Politik interessiert mich nur deswegen, weil er mein Interesse schon in jungen Jahren geweckt hat. Als ich als Kind zum ersten Mal von der FPÖ gehört habe, dachte ich, das sei eine gute Partei, weil sie sich für die „Freiheit" von Menschen einsetzt. Mein Vater hat sich daraufhin mit mir hingesetzt und mir erklärt, welche Werte die FPÖ hat. Durch ihn habe ich verstanden, wie wichtig es ist, gesellschaftliche Strukturen zu hinterfragen, Engagement zu zeigen und über den eigenen Tellerrand zu blicken. Noch bevor ich wahlberechtigt war, hat er mich bei jeder bevorstehenden Wahl daran erinnert, wie wichtig es ist, sein Wahlrecht zu nutzen. Er hat mich politisiert.

Dabei hatte er nie die Möglichkeit, sich in dem Ausmaß weiterzubilden, in dem er es sich gewünscht hätte. Trotzdem zählt er mit Abstand zu den intelligentesten Menschen, die ich kenne. Ein belesener Gastarbeiter, der sowohl Marx als auch Mandela zitiert und mehrere Bücher nebeneinander liest. Manchmal liest er sie nicht zu Ende, weil er nicht möchte, dass das Buch aufhört. Mir wird dann schlagartig bewusst, wie viel von ihm in mir steckt: Auch ich zögere das Ende eines guten Buchs möglichst lange hinaus. Er hat mir beigebracht, dass ich die Antworten zu all meinen Fragen in Büchern finden kann und dass ich groß träumen soll.

Wir waren politisch nicht immer einer Meinung. Dass Justizministerin Alma Zadić eine gute Wahl und eine Bereicherung für Österreichs Politik ist – da waren wir uns allerdings einig.

„Alles, was Burschen können, kannst du auch"

Er war es, der mir gezeigt hat, wie ich die Holzhütte selber baue, nachdem mich die Nachbarsjungen ausgeschlossen hatten. „Alles, was Burschen können, kannst du auch", hat er mir damals mit auf den Weg gegeben. Er hat mich dazu ermuntert, mutig zu sein. Wenn ich auf einen Baum klettern wollte, hat er nicht gesagt, dass das nichts für Mädchen sei. Er hat mich angespornt, nach dem höheren Ast zu greifen. Als ich mit ihm für den Führerschein geübt habe, hat er mir kein einziges Mal das Gefühl gegeben, ich könne als Frau schlechter Auto fahren als Männer. Und er war es, der mir vorschlug, Journalistin zu werden.

Er war es auch, der mir klargemacht hat, dass ich als Frau mit Migrationshintergrund mehr leisten muss, um erfolgreich zu sein. Dass Geld nicht alles ist, aber Türen öffnet, die vielen Menschen aus armen Verhältnissen verwehrt bleiben. Ich bin, anders als viele Rechte behaupten, keine Männerhasserin. Aber ich weiß, dass man für eine gleichberechtigte Gesellschaft Missstände als solche erkennen muss. Wer Veränderung will, muss dahin gehen, wo es wehtut. Dabei ist es auch okay, von Zeit zu Zeit an diesen Missständen zu verzweifeln. Das weiß ich dank meinem Vater.

Dieser Text wurde im Original bei VICE.com veröffentlicht. Er ist dort leicht gekürzt als Kolumne im September 2019 erschienen.

B) FEMINISMUS PRAKTIZIEREN

Bildet Banden! Ein Plädoyer fürs (feministische) Netzwerken

Martina Schöggl
für Sorority – Verein zur branchenübergreifenden Vernetzung und Karriereförderung von Frauen in Österreich*

„There is a special place in hell for women who don't help other women", postulierte die amerikanische Diplomatin und Politikerin Madeleine K. Albright einmal spitz. Frauen*, bildet Banden!

Damit hat sie ein Bild geschaffen, mit dem sich Feminist*innen weltweit gerne identifizieren. Praktischerweise ist der von ihr formulierte Claim auch kurz und pointiert genug, um im Internet gute Figur zu machen, besonders wenn geschickt über quadratische Bilder gelegt. Er war auch Teil des ersten Internetauftritts des Vereins Sorority vor sechs Jahren, für den ich hier stellvertretend schreibe, eines überparteilichen und branchenübergreifenden Frauen*netzwerks in Wien. Es war unsere feministische Art, „Hello World!" zu sagen. Wir waren eine kleine Gruppe von Freundinnen, überzeugt davon, dass da draußen niemand auf uns warten würde, und entschlossen, das zu ändern. „Weltfrauschaft" stand ganz oben auf unserem Wunschzettel, „Wir sind viele" war unser Motto. Warum Frauen* zwar mehr als 50 % der Bevölkerung ausmachen, aber noch lange nicht 50 % des Geldes verdienten, war uns unverständlich. Genauso wie die Tatsache, dass Frauen* mittlerweile einen wesentlichen Teil der Studienanfänger*innen ausmachen, während nach wie vor nur ein Bruchteil davon in Chefetagen, Aufsichtsräten und auf Professor*innenposten landet. Damit uns das selbst nicht passiert, gründeten wir kurzerhand ein Karrierenetzwerk, aber ein feministisches. Unsere Strategie: grenzenlose Solidarität, ganz nach Madeleine Albright. Solidarity, Sister!

Wie es sich für unsere Generation gehört, stand am Anfang unserer Bewegung eine Webseite und eine Facebook-Gruppe. Daraus wurde aber schnell eine immer größer werdende regelmäßige Versammlung von Frauen* IRL. Wir organisierten Stammtische, Weiterbildungsangebote und Partys. Freund*innen nahmen Freund*innen mit und wir wurden immer mehr. „Wir wollen solidarisch handeln, um möglichst autonome Lebenswege gehen zu können“, haben wir damals formuliert. „Wir wollen uns gegenseitig fördern, ermutigen, den Rücken stärken, uns vielleicht auch schubsen, anstatt uns Wege zu versperren.“

Und so sehen wir das noch heute, auch wenn die Sorority heute rund 1000 ordentliche Mitglieder zählt, auf eine Online-Community von 4000 Frauen* baut und sich auf vielen Ebenen weiterentwickelt hat. Wir haben nicht nur unzählige Veranstaltungen organisiert, ein Buch über Sexismuskonter geschrieben und auf alle möglichen Bestenlisten gebracht, sind damit durch den deutschsprachigen Raum getingelt und können auf Unmengen an kleinen und großen Projekten, Austausche und Kooperationen zurückblicken, die im Umfeld der Sorority initiiert wurden. Wir haben uns auch inhaltlich ganz schön weiterentwickelt.

Unser Agitationsraum geht noch immer vom Arbeitsmarkt aus, ist aber längst nicht mehr darauf beschränkt. Intersektionalität ist uns ein großes Anliegen. Von der Verwendung des Karrierebegriffs sehen wir mittlerweile eher ab. Wir sind noch immer viele, noch immer jung und noch immer entschlossen etwas zu ändern, aber wir sind diverser, differenzierter und diskursiver. Solidarität ist noch immer das oberste Gebot, dazu gehört aber auch, andere Stimmen und Sichtweisen zu respektieren oder manchmal auch gehörig zu streiten. Um solidarisch zu sein, müssen wir nicht beste Freund*innen sein, aber wir müssen einander mit einem Verständnis für strukturelle Diskriminierung begegnen, das veraltete Narrative, sexistische Stereotypisierung und gehässige Sprüche nicht reproduziert.

„Wir schaffen analoge und digitale Räume für Frauen*, um uns gegenseitig zu stärken und zu unterstützen, Erfahrungen und Informationen rund um Berufs- und Arbeitsmarktthemen auszutauschen und voneinander zu lernen. Außerdem schaffen wir eine Plattform für öffentliche Diskurse rund um Gleichberechtigung, Feminismus und Chancengleichheit am Arbeitsmarkt und in der Gesellschaft. Wir sind laut und geben Impulse." Das steht heute auf der Website der Sorority und ich bin mir sicher, das gelingt uns. Es ist hier eine engagierte, selbstkritische Gruppe von Menschen entstanden, die versucht, einander ernst zu nehmen, Muster aufzubrechen und sich gegenseitig dabei zu unterstützen, Lebenswege einzuschlagen, die nicht qua Geschlecht oder Herkunft vorgegeben sind. Dabei gibt es bestimmt immer noch genug blinde Flecken, aber im Kleinen und manchmal auch im Großen verändern sich dann doch Dinge: von Jobvermittlung bis Projektentwicklung, von informellem Wissensaustausch bis zu öffentlicher Diskussion.

Denn Zusammenschlüsse von Menschen sind Hebel, um Änderungen an institutionellen, aber auch an informellen Machtstrukturen voranzutreiben. Das gilt besonders für Frauen*, sind sie es doch, die in männlich geprägten Gesellschaften nach wie vor vielfach strukturell von gesellschaftlicher Teilhabe ausgeschlossen sind. Und es gilt insbesondere für mehrfach marginalisierte Frauen*.

Dem Netzwerken haftet oft ein unguter Beigeschmack an. Die einen denken sofort an zwanghafte After-Work-Veranstaltungen mit mühsamen Smalltalks und Visitenkartenjagden, während die anderen männlich geprägte Machtzirkel vor Augen haben, die bei Cognac und Zigarre auf Ledercouches Ländereien untereinander aufteilen. Diese Klischees mögen einen wahren Kern haben, erzählen aber nur die Hälfte der Geschichte. Netzwerken kann eigentlich jedem* passieren und sogar Spaß machen. Es bedeutet nämlich nicht, sich Menschen zu unterwerfen, um irgendwo ein

Stück vom Kuchen abzubekommen. Es bedeutet vielmehr, nachhaltige Beziehungen aufzubauen, mit denen man gemeinsam Kuchen backen, stehlen oder zumindest halbwegs gerecht aufteilen kann. Es bedeutet, eine gemeinsame Basis zu haben, Themen zu teilen, sich gegenseitig zuzuhören und füreinander zu interessieren. Es bedeutet, einander auf Augenhöhe zu begegnen. In diesem Sinne kann jedem Gespräch ein Netzwerk entspringen, wie die Sorority beweist. Netzwerken bedeutet, gemeinsam zu lernen und gemeinsam Herausforderungen zu überwinden, Ressourcen und Informationen zu teilen, um gemeinsame oder auch individuelle Ziele (gemeinsam) zu erreichen. Das ist weder neu, noch männlich. Denken wir beispielsweise an Kinderbetreuung, die ganz oft über informelle Netzwerke organisiert wird und anders vielfach gar nicht zu managen wäre.

Netzwerke wie die Sorority gehen davon aus, dass jede*, unabhängig von Alter, Erfahrung, beruflichem „Erfolg" oder Herkunft, etwas beizutragen hat. Ist sie eine Aufsichtsrätin, super, ist sie gerade auf Jobsuche, genauso gut. Netzwerke profitieren von dieser Offenheit und Durchlässigkeit, anstatt sich exklusiv und elitär abzugrenzen. Sie sprechen niederschwellig Außenstehende an, lassen sich auf Gespräche ein und bleiben dadurch beweglich, anstatt sich auf Riten und Mythen festzunageln.

Denn mit den Ressourcen eines Kollektivs lassen sich Hürden oft schneller und kreativer meistern als in Organisationen mit ausschließenden Hierarchien, in denen die Rede-, Vorschlags- oder Entscheidungsrechte oft bei wenigen Privilegierten liegen. In einem geschützten Raum, wo Solidarität selbstverständlich ist, können wir Sachen ausprobieren, die wir uns vorher nicht zugetraut haben. Eine steile These aufstellen, zum ersten Mal vor Menschen sprechen oder diese eine Frau* ansprechen, die wir seit Ewigkeiten cool finden. Selbstbewusstsein und Skills, die wir vor wohlwollenden Augen aufbauen, bringen uns dann noch einen Schritt weiter in Richtung Weltfrau*schaft.

Ob es tatsächlich der berüchtigte Platz in der Hölle ist, an dem Frauen* landen, wenn sie einander nicht unterstützen, konnte bislang noch nicht verifiziert werden. Vermutlich werden wir es auch nie ganz ausschließen können. Die Vorteile von (feministischer) Solidarität und Vernetzung lassen sich aber dann zusammenfassend doch relativ schnell auflisten:

- Netzwerke sind geschützte Räume. Man baut auf gegenseitiges Vertrauen und kann dadurch Meinungen freier äußern, Argumente vorbereiten, Feedback einholen und Standpunkte entwickeln.
- Menschen in Netzwerken unterstützen einander und sind auch füreinander da, wenn einmal etwas schiefgeht. Netzwerke sind Sicherheitsnetze auf vielen Ebenen.
- Dadurch geben Netzwerke Kraft und Energie, wenn sie anderswo abgesaugt wird.
- Und last but not least: Immer dann, wenn im Kampf um Gleichberechtigung ein Schritt nach vorne gemacht wurde, hat sich zuvor eine große Gruppe von Menschen, sehr oft Frauen*, unabhängig von sozialer Klasse, Bildungshintergrund, Alter, politischer Haltung oder Herkunft zusammengeschlossen und ist gemeinsam für eine Sache eingetreten.

Schließt euch also Netzwerken an, die euch weiterbringen, Spaß machen und in denen ihr kurz verschnaufen könnt. Und wenn es so eines für euch nicht gibt, dann stampft euer eigenes aus dem Boden! Die Welt kann nur davon profitieren, wenn Frauen* sich vernetzen. Bilden wir also Banden! So viele wie uns Spaß machen, so viele wie es braucht, um Veränderung in Gang zu bringen.

Das Drama um Frauenprogramme, oder: Wie Gender Equality in Organisationen (nicht) erreicht werden kann

Marita Haas

Gender-Workshop mit Frauen*. Ich bereue es, mich darauf eingelassen zu haben – für Frauen* mit Frauen* durch Frauen*. Vortragende: eine Frau*. Organisatorin* und Verantwortliche*: eine Frau*. Trainerin* (also ich): eine Frau*.

Am Tag vor dem Event sagt mir die HR-Managerin* am Telefon: „Ich hätte dann schon noch gerne ein paar Hands-On-Tipps, wie Frauen* Geschlechterrollen aufbrechen können." Ja, eh – bitte, liebe Frauen*, brecht doch ein paar Geschlechterrollen auf. Kann ja nicht so schwer sein, oder? Bisschen bemühen, aufzeigen, was anders machen – geht schon.

Frauen*, die alleine in einer Gruppe von Frauen* Geschlechterrollen aufbrechen sollen, stellen einen gängigen Ansatz in Unternehmen dar. Frauen-Netzwerktreffen, Frauen-Förderprogramme, Frauen-Mentoringprogramme (ohne Gender-Stern, denn sie richten sich in der Praxis tatsächlich an „die Frauen" – also an die Gruppe von Menschen, denen man ungefragt zuschreibt, dass sie weiblich sind und damit einer – von Geburt an und kraft ihres Geschlechts – gleich denkenden und handelnden Gruppe angehören) sind nach wie vor die beliebtesten, am leichtesten durchzusetzenden, aber auch wirkungslosesten Programme, die in Unternehmen im Hinblick auf Gender vorzufinden sind. Trotz der Tatsache, dass seit den 80er Jahren (!) bekannt ist, dass ein „fix the women"-Ansatz – also die Idee, Frauen zu stärken, fit zu machen für Führungspositionen – nicht funktioniert, da er strukturelle Diskriminierung und die damit zusammenhängenden rollen-stereotypen Platzverweise außer Acht lässt,[93] sind diese Programme nach wie vor überall im Einsatz und werden als Erfolg gefeiert. Individuelle Frauen erleben sie unumstritten als stärkend – so wie jedes 1:1-Setting und Reflexionsformate als stärkend erlebt werden. Umgekehrt ändert sich aber an den Zahlen im Unternehmen dadurch nichts.

In den „Top 200"-Unternehmen Österreichs finden sich nach wie vor nur acht Prozent Frauen in der Geschäftsführung.[94] Diese vertikale Gender-Segregation wird ebenso wie die horizontale Aufteilung in typisch männliche* vs. typisch weibliche* Berufsfelder in der Gender- und Organisationsforschung unter anderem dadurch erklärt, dass sich Organisationen als sogenannte homosoziale Gebilde Minderheiten gegenüber ausgrenzend verhalten.[95] Da Männer* und Frauen* aktuell in spezifischen Positionen/Fachgebieten tätig sind und es innerhalb dieser Fachgebiete zu einem Ungleichgewicht im Hinblick auf Status, Macht und Einkommen kommt, entsteht die Eigen- und Fremdwahrnehmung, sie „könnten" genau das besonders gut.[96] Eine damit zusammenhängende übermäßige Wir/Ihr-Polarisierung führt dann zu sich reproduzierenden Gender-Ordnungen. Darüber hinaus prägen stereotype organisationale Werte wie etwa „Effizienz" oder „Durchsetzungsfähigkeit" Rollenerwartungen an Organisationsmitglieder und führen zu Karrieremodellen entlang männlich konnotierter Lebenskontexte.[97] Die Art und Weise, wie wir – darauf aufbauend – Mitarbeiter*innen in Organisationen auswählen und fördern, oder auch die Art und Weise, wie wir mit Zeit, Erfolg und Elternschaft umgehen, folgt also herkömmlichen Vorstellungen davon, was Frauen* und Männer* können, wollen und sollen.[98]

Geschlecht ist somit in Normen und Regeln, Strukturen und Hierarchien implizit eingeschrieben[99] und zeigt sich auch im professionellen Alltag immer im Handeln, in den sogenannten

„Mikropraktiken“, die beispielsweise beschreiben, welche Sprache oder auch Kleidung erlaubt und akzeptiert sind. Durch all diese Zuschreibungen werden Organisationen als „maskuline Gebilde“ bezeichnet.

Kann eine individuelle Frau nun etwas tun, um die ihr zugeschriebene Rolle nachhaltig aufzubrechen? Sie kann natürlich aufzeigen, dass etwas schiefläuft, so nicht stimmt. Sie kann nachfragen, rückspiegeln, Dinge ins Lächerliche ziehen oder auch beweisen, dass sie besser ist, als von ihr angenommen wird. Das alles sind Verteidigungsstrategien, im besten Fall Umgangsstrategien - niemals aber Strategien, um Geschlechterrollen aufbrechen zu können. Für ein Aufbrechen innerhalb einer Organisation braucht es:

1. ein klares Commitment der Geschäftsführung,
2. damit verbundene Zielsetzungen (übersetzt: Quoten) und
3. die Analyse und Umgestaltung aller Prozesse, die mit dem Ermöglichen von gleichen Teilhabechancen zu tun haben.

„Das ist aber schwierig“, höre ich an dieser Stelle meistens. Ist es. Gender Equality als Business- bzw. Management-Ziel zu verankern und entsprechende Maßnahmen zur Umsetzung zu entwickeln, ist schwierig. Es ist aber auch die einzige Möglichkeit, nachhaltig etwas zu verändern.

Die Rolle der Männer im Feminismus*

Gerhard Wagner
für HeForShe Vienna

Im Jahr 2020 feiern wir nicht nur zwei Jahre Frauen*Volksbegehren 2.0, sondern auch 20 Jahre Gender Mainstreaming als Gleichstellungsstrategie. Zum Auftakt dieses Jubiläumsjahres durfte ich an einer Veranstaltung des Frauenministeriums teilnehmen. Dort wurde mir eine Frage gestellt, die mich in den letzten Jahren unentwegt begleitet: Welche Rolle spielen Männer* für die Gleichstellung? Die Frage nach der Rolle der Männer* bewegt – auf politischer Ebene ebenso wie am HeForShe Vienna-Stammtisch. Meine Antwort darauf ist jedoch im Kern immer dieselbe: eine ganz entscheidende. Wenn wir tatsächliche Gleichstellung erreichen und nachhaltig sichern möchten, müssen wir unsere Gleichstellungsbewegung öffnen und Männer* aktiver mit einbinden. Im Moment fühlen sich Männer* zumeist nicht als Teil der Gleichstellungsbewegung – sie fühlen sich weder betroffen noch verantwortlich, sondern vielmehr oft bedroht und verunsichert. Und das muss sich ändern.

Gleichstellung ist mehr

Dieses Gefühl ist auch nicht weiter verwunderlich. Zum einen gibt es nach wie vor feministische Bewegungen, die das Engagement von Männern* ablehnen und die Meinung vertreten, Männer* können keine Feministen* sein. Zum anderen bestand die Gleichstellungspolitik der vergangenen Jahrzehnte de facto aus Frauen*förderung und ist als ebensolche tief in unserem Denken verankert. Sprechen wir von Gleichstellung, so denkt ein Gros der Bevölkerung im ersten Moment an Frauen*politik. Dieser Zugang war in der Vergangenheit absolut notwendig, ist heute nach wie vor essenziell und wird auch in Zukunft eine ganz zentrale und wichtige Säule von Gleichstellungspolitik sein. Dennoch ist Gleichstellung mehr als Frauen*förderung, und der Kampf von damals unterscheidet sich in seinen Anforderungen von jenem, den wir heute zu kämpfen haben. Dank der Errungenschaften der ersten und zweiten Frauen*bewegung müssen wir heute in einem geringeren Ausmaß für grundlegende gleiche Rechte kämpfen. Vielmehr sind wir mit dem Aufbrechen von tief verwurzelten gesellschaftlichen Strukturen sowie kulturellen Denkmustern beschäftigt – und dazu braucht es mehr. Es braucht uns alle.

Dieses gemeinsame Eintreten für echte und nachhaltige Gleichstellung ist unser Antrieb bei HeForShe Vienna und der Grund, warum wir uns im Frühjahr 2016 als Verein konstituiert haben. Als Brückenbauerin möchten wir dabei helfen, Synergien zwischen den Geschlechtern sowie zwischen der feministischen Frauen*szene und der profeministischen Männer*szene auszuschöpfen. Und wir möchten insbesondere Männer* für den gemeinsamen Einsatz für mehr Gleichstellung in unserer Gesellschaft gewinnen.

Für nachhaltige Veränderung brauchen wir die Männer* mit an Bord – zumindest eine kritische Masse. Denn Männer* sind in mehrfacher Hinsicht Gatekeeper eines patriarchalen Systems, das auf der Ungleichstellung der Geschlechter beruht. Solange sich Männer* nicht bewegen, wird sich auch für Frauen* nur eingeschränkt etwas verändern. Das hat zwei zentrale, strukturelle Gründe.

Die relationale Existenz von Männern* und Frauen*

Zum einen basiert die Existenz der Männer* als Gruppe auf jener der Frauen* als gegensätzlich konstruierte und klar abgrenzbare Gruppe und vice versa. Männlichkeit und Weiblichkeit als gesellschaftliche Kategorien vom Mann-Sein bzw. Frau-Sein funktionieren als solche nur in ihrer Co-Existenz, Gegensätzlichkeit sowie Ungleichwertigkeit. Diese Prämisse gilt ebenso für alle

Zuschreibungen und Erwartungen an die Geschlechter. Die zugeschriebene und positiv bewertete männliche Stärke und Rationalität wirkt beispielsweise erst in Relation zur zugeschriebenen und gering bewerteten weiblichen Schwäche und Emotionalität.

Die gesellschaftliche Dominanz des Männlichen beruht auf der gesellschaftlichen Unterdrückung alles Nicht-Männlichen und insbesondere alles Weiblichen. Die männliche Identität definiert sich aktuell über die Abgrenzung zur und Abwertung der weiblichen Identität. Klassische Frauen*förderung kann bestimmte, wichtige Machtverschiebungen erzielen, aber die grundlegende strukturelle Geschlechterhierarchie und das relationale Dominanzverhältnis zwischen Männlichkeit und Weiblichkeit werden sich nur sehr langsam verbessern, solange es keine gleichzeitige Emanzipation der Männer* gibt, wir aktiv über Männlichkeiten sprechen, konstruierte Ungleichwertigkeiten beseitigen und das Gemeinsame vor das vermeintlich Trennende stellen.

Die strukturelle Dominanz der Männer*

Zum anderen sitzen in den entscheidenden Bereichen des gesellschaftlichen Lebens Männer* an den Schalthebeln der Macht. Zwar machen Frauen* etwas mehr als die Hälfte der Bevölkerung aus, in den politischen und wirtschaftlichen Zentralen der Macht sind sie jedoch nach wie vor dramatisch unterrepräsentiert. Damit sind es überwiegend Männer*, die darüber entscheiden, wie unser gesellschaftliches Zusammenleben auszusehen hat. Das bedeutet auch, dass Männer* Entscheidungen treffen und Regeln vorgeben, die direkt sowie indirekt Frauen* betreffen. Frauen*rechte sind de facto Männer*sache. Dies führt unweigerlich dazu, dass die Lebensrealitäten von Frauen* in unserer Gesellschaft unzureichend vertreten und berücksichtigt werden.

Mithilfe von gezielten Frauen*förderungsmaßnahmen wird seit Jahrzehnten versucht, mehr Frauen* in Entscheidungspositionen zu bringen. Das ist grundsätzlich absolut erstrebenswert und erfreulicherweise auch zunehmend erfolgreich. Dennoch ist dieser Zugang kritisch zu hinterfragen, denn viel zu oft wird Frauen* der Weg in diese Entscheidungspositionen nur dann eröffnet, wenn sie stereotyp männliche Verhaltensweisen und Eigenschaften annehmen. Dabei stellt sich am Ende die Frage, ob mehr Frauen* in Entscheidungspositionen tatsächlich auch weniger solcherart verstandene Männlichkeit in eben diesen bedeutet und sich die strukturelle männliche Dominanz dadurch nachhaltig aufbrechen lässt. Wesentlich zielführender erscheint daher die generelle Entkopplung von Macht und Geschlecht durch das Aufbrechen der starren Männlichkeits- sowie Weiblichkeitsvorstellungen und der damit einhergehenden Wertigkeiten.

Daran arbeiten wir auch bei HeForShe Vienna, indem wir in unseren Kampagnen, Workshops und Veranstaltungen stereotype Rollenzuschreibungen und Erwartungshaltungen zum Thema machen. Dabei wird ersichtlich, wie stark uns unsere gesellschaftlichen Idealvorstellungen vom Frau-Sein bzw. Mann-Sein einschränken und uns der Möglichkeit berauben, zu sein, wer wir wirklich sind bzw. sein wollen. Die Gleichstellungsbewegung verstehen wir bei HeForShe Vienna demnach als Freiheitsbewegung, die uns alle von starren und einengenden Zwangskorsetten gesellschaftlicher Geschlechtervorstellungen befreit und Raum zur Selbstverwirklichung gibt. Davon profitieren auch wir Männer*, denn unser gesellschaftliches Bild von Männlichkeit ist alles andere als ideal.

Warum Feminismus gut für Männer* ist

Mann-Sein geht in unserer Gesellschaft mit klar definierten Erwartungshaltungen, Verhaltensweisen und Eigenschaften einher. Ein „echter“ Mann ist beruflich erfolgreich, finanziell unabhängig, hat eine heterosexuelle Beziehung und sein Leben im Griff. Unsicherheit, Emotionalität, Schwäche oder Hilflosigkeit haben in dieser Männlichkeitsvorstellung keinen Platz. Die gesellschaftliche Idealvorstellung von Männlichkeit ist für die meisten Männer* weder erreichbar noch erstrebenswert. Ganz im Gegenteil: Der Druck, diesen Erwartungshaltungen gerecht werden zu müssen, um sich in der Gruppe der Männer* behaupten zu können, hat schädliche Auswirkungen auf uns Männer* sowie auf die Menschen um uns herum.

Der Feminismus gibt uns Männern* die Möglichkeit, uns von dieser toxischen Männlichkeit zu befreien und ein besseres und gesünderes Leben zu führen. In seinem Buch *Warum Feminismus gut für Männer ist* führt Jens van Tricht[100] sechs Beziehungen an, in denen Männer* vom Feminismus profitieren: in der Beziehung zu sich selbst, zu anderen Männern*, zu Frauen*, zu Lebenspartner*innen, zu Kindern sowie zur Welt.

Gemeinsam, gleichgestellt und gleichwertig

Die Emanzipation der Männer* verspricht somit nicht nur den Männern* selbst ein erfüllteres Leben, sondern ist auch unabdingbar, um die strukturelle Ungleichstellung der Geschlechter in unserer Gesellschaft nachhaltig zu beenden. Nur wenn wir an unserem gesellschaftlichen Verständnis von Männlichkeit und Weiblichkeit gleichermaßen arbeiten und unseren Fokus weg vom vermeintlich trennenden, ungleichwertigen Geschlecht hin zur verbindenden, gleichwertigen Menschlichkeit verlagern, wird die relationale Existenz der Geschlechter wirkungslos werden.

In einer Gesellschaft, die von einer strukturellen Dominanz der Männer* geprägt ist, braucht es dazu aber insbesondere auch das Engagement eben dieser Männer*. Nicht, weil es ohne sie gar nicht ginge, sondern weil es gemeinsam schneller geht und wir tatsächliche Gleichstellung nur gemeinsam erreichen können.

Dieser gemeinsamen Bewegung für tatsächliche Gleichstellung bieten wir bei HeForShe Vienna eine Plattform – für eine gleichgestellte, gleichwertige und menschliche Zukunft.

Die Kraft der Frauen: Der Schweizer Frauen*Streik vom 14. Juni 2019*

Regula Bühlmann
*für den Schweizer Frauen*Streik*
(Schweizerischer Gewerkschaftsbund SGB)

Violette Welle in der Schweiz

Am 14. Juni 2019 wogte eine violette Welle durch die Schweiz: Mehr als eine halbe Million Menschen machte sich auf der Straße und am Arbeitsplatz für die Gleichstellung von Frauen* und Männern* stark und forderte ein Ende der allgegenwärtigen Diskriminierung von Menschen, die von der weißen, männlichen Norm abweichen.

Der Frauen*streik 2019 war der Schweizer Kulminationspunkt einer internationalen Entwicklung, die in den Jahren zuvor mit den Women's Marches, Bewegungen wie „#MeToo", den spanischen Frauenstreiks vom 8. März 2018 und 2019 und weiteren kollektiven Aktionen Fahrt aufgenommen hatte.

Die Farbigkeit und Vielfältigkeit des Tages täuschen nicht darüber hinweg, dass Wut die Haupttreiberin der Mobilisierung war: Den Teilnehmer*innen war die Empörung darüber gemein, dass Frauen* und auch ihrer Leistung immer noch weniger Wert zugestanden wird als Männern*. Diese Unterbewertung bedeutet, dass sie nach wie vor den Hauptteil ihrer Arbeit unbezahlt oder unterbezahlt verrichten und deshalb ein großes Armutsrisiko tragen. Sie bedeutet, dass alltäglicher Sexismus durch Politiker wie Trump und Bolsonaro auf höchster Ebene wieder salonfähig werden konnte. Und in der Schweiz bedeutet sie, dass Politik und Wirtschaft sich auch nach Jahren rückständiger Gleichstellungspolitik noch standhaft weigern, Frauen* in Wirtschaft und Gesellschaft besserzustellen.

Gleichstellungspolitisches Entwicklungsland

Unter den heute aktiven Feministinnen* sind viele, die einen Teil ihres Erwachsenenlebens von der politischen Mitbestimmung ausgeschlossen waren: Die Schweizer Frauen* erhielten erst 1971 das Stimm- und Wahlrecht. Im Kanton Appenzell-Innerrhoden sogar erst 1991 - aufgrund eines Bundesgerichtsentscheides, denn die männliche Stimmbevölkerung war nach wie vor nicht bereit, den Frauen* ihr Recht auf Mitbestimmung freiwillig zuzugestehen.

Zehn Jahre nach der Einführung des Stimm- und Wahlrechts für Frauen* verankerte die Schweiz 1981 die Gleichstellung der Geschlechter in der Bundesverfassung. Doch mit der Umsetzung haperte es, sodass die Frauen* ein erstes Mal zum Mittel des Streiks griffen: Auf Initiative von unterbezahlten Uhrenarbeiter*-innen gingen am 14. Juni 1991 Hunderttausende Frauen* auf die Straße und forderten gleiche Rechte. Als Folge davon wurde 1996 das Gleichstellungsgesetz in Kraft gesetzt, das die Gleichstellung von Frauen* und Männern* im Arbeitsleben umsetzen soll. 1993 wurde auf öffentlichen Druck eine Frau in den siebenköpfigen Bundesrat gewählt, und auch im nationalen Parlament ist der Frauenanteil nach dem ersten Frauenstreik angestiegen.

Nach der Jahrtausendwende stagnierte die Situation erneut: Der Frauenanteil im Nationalrat pendelte sich bei einem knappen Drittel ein, im Ständerat ging er auf 15 Prozent zurück. Die Lohndifferenz beträgt seit Jahren rund ein Fünftel, wovon fast die Hälfte nicht durch objektive Kriterien erklärt werden kann, also reine Diskriminierung ist. Die Zeit war überreif für einen zweiten Frauenstreik.

Der Weg zur großen Mobilisierung

Am 18. Januar 2018 beschloss der Frauenkongress des Schweizerischen Gewerkschaftsbundes (SGB), dass es Bewegung in der Gleichstellung brauchte und dass dafür womöglich ein zweiter

Frauenstreik nötig war. Gewerkschafter*innen und Aktivist*-innen nahmen den Ball auf und organisierten offene Versammlungen, um Ziele, Forderungen und Organisation eines Frauen*streiks zu diskutieren. Als Termin für die Mobilisierung wurde rasch der Jahrestag des ersten Frauenstreiks, der 14. Juni 2019, festgelegt.

Schweizweit nahmen dezentrale Kollektive und Komitees die Vorarbeiten auf. Auch die Mitglieder des SGB beschlossen auf ihrem Kongress 2018 einstimmig, den Frauen*streik offiziell mitzutragen.

Die Organisation über dezentrale Kollektive sowie die gleichberechtigte Zusammenarbeit von traditionell hierarchisch organisierten Gewerkschaften und basisdemokratischer Bewegung waren zwar eine Herausforderung, erlaubten jedoch eine für die Schweiz neue Form des politischen Aktivismus und erwiesen sich als großer Mehrwert. So war die immense Mobilisierung nur dank der Kombination feministischer, gewerkschaftlicher und aktivistischer Netzwerke möglich, während die klassischen Gewerkschaften betriebliche Streikaktionen orchestrierten und ihre Erfahrung für die Organisation der Kundgebungen beisteuerten.

Die Streikbewegung und ihre Forderungen

Am 10. März 2019 verabschiedeten 500 Frauen* bei einer nationalen Streikversammlung den Appell für den Frauen*streik, der mit 17 Forderungen bewusst breit war, um möglichst viele Menschen in ihrer Lebensrealität abzuholen: Es geht ihnen um Chancengleichheit, Akzeptanz und Diskriminierungsfreiheit für alle, die nicht der männlichen, weißen Heteronorm entsprechen. So sind auch Frauen* mit Migrationshintergrund und die LGBTIQ-Community sehr präsent in der Frauen*streikbewegung. Diese ist grundrechtlich und antifaschistisch, teilweise auch antikapitalistisch ausgerichtet und hat entsprechend viele personelle und inhaltliche Berührungspunkte mit der Schweizer Klimabewegung.

Der SGB spitzte die Forderungen des Appells in der Folge unter dem Motto „Lohn – Zeit – Respekt" für die Arbeitswelt zu: Die Arbeit von Frauen* muss mehr Wertschätzung erfahren und entsprechend fair entlohnt sein, es braucht Zeit für Care-Arbeit, und an die Stelle von Sexismus muss Respekt treten.

Der Streiktag

Der Streik als gewerkschaftliches Kampfmittel ist traditionellerweise am Arbeitsplatz verortet. Entsprechend fanden am 14. Juni 2019 über 100 betriebliche Streikaktionen statt: Die Verkäufer*innen in der Berner Haupteinkaufsstraße verließen um 11 Uhr ihren Arbeitsplatz und stellten sich mit einem Riesentransparent vor die Geschäfte. In der Waadt streikten Lehrer*innen, in Zürich und Genf das Krippenpersonal. Im Vallée de Joux legten die Uhrenarbeiter*innen wie schon 1991 die Arbeit nieder, bei der Post gab es ein Walk-Out. Ebenso streikten die Buchhändler*innen und die Medienfrauen*. Und auch an der gleichzeitig stattfindenden ILO-Konferenz in Genf solidarisierten sich die internationalen Delegierten mit violetter Kleidung und einer Streikpause mit den Streikenden. Sogar das nationale Parlament unterbrach um 11 Uhr seine Session, damit die Politiker*innen sich unter die Menschenmenge auf dem Bundesplatz mischen konnten. Einen Erfolg mit ihrem Streik feierten die Angestellten einer Luzerner Reinigungsfirma: Schon am 14. Juni erhielten sie die Zusage, dass ihnen ihr Arbeitsweg sowie Vor- und Nachbereitungsarbeiten künftig bezahlt werden.

Doch der Schweizer Frauen*streik sprengt die Definition des klassischen gewerkschaftlichen Kampfmittels bei Weitem: Neben den Arbeitsniederlegungen waren vor allem die Menschen, die zusammenfanden und den öffentlichen Raum einnahmen, prägend. Die regionalen und lokalen Streikkomitees gestalteten den Streiktag je auf eigene Weise mit feministischen Brunches in den Quartieren, Diskussionsveranstaltungen und unzähligen

Umzügen: Der Kinderwagenumzug in Bern hatte über 4000 Teilnehmende. Wertvoll war auch das Engagement solidarischer Männer*, die an diesem Tag im Hintergrund Kinderbetreuung und Streikverpflegung organisierten.

Aktionen und Versammlungen gab es aber nicht nur in den großen Städten, sondern auch in Kleinstädten und Dörfern. So sah beispielsweise das Dorf Langnau im Emmental erstmals eine Frauen*demo mit 400 Teilnehmer*innen.

Gegen Abend fanden in den Stadtzentren die größten Kundgebungen statt, die die Schweiz je erlebt hat. Trotz der riesigen Menschenmengen herrschte überall eine kraftvolle, solidarische und positive Stimmung: Zwar blockierte die schiere Masse von Zehn- bis Hunderttausenden von Teilnehmenden zeitweise den Verkehr, doch es gab weder Sachbeschädigungen noch Verletzte.

Der Frauen*streik als Aufbruch

Der 14. Juni hat gezeigt, welche riesige Mobilisierungskraft die Frauen* haben, wenn sie sich zusammenschließen. Gewerkschaftliche und feministische Aktivist*innen haben es geschafft, mit sehr viel Engagement und guten Ideen das kreative Chaos in konstruktive Bahnen zu lenken. Es war ein gemeinsamer Lernprozess mit einer breiten Basis.

Der 14. Juni 2019 hat - gemeinsam mit den Klimastreiks - das politische Klima in der Schweiz verändert. Dies zeigt sich nicht zuletzt am Linksrutsch bei den nationalen Wahlen.

Doch der Frauen*streik ist erst der Anfang. Die im Vorfeld des 14. Juni entstandenen feministischen und gewerkschaftlichen Netzwerke werden weiterbestehen und die Politik der Zukunft prägen.

How we brought UPSKIRTING down

Ida Marie Sassenberg

„Bist du dabei?“, fragt die Stimme am anderen Ende der Leitung. Mein Bauchgefühl zögert keine Sekunde und antwortet: „Ja!“ Es wird recht behalten, aber das wissen wir beide zu diesem Zeitpunkt noch nicht. Die Stimme, die an diesem Morgen im April 2019 durch mein Telefon dringt, gehört der wohl stärksten und tatkräftigsten Frau, die ich kenne: Hanna Seidel. Was Hanna anpackt, hat nicht nur Hand und Fuß, sondern auch Köpfchen, Herzblut und ordentlich Power. Wir kennen uns aus dem Studium. Was uns eint, sind unsere persönlichen Einstellungen zu Feminismus und sexueller Selbstbestimmung. Genau deshalb fragt Hanna mich, ob ich sie in ihrem Vorhaben unterstützen will, Upskirting zur Straftat zu erklären.

Upskirting bezeichnet das ungefragte, voyeuristische Fotografieren unter den Rock einer anderen Person. Mit diesen meist heimlichen Bildaufnahmen verschafft sich der Täter gewaltsam einen Blick auf die intimsten Bereiche anderer Menschen, hauptsächlich Frauen.* Die Foto- und Videoaufnahmen werden nicht selten auf Pornoplattformen verbreitet. Die Opfer bleiben mit quälenden Fragen zurück: Wer befriedigt sich zu diesen Bildern? Bin ich darauf zu erkennen? War ich zu provokativ gekleidet? Genau in dieser Situation befand sich Hanna dreizehn Jahre zuvor. Ein Mann hielt ihr auf einem Festival eine Kamera zwischen die Beine, drohte ihr Gewalt an, als sie ihn aufforderte, die Bilder zu löschen. Er beschimpfte sie und gab ihr die Schuld an seinem Übergriff: Wenn sie einen kurzen Rock trüge, müsse sie es ja so gewollt haben. Dieselbe perfide Logik, immer und immer wieder eingehämmert in die Köpfe junger Frauen*, pures Gift für die sexuelle Selbstbestimmung. Auch Hanna fühlte sich zunächst schmutzig und gedemütigt. Doch sie wusste es bald besser: An einer Tat ist nie das Opfer schuld, sondern allein der Täter und die Strukturen, die ihm diese ermöglichen. In diesem Fall meint das die fehlende juristische und polizeiliche Handhabe. Denn das Anfertigen solcher Aufnahmen ist in Deutschland nicht strafbar. Nur besonders geschützte Bereiche wie Privatwohnungen oder Umkleidekabinen werden vom Strafgesetzbuch (StGB) erfasst, der gesamte öffentliche Raum ist strafrechtlich irrelevant. Auch in Hannas Fall konnte die Polizei nicht helfen. Das machte sie nachhaltig wütend und lässt sie nun aufmerken, als ihr über ein Jahrzehnt später ein Artikel über eine junge Britin in die Hände fällt: Gina Martin wird von einem Mann unter den Rock fotografiert, startet daraufhin eine Petition und erreicht nach zwei Jahren harter Arbeit und erbitterten Kampfes ein Verbot von Upskirting in England und Wales. Hanna verliert keine Zeit: Sie startet auf der Petitionsplattform change.org die Petition „Verbietet #Upskirting in Deutschland!" Sie verspricht sich keinen schnellen Sieg, aber das ist das Mindeste, was sie für Frauen tun kann, die die gleiche traumatisierende Erfahrung machen müssen wie sie. Sie will die eklatante Gesetzeslücke nicht weiter akzeptieren.

Die Petition verzeichnet etwa zweihundert Unterschriften, als Hanna unerwartete Unterstützung bekommt: Lewamm Ghebremariam von change.org meldet sich und bietet ihr an, die Petition auf allen möglichen Ausspielwegen der Plattform zu supporten. Die Campaignerin ist zuversichtlich, weiß aber auch, wie viel Arbeit ein solches Vorhaben erfordert und rät Hanna, sich eine Partnerin mit ins Boot zu holen. Das ist der Moment, in dem ich einen Anruf bekomme, spontan zusage und mich mit Hanna auf eine Reise ins Ungewisse begebe: Wir können nur schätzen, wie lange sie dauert, ob wir unser Ziel überhaupt erreichen, welche Hindernisse und Gefahren auf dem Weg lauern. Aber wir sind bereit und geben ab der ersten Minute Vollgas. Unsere Strategie besteht aus der Erzeugung von Aufmerksamkeit und öffentlichem Druck, der die Politik letztlich zwingen soll, zu handeln. Wir glauben einerseits an die Wirksamkeit dieses Plans, aber es geht auch darum, Aufklärungsarbeit zu leisten, eine gesellschaftliche Debatte anzustoßen und Betroffene von Upskirting zu erreichen. Unser Engagement soll zukünftige Taten verhindern, aber auch diejenigen trösten, für die eine Gesetzesänderung bereits zu spät kommt.

Wie also möglichst schnell eine breite Öffentlichkeit ansprechen? Direkt nach unserem Telefonat kontaktieren wir alle deutschen Medien, die uns einfallen. Die entsprechenden Mailadressen sind im Internet frei verfügbar. Die meisten unserer Mails bleiben unbeantwortet. Bis auf zwei - und das reicht aus, um die Lawine ins Rollen zu bringen. Nachdem die Artikel in der *Süddeutschen Zeitung* und bei *Bento* erscheinen, stehen unsere Telefone nicht mehr still. Hanna und ich hängen uns voll rein und geben so viele Interviews wie möglich, wochenlang mehrmals täglich, persönlich und telefonisch. Wir teilen uns auf, anders ist die Masse der Anfragen nicht zu bewältigen. An dieser Stelle ist Engagement, aber auch ein hohes Maß an Selbstschutz vonnöten: Wer direkt zu Beginn ein Burn-out riskiert, hilft damit niemandem. Zum Thema Schutz möchte ich hinzufügen, dass es sich während einer feministischen Kampagne deutlich ruhiger schläft, wenn garantiert ist, dass die wütenden Männer* im Internet nicht in der Lage sind, deine Adresse in Erfahrung zu bringen. Hierzu kann eine Auskunftssperre beim jeweiligen Meldeamt beantragt werden. Wenn das Amt sich weigert, kann man zumindest manuell dafür sorgen, dass der volle Name oder das Geburtsdatum nirgendwo öffentlich geführt werden, denn genau diese Informationen benötigt ein Antragsteller, um sich eine Adresse zu besorgen.

Mit unserer Petition im Gepäck arbeiten Hanna und ich uns die Aufmerksamkeitsleiter nach oben: Von Radiosendern und Lokalzeitungen über mittelgroße Online-Magazine bis hin zu den Big

Players: *FAZ*, *Spiegel*, ein Live-Auftritt bei *SternTV*. Die Fragen sind selten überraschend, insofern kann und sollte man sich seine Antworten vorher sorgfältig überlegen. Letztlich muss sich das Gesagte aber im Moment richtig anfühlen, um den gewünschten Effekt zu erzielen. Der Mensch ist ein emotionales Wesen, er wünscht sich spannende Charaktere und mitreißende Geschichten. Unser Anliegen spricht für sich, jetzt müssen Hanna und ich entscheiden, welche Art Charakter wir im Licht der Öffentlichkeit sein wollen. Wir spielen kein Theater. Aber es ist eine unumstößliche Tatsache, dass jeder Mensch in einem gewissen Maße Einfluss auf seine Außenwirkung nehmen kann. Und jeder Person, die in die Öffentlichkeit tritt, sei geraten, das auch zu tun.

Der Merksatz hierbei ist: *Behalte die Kontrolle über dein Narrativ.* Journalist*innen versuchen oft, uns in innerhalb ihrer Artikel in bestimmte Rollen zu drängen: Hanna als zutiefst erschüttertes Opfer und ich als knallharte Powerfrau, die die Kämpfe für sie ausficht. Das ist von der Wahrheit weit entfernt: In Wirklichkeit ist Hanna diejenige, die unseren Hatern im Netz die Stirn bietet, während ich die Betroffenen, die sich bei uns melden, so gut wie möglich betreue. Wir nehmen aktiv Einfluss auf unsere Darstellung, indem wir unsere Redeanteile besser aufteilen, an unseren Formulierungen feilen und so viel wie möglich gegenlesen, bevor es veröffentlicht wird. In der Presse positionieren wir uns als starke Frauen, unsere Statements sind klar und so grandios zitierbar, dass Journalist*innen begeistert drauflostippen. Wir wirken selbstbewusst und zielsicher. Doch wir sind auch die jungen Frauen von nebenan, mit T-Shirt und Sneakers, buntem Rucksack oder meinem Hund Perry im Schlepptau. Die Aussage: Wir sind wie ihr, wir sind eure Töchter*, eure Freundinnen*, wir sind die Vertreterinnen* aller früheren und zukünftigen Opfer von Upskirting und wir brauchen eure Hilfe! Nichts davon ist gelogen, aber es ist eine bewusste Entscheidung, diese Tatsachen doppelt und dreifach zu unterstreichen. Wir erstellen Accounts auf Instagram und Twitter, auf denen wir in enger Absprache mit den Betroffenen Erzählungen von Upskirting-Erfahrungen veröffentlichen, um zu zeigen, dass wir es längst nicht mehr mit Einzelphänomenen, sondern mit einer strukturellen Problematik zu tun haben. Die Strategie geht auf.

Wir werden von Politiker*innen und letztlich sogar von der Bundesjustizministerin eingeladen und können unser Anliegen vortragen. Dazu gehört ein gewisses Maß an Expertise, das wir uns auf die Schnelle aneignen müssen, sowohl auf juristischer, als auch auf politischer Ebene. Unter welchem Paragrafen im StGB ist Upskirting am sinnvollsten verortet? Welche Alternativen zur Strafbarkeit gibt es und warum kommen sie für uns nicht in Frage? Welche Schritte müssen politisch getan werden, bis ein Gesetz verabschiedet wird? Hierfür gibt es leider keinen Shortcut: Die gute alte Recherche und Gespräche mit Expert*innen führen am ehesten zum Ziel. Wir beschränken uns dabei auf die Informationen, die für unseren Fall relevant sind. Damit sind wir immer noch besser informiert, als so manche Größe der Politik und deren Gefolgschaft von Jurist*innen uns zugetraut hätte. Das können wir oft genug in den verdutzten Gesichtern lesen. Aufmerksamkeit ist der Schlüssel, der die Tür öffnet, aber sobald du drin bist, solltest du besser wissen, was du sagen willst.

Die Kampagne verlangt uns ein halbes Jahr lang viel Arbeit ab, doch unser Engagement zahlt sich aus: Das Gesetz für die Strafbarkeit von Upskirting ist auf dem Weg. Und nicht nur das: Wir haben als starke weibliche Figuren einen Platz in der öffentlichen Wahrnehmung beansprucht und feministischen Aktivismus sichtbarer gemacht. Wir hoffen, dass wir mit unserer Kampagne anderen Frauen* Mut machen können, sich nicht mit gesellschaftlichen Missständen abzufinden, sondern den Mund aufzumachen, laut zu sein und Veränderungen zu erwirken.

Go get 'em, girls!

Schluss mit lustig! #truediskriminierung und der Kampf um Diskriminierungsschutz in der Werbung

Beatrice Frasl, Kyra Nastassja Furgalec

„Sommer – wann feierst du endlich dein Cumback". Dazu ein nackter Frauenrücken, auf den mit Sonnencreme ein ejakulierender Phallus geschmiert ist. Es fällt schwer, den Wortwitz nach Vollendung des 13. Lebensjahres lustig zu finden, aber here we are. Es ist 2019 und ein Bonner Saftladen wendet sich mit beschriebenem Werbesujet an eine erwachsene Kund*innenschaft. Wäre *True Fruits'* Marketingstrategie lediglich infantil, würde der Text hier enden. Sie ist leider aber auch sexistisch, rassistisch, behindertenfeindlich, geflüchtetenfeindlich und spielt bewusst mit rechtspopulistischer Rhetorik.

Werbung: Zwischen Spaß und Verantwortung

„Ist doch alles nur Spaß", behaupten *True Fruits'* humorbewusste Fans. Einfach mal den Fuß von der feministischen Spaßbremse nehmen und herzhaft mitlachen – warum eigentlich nicht? Weil Werbung gesellschaftliche Verantwortung trägt. Daher „sorry" an alle Freund*innen des diskriminierenden Humors, wir lachen noch immer nicht. Wenn es um die Herabwürdigung von Menschen(-gruppen) und Diskriminierung geht, ist Schluss mit lustig.

Werbung erfüllt eine Doppelrolle. Sie hält der Gesellschaft nicht nur einen Spiegel vor, sondern gestaltet auch kollektive Mentalitäten und Werte. Werbung ist Trägerin von Kulturindustrie und nimmt Einfluss auf den Wandel der Gesellschaft. Ihr ursprüngliches Ziel, lediglich die Waren an die Konsument*innen zu bringen, hat sich schon lange dahingehend verändert, dass sie nun auch konsumierbare Lösungen für Wünsche und Träume sowie Möglichkeiten zur Identitätsbildung anbietet. Ich kaufe, also bin ich.

Was ist gesellschaftlich anerkannt - und vor allen Dingen: *wer?* Werbung dient als Orientierung für ihre Empfänger*innen. Sie zeigt uns, wie wir uns zu verhalten haben, welche gesellschaftliche Rolle wir einnehmen sollen und wie unsere Körper auszusehen haben. Im schlimmsten Fall kann sie ausgrenzen, vorhandene Machtverhältnisse reproduzieren und verletzend sein. Dass all dies trotz jahrzehntelanger Kritik noch immer geschieht, lässt sich am Beispiel von *True Fruits* hervorragend illustrieren. Der Saftladen ist ein bedauerliches Paradebeispiel dessen, was passieren kann, wenn Werbetreibende ihrer gesellschaftlichen Verantwortung nicht gerecht werden.

Werbung, Diskriminierung und Diskursverschiebung nach rechts

Die Verharmlosung von sexueller Gewalt hat bei *True Fruits* auch über das beschriebene „Sun Creamie-Sujet" hinaus System. So bewarb das Unternehmen die Wiederverwertbarkeit seiner Glasflaschen mit den Worten „Abgefüllt und Mitgenommen". Für viele Menschen, vorwiegend Frauen*, ist „abgefüllt und mitgenommen" traumatisierende Realität. Die Unsicherheit, im Dunkeln heimzugehen, das unangenehme Gefühl, wenn man alleine mit einem Mann in einem Bim-Abteil sitzt: Die einschränkende Bewusstheit der eigenen Vulnerabilität ist im Patriarchat ins Frau*-Sein eingeschrieben und Männern - vor allem heterosexuellen, cisgeschlechtlichen, *weißen* - großteils unbekannt. Diane Hermann schreibt dazu: „Women live their lives according to a rape schedule."[101] Gewaltverharmlosende Witze wie jene von *True Fruits* tragen zu weiterer Normalisierung und Trivialisierung von Gewalt bei und sprechen Betroffenen ihre Verletzungen ab.

Dass *True Fruits* bewusst handelt, zeigt sich in dem Kommentar von *True Fruits*-Gründer Nicolas Lecloux unter dem „Abgefüllt und Mitgenommen“-Sujet auf Instagram: „This is how I like my hoes“. Nachdem eine Person auf Instagram darauf aufmerksam machte, dass das Sonnencreme-Penis-Sujet negative Erfahrungen triggert, reagierte *True Fruits* süffisant mit: „Hast du ein Penis-Trauma?“

Laut der 2011 veröffentlichten Prävalenzstudie des Österreichischen Instituts für Familienforschung haben drei Viertel aller Frauen sexuelle Belästigung erlebt. 7 % aller Frauen haben eine Vergewaltigung erlebt, fast 9 % eine versuchte Vergewaltigung und 13,5 % aller Frauen wurden zu sexuellen Handlungen genötigt. Insgesamt sind in etwa 98 % der Fälle die Täter Männer*.[102] Die Antwort auf die Frage von *True Fruits* lautet also: Ja. Die meisten von uns haben ein „Penis-Trauma“. Und nichts daran ist lustig.

Einen ähnlichen Umgang zeigt *True Fruits* mit dem Thema Rassismus. Im August 2017 startete das Unternehmen eine Kampagne mit vier Plakatmotiven in Österreich, mit denen auch ein Smoothie in einer schwarzen Flasche beworben wurde. Die dazugehörigen Werbesprüche lauteten unter anderem „Schafft es selten über die Grenze“ und „Noch mehr Flaschen aus dem Ausland“. Laut Angaben von *True Fruits* sollten die Plakate *selbstverständlich* als Kritik an der Österreichischen Geflüchtetenpolitik verstanden werden.

Auch eine andere Werbung für die schwarze Flasche, die mit dem Slogan „Unser Quotenschwarzer“ versehen war, sollte *natürlich* als ironische Kritik an der damals stark diskutierten Einführung einer Frauenquote in Führungspositionen verstanden werden. Auch dass viele von Rassismus betroffene Menschen diese und weitere Motive damals wie auch heute massiv kritisieren, beirrt das Unternehmen keineswegs, denn man finde ja

„Rassismus genauso zum Kotzen, wie alle Formen der Diskriminierung", wie es in einem Statement heißt.[103] Dass auch eine vermeintlich ironisch vermittelte Botschaft, die Menschen als stereotype Gruppe darstellt, nichts anderes bewirkt, als diese Stereotype und negative Frames zu wiederholen, scheint nicht zu *True Fruits* durchgedrungen zu sein.

Rassismus bleibt Rassismus. Entgegen der Annahme vieler *weißer* Menschen hängt die Bewertung einer rassistischen Aussage oder Handlung nämlich *nicht* von der Intention ab.

Vor dem Hintergrund rasant zunehmender rassistisch motivierter Straf- und Gewalttaten müssen sich Werbetreibende ihrer Verantwortung heute mehr denn je bewusst sein und dementsprechend sensibel handeln. Derartige Werbung führt dazu, dass rassistische Stereotype nicht nur leichter zugänglich und durch die Allgegenwärtigkeit von Werbung quasi omnipräsent sind. Werbung trägt durch die (Re-)Produktion auch aktiv dazu bei, dass sich rassistische Stereotype weiter verfestigen können, und somit kann Werbung auch als Nährboden für rassistisches Gedankengut dienen.

Auch bei Ableismus, Lookismus und weiteren Diskriminierungsformen versteckt sich *True Fruits* unter dem Deckmantel des „politisch inkorrekten" und „provokativen" Humors, um für seine Produkte zu werben. Beispielsweise mit Sprüchen wie „Fett bist du geworden" oder „Autistische Liebe zum Detail". Während sich *True Fruits* also edgy und provokant gibt, ist sein Humor einer, der uralte Stereotype und Verletzungen reproduziert. Einer, der nach unten tritt, statt nach oben. Es ist ein Humor, der nur allzu gut in ein gesellschaftliches Klima von frauen- und gesellschaftspolitischem Backlash und rechtspopulistischer Hetze passt.

Um *True Fruits'* Werbestrategie zu verstehen, lohnt es sich, den gesellschaftlichen Kontext zu betrachten, in dem diese Werbekampagnen entstehen. In diesem Fall ist es der eines gesamteuropäischen Rechtsrucks. Dieser Rechtsruck und entsprechende rechtspopulistische Diskursstrategien finden sich auch in *True Fruits'* Kommunikation wieder. So wertet *True Fruits* seine Kritiker*innen ab, indem es sie als „Radikalapostel", „Hysteriker" und „dumm" bezeichnet und spielt mit klassischer Täter-Opfer-Umkehr, indem die Kritik als „Angriff" umgedeutet wird. In diesem Kontext evoziert es auch das rechte/rechtspopulistische Bild der linken Meinungsdiktatur, die keine abweichenden (menschenverachtenden) Positionen und Äußerungen mehr zulasse.

Es ist also nicht von ungefähr, dass selbst Rechtsextreme (wie der Chef der Leipziger Identitären Bewegung) *True Fruits* verteidigen. Beide sehen sich als Kämpfer gegen eine (imaginierte) linke Meinungshegemonie, als Ritter gegen die um sich greifende Political Correctness, die dem imaginierten Wir verbieten möchte, wie es zu denken und sprechen hat.[104] #truediskriminierung als Kampagne kann also auch als Instrument gegen die Diskursverschiebung nach rechts, sprachliche Verrohung sowie das allseits bekannte „Wird man ja wohl noch sagen dürfen" verstanden werden.

#truediskriminierung: Rück- und Ausblick

Die Kampagne entstand im Februar 2019 im Zuge einer Petition auf der Plattform *change.org*[105] und rief fast zeitgleich den Instagram-Account *@truediskrimnierung*[106] ins Leben, der als zentraler Ort der Kampagne fungiert. #truediskriminierung betrachtet Diskriminierungen aus einer intersektionalen Perspektive und schafft eine feministische Öffentlichkeit, mit dem Ziel, Bewusstsein für mediale Diskriminierungen zu schaffen. Mit großem Erfolg: International wurden inzwischen über 50 Presseartikel im Kontext von #truediskriminierung veröffentlicht. Die Petition mit der Forderung nach der Auslistung von *True Fruits*-Produkten in Einzelhandel und Gastronomie haben über 60.500 Menschen unterzeichnet, die Studierendenwerke Bonn, Stuttgart, Thüringen und Bochum sind dieser Forderung nachgekommen, ebenso das Schweizer Unternehmen Globus. #truediskriminierung wurde in zahlreichen Medienformaten thematisiert und auch der Hashtag *#truediskrimnierung* hat sich über *True Fruits* hinaus etabliert, um online auf Diskriminierungen aufmerksam zu machen. Und nicht zuletzt ist durch die vorrangig via Instagram stattfindende aktivistische Arbeit ein internationales Netzwerk entstanden, das gelebte Solidarität sowie die Wirkmächtigkeit von feministischem Online-Aktivismus zeigt, marginalisierten Stimmen eine Plattform bietet und niedrigschwelligen Zugang zu diskriminierungssensiblem Wissen bietet.

Und dennoch: Es bleibt viel zu tun. Trotz jahrelangen feministischen Kämpfen besteht weder in Deutschland noch in Österreich ausreichender gesetzlicher Schutz vor diskriminierender Werbung. In beiden Ländern wird beim jeweiligen Werberat auf Selbstkontrolle durch die Werbebranche gesetzt, wobei der Werberat bei Beanstandungen zwar Rügen aussprechen kann, jedoch keinerlei rechtliche Handhabe hat.

Obwohl selbst die Parlamentarische Versammlung des Europarates sowie die Organe der Europäischen Union regelmäßig sexistische Stereotype in Medien und Werbung kritisieren, wird noch immer auf Selbstkontrolle gesetzt. Umfassendes Bewusstsein in Bezug auf rassistische oder anderweitig diskriminierende Werbung fehlt (fast) gänzlich. Wir fordern daher einen längst überfälligen gesetzlichen Schutz vor diskriminierender Werbung und vor Marketingstrategien, die Menschen in abwertender, stereotyper und/oder sexistischer und Minderjährige in sexualisierter Weise darstellen.[107]

#CzarnyPoniedziałek – Der polnische Frauenstreik am Schwarzen Montag (03. Oktober 2016)

Marta Lempart
für den Ogólnopolski Strajk Kobiet
(Gesamtpolnischen Frauenstreik)

Vom Protest zum Streik

„Machen wir ihnen einen Schwarzen Montag! Ich rufe zum Streik auf!" Alles begann in Wrocław mit einem Aufruf von mir, einer Aktivistin des Niederschlesischen Komitees zur Verteidigung der Demokratie (KOD) und Organisatorin zahlreicher KOD-Kampagnen, bei einer Demonstration am 25. September 2016, einer der neun Demonstrationen, die an diesem Septembersonntag von der Linkspartei *Razem* [Gemeinsam] in mehreren polnischen Großstädten unter dem Namen „Czarny Protest" [„Schwarzer Protest"] organisiert wurden.

Einige Tage zuvor hatte das polnische Parlament, der *Sejm,* für die Weiterreichung des Bürgerentwurfs „Stop aborcji" [„Stopp der Abtreibung"] zur zweiten Lesung gestimmt. Das Gesetz sollte die Abtreibung in Polen ganz verbieten, außer im Falle einer direkten Bedrohung des Lebens der Frau* (!). Das Projekt wurde von der fundamentalistischen religiösen Organisation *Ordo Iuris* unterstützt, die Teil eines internationalen Netzwerks von Fundamentalist*innen – von Brasilien bis Russland – ist. Am selben Tag votierte der polnische Sejm gegen das Bürgerprojekt „Ratujmy kobiety" [„Retten wir die Frauen"], das eine Legalisierung der Abtreibung in Polen vorsah. Auf Facebook startete eine virtuelle Kampagne mit dem Namen #czarnyprotest [#schwarzerprotest], die darin bestand, sich schwarz gekleidet mit dem Hashtag zu fotografieren und das Foto online zu veröffentlichen. Auch die Partei *Razem* war an der Organisation beteiligt – was später dazu führte, dass der Erfolg des Schwarzen Montags, einer Massenauflehnung der Basis, vom großstädtischen Establishment und den Mainstream-Medien und sogar, für einige Zeit, von der Partei selbst und ihren Aktivist*innen ungerechtfertigterweise dieser Partei zugeschrieben wurde, was zu vielen Konflikten führte.

Auch Krystyna Janda, eine der bekanntesten polnischen Schauspieler*innen, reagierte auf die Übergabe des Gesetzesentwurfs „Stopp der Abtreibung" zur zweiten Lesung, indem sie in einem Facebook-Post einen Text-Scan über den Frauenstreik in Island 1975 veröffentlichte und diesen wie folgt kommentierte: „Dies ist nur ein Vorschlag, leider gibt es unter den polnischen Frauen keinen Groschen Solidarität." Diesen Beitrag las Natalia Pancewicz, meine Partnerin, und machte mich gleich auf Folgendes aufmerksam: Wenn der Widerstand wirklich wirksam sein sollte, müsse man erstens beachten, dass seine früheren Formen, einschließlich der „höflichen" Proteste am Wochenende, bereits beendet waren, und zweitens habe der virtuelle Raum entgegen allem Anschein wenig Bedeutung – wichtig sei, was in der physischen Welt geschehe. Gemeinsam hatten wir sofort die Idee zum Montagsprotest – daher der Name „Schwarzer Montag" – und legten umgehend dessen Datum auf den 3. Oktober 2016 fest.

Noch am selben Tag hielt ich eine Rede, die den Beginn des Gesamtpolnischen Frauenstreiks am 3. Oktober 2016, also dem Schwarzen Montag, darstellte: *„Ich werde mich an die Frauenmörder wenden, weil ich weiß, dass sie uns hören und sehen werden. Denn wir sind viele! Sie werden uns sehen und hören: HÖRT AUF ZU LÜGEN! Das Recht auf Gesundheit und Leben ist keine Frage der ‚Weltanschauung', es ist ein Menschenrecht, und es ist ein in der Verfassung verankertes Recht. Das Recht auf Intimität und auf Achtung des Privatlebens ist keine Frage der Weltanschauung, es ist ein in der Verfassung verankertes Menschenrecht. Hört auf zu lügen! Vor 41 Jahren, am 24. Ok-*

tober, traten 90 % der isländischen Frauen in den Streik. Machen nun wir ihnen einen Schwarzen Montag! ICH RUFE ZUM STREIK AUF! Am 3. Oktober – lasst uns streiken! (...) Wir haben keine Angst vor euch Frauenmördern. Glaubt ihr, dass das ewig dauern wird? Glaubt ihr, dass ihr immer Macht haben werdet? Dass ihr mit uns machen könnt, was ihr wollt? WIR WERDEN SEHEN. Wir machen euch einen schwarzen Montag und dann noch einen, [und so] bis zum Ende, unserem oder eurem!"

Ogólnopolski Strajk Kobiet

Noch bevor wir von dem Protest nach Hause kamen, erstellte der Wrocławer Sozialaktivist Robert Wagner, der ursprüngliche Organisator des Sonntagsprotests, die Veranstaltung „Ogólnopolski Strajk Kobiet - Polish Women On Strike" (Abkürzung: OSK) [„Gesamtpolnischer Frauenstreik"] auf Facebook und übertrug uns die Leitung des Events, das auf Facebook eine unglaubliche Reichweite erreichte. Noch am selben Sonntag entstand eine Admin-Gruppe, in der sich Personen aus dem *KOD*, der Wrocławer Facebook-Gruppe *Dziewuchy* [Gören] und mehrere Spezialist*innen für Sicherheit und zur Bekämpfung des Trollings im Internet zusammenschlossen.

Am Montag, den 26. September, erklärten auf Facebook über 60.000 Menschen ihre Teilnahme an der Veranstaltung. Natalia Pancewicz bat ihre enge Freundin, die talentierte Grafikdesignerin Ola Jasionowska, eine Grafik für die bevorstehende Aktion zu entwerfen. So entstand die bereits berühmte Grafik „główka" [„Köpfchen"] – ein zartes Profil einer Frau* mit Kriegsbemalung auf den Wangen. Diese Grafik wurde im Internet zehntausendfach geteilt und die Veranstaltung begann noch schneller zu wachsen. Gleichzeitig kristallisierte sich eine organisatorische Basisgruppe heraus, bestehend aus den Wrocławer KOD-Aktivist*innen und feministischen Organisationen/Gruppen, die mit der Admin-Gruppe kooperierten und sich teilweise überschnitten. Das Grundprinzip beider Gruppen bestand darin, den Einsatz von Facebook zu maximieren, um den Widerstand in der physischen Welt zu organisieren, und nicht darin, im Internet zu handeln (das erste Prinzip der OSK: Im Internet zu handeln ist immer nur ein Mittel, um sich in der physischen Welt zu organisieren, niemals ein Ziel). Es wurde eine Zusammenarbeit mit feministischen und aktivistischen Gruppen in Warschau aufgebaut, von denen einige dem Konzept, an einem anderen Tag als Samstag oder Sonntag zu protestieren, recht skeptisch gegenüberstanden und versuchten, Druck auf die Wrocławer Gruppe auszuüben, damit sie das Datum des Protests in ganz Polen änderte (ein authentisches Zitat: „Ich weiß es besser, weil ich eine Demokratiespezialistin bin").

Plakat für den Schwarzen Montag (3. Oktober 2016). Autorin: Ola Jasionowska, Copyright: Ogólnopolski Strajk Kobiet

„Your Area, Your Principles"

Als Antwort auf Fragen nach dem Ort des Protests (bei der Facebook-Veranstaltung wurde ganz Polen angegeben) postete ich eine Enquete mit der Frage danach, in welchen Städten sich Menschen zur Teilnahme am Protest bereiterklärten - diese füllte sich schnell. Zuerst hatte ein großer Teil der Leute, die sich bei der Umfrage meldeten, nur die Teilnahme im Sinn – zu einer bestimmten Zeit an einen bestimmten Ort in ihrer Stadt zu kommen. Jedoch begannen sie schnell in Kommentaren über die Organisation des Protests als solchen miteinander zu sprechen – und die Admin-Gruppe bildete schnell eine weitere Gruppe „Lokale Organisatorinnen und Organisatoren" (kurz: die „Locals") auf Facebook, zu der sie all diejenigen einlud, die bereit waren, einen Protest zu organisieren oder die zumindest in Erwägung zogen, eine solche Herausforderung anzunehmen. Diese Gruppe besteht bis heute und zählt etwa 450 Personen. Sie fungiert als Helpdesk für die OSK-Protestorganisator*innen – eine Bewegung, die als Teil des Schwarzen Montags gegründet wurde. In der Gruppe der „Locals" wurden alle Informationen gepostet, die für die Organisation des Protests erforderlich waren – ein 12-Punkte-Leitfaden „Wie organisiert man eine Demonstration", Grafiken, Plakate und Flugblätter, die verwendet und modifiziert werden konnten, Antworten auf sämtliche Fragen, Ratschläge. Die Gruppe erarbeitete auch Wege und Formen des Handelns, wobei das Grundprinzip „your area, your principles" (das zweite OSK-Prinzip: Jede*r macht, was er*sie will, wie er*sie will, mit wem er*sie will, gewaltfrei und im Rahmen der Forderungen) lautet und im Gegensatz zu hierarchischen Organisationen mit einer strikten Führung funktionierte. Es war eine Zeit der Bewusstseinsschaffung und der Vertrauensbildung – wenn eine Person, die an einem bestimmten Ort wirkte, dem Protest ihren Namen und ihr Gesicht gab, vertrauten wir darauf, dass sie wusste, was sie tat, mit wem es sich zu tun lohnte und was sie sich erlauben konnte.

„Es wird nicht funktionieren“, oder: das Establishment

Das zweite Prinzip des OSK entstand jedoch nicht von selbst. Es ergab sich aus der Tatsache, dass auf zentraler, nationaler Ebene die Vorstände bestimmter demokratischer und feministischer Organisationen entweder ein vorsichtiges, anhaltendes Schweigen zu dem bevorstehenden Streik bewahrten (KOD) oder sich sogar selbst davon distanzierten (die gesamtpolnischen *Dziewuchy Dziewuchom* [Gören für Gören]). Gleichzeitig war ihre organisatorische „Basis“, die in einer nicht formalisierten Welt funktionierte, an vielen Orten in Polen an der Vorbereitung des Montagsprotests beteiligt, ohne auf den Segen ihrer Vorstände zu warten. So entstand ein dezentralisiertes Netzwerk der Zusammenarbeit – ausschließlich abhängig von den örtlichen Gegebenheiten oder gar Sympathien, nicht von Absprachen in Warschau.

Es war ein schwerer Schlag für die Organisator*innen, dass sich Krystyna Janda selbst von dem Protest distanzierte, obwohl doch dank ihr die Idee des „Streiks“ überhaupt erst aufgekommen war. Sie erklärte, dass es unmöglich sei, einen Protest in so kurzer Zeit vorzubereiten. Dies hinderte sie jedoch nicht daran, später die Auszeichnung „Okulary Równości“ [„Brille der Gleichberechtigung“] für die Initiierung des „Gesamtpolnischen Frauenstreiks“ entgegenzunehmen. Die eigentlichen Organisator*innen der OSK-Kampagne, die in der gleichen Kategorie nominiert waren, erhielten keine Auszeichnungen für die Initiierung, Vorbereitung und Durchführung derselben Aktion.

Das „Es wird nicht funktionieren“-Narrativ von Menschen, von denen die Organisator*innen dies wirklich nicht erwartet hätten, darunter Aktivist*innen feministischer Organisationen, war in den ersten Tagen der Kampagne schmerzhaft, tat aber der vorherrschenden Energie und Aufregung vor dem bevorstehenden Protest keinen Abbruch. Es gab einen klar erkennbaren Unterschied zwischen denjenigen, für die ein misslungener Protest einen Prestige- oder Positionsverlust ihrer Organisation bedeuten würde, und denjenigen, für die ein vollständiges Abtreibungsverbot für sie selbst oder für ihnen nahestehende Frauen* Leid und Tod bedeuten würde. Dies galt insbesondere für Frauen* aus kleinen und mittelgroßen Ortschaften, für die die Kriminalisierung des Schwangerschaftsabbruchs und der damit verbundene erhebliche Preisanstieg für illegale oder im Ausland durchgeführte Behandlungen bei gleichzeitig abnehmender Sicherheit bedeutet hätte, dass illegale oder im Ausland durchgeführte Abtreibungen ebenfalls gänzlich unmöglich werden würden und damit ihr Leben direkt bedroht wäre. Diese rein wirtschaftliche und gesundheitliche Überlegung stand hinter der massenhaften Beteiligung von Frauen aus kleinen und mittleren Städten an den Protesten (90 Prozent der Proteste fanden in kleinen und mittleren Städten statt).

Kreative Formen des Protests, oder: der Streik war kein Streik

Bei der Facebook-Veranstaltung gab es nun immer mehr Städte, die ihre Beteiligung bestätigten; mehr als 50 Städte am Dienstag, den 27. September. Die Aktivitäten auf Facebook waren so rege, dass es notwendig wurde, eine neue Diskussionsgruppe (Ogólnopolski Strajk Kobiet. Grupa główna [Gesamtpolnischer Frauenstreik. Hauptgruppe]) zu gründen, um Raum für den Meinungs- und Erfahrungsaustausch zu schaffen und gleichzeitig die gesamtpolnische Veranstaltung als Arbeitsraum zu belassen – um den Protest im physischen Raum organisieren zu können. Die Intensität der Reichweite und der Aktivitäten bei der Facebook-Veranstaltung war rekordverdächtig – pro Sekunde erschien ein Posting. Trotzdem ignorierten die nationalen Medien den Protest weiterhin. Eine lobenswerte Ausnahme stellte die Journalistin und Feministin Anna Dryjańska von *natemat.pl* dar, die bereits am 26. September einen Text über den geplanten Protest - ein Interview mit mir - veröffentlichte.[108]

Auf der Grundlage der Postings im Facebook-Event und in der Gruppe wurden Postulate zum Prostest angefertigt – die Ablehnung des Projekts „Stopp der Abtreibung". Ausgehend von den Kommentaren und eigenen Erfahrungen als Anwältin schlug ich folgende Aktionsformen vor: Nicht zur Arbeit gehen (Urlaub, unbezahlter Urlaub, Pflegeurlaub für Kinder, ein freier Tag zum Blutspenden - d.h., es war kein „Streik" im engen Sinne), kombiniert mit Sichtbarkeit im öffentlichen Raum - Spaziergänge, Versammlungen, tagsüber abgehaltene Happenings, Teilnahme an einer Kundgebung um 16 Uhr (auch für diejenigen, die nicht nicht zur Arbeit gehen konnten), schwarze Kleidung (oder ein schwarzes Band für diejenigen, die in bestimmten Uniformen arbeiten). Diese diversen Formen des Protests, ohne jeglichen Druck, solche oder andere Aktivitäten durchzuführen, waren ebenfalls eine Innovation, die bei den Teilnehmenden – von denen es zu diesem Zeitpunkt bereits Tausende gab - eine außergewöhnliche Kreativität weckte. Die Streik-Community wuchs immens schnell, Plakate und Flugblätter wurden gedruckt, und immer mehr Unternehmen erklärten, dass sie am 3. Oktober nicht arbeiten würden oder dass am 3. Oktober alle bei ihnen beschäftigten Frauen frei hätten. Es gab derart viele Unternehmen, die sich so deklarierten, dass für sie eine spezielle Fanpage erstellt wurde. Es war eine angenehme Überraschung für die Organisator*innen, die ein wenig Angst vor der Reaktion der Unternehmen auf den „Streik" hatten, der sie natürlich unmittelbarer treffen würde als die Regierung. Zu den Unternehmer*innen gesellten sich Akademiker*innen, lokale Regierungsbeamt*innen und schließlich Krystyna Janda, die beschloss, dass die für den 3. Oktober geplante Theateraufführung abgesagt werden sollte.

Enttäuschungen

Zu jenem Zeitpunkt konnten dies nun weder die Medien noch Menschen, die dem Schwarzen Montag skeptisch gegenüberstanden, weiter ignorieren. Am Mittwoch, dem 28. September, kam es zum Durchbruch – das Establishment begann endlich daran zu glauben, dass der Protest „erfolgreich" sein würde. Begleitet wurde dies von einer Explosion in den Medien und einer zusätzlichen Explosion in den sozialen Medien. Die Zahl der geplanten Veranstaltungsorte erhöhte sich am Donnerstag auf 100 Städte in Polen. Die organisatorische Arbeit lief noch immer fieberhaft - alles ehrenamtlich und ohne jegliche Finanzierung. Ich wurde von einer linken Politikerin, Barbara Nowacka, angerufen und zur „Bündelung der Kräfte" aufgefordert, aber es stellte sich heraus, dass es dieser nur darum ging, dass sich die Massen- und Basisbewegung der OSK, die nun schon in die Tausende ging, dem von ihrer Fraktion für Samstag, den 1. Oktober, geplanten Protest anschließen möge, von einer Unterstützung für die Warschauer Veranstaltung der OSK am 3. Oktober, dem eigentlichen „Schwarzen Montag", war keine Rede. Dies war typisch für das Verhalten der Vertreter*innen der politischen Klasse, für die die Schlüsselfrage bei Kontakten mit Bürger*innenbewegungen immer die ist, ob sie bei einer Demonstration die Gelegenheit zu sprechen bekommen. Zu einem noch bizarreren Zusammenprall mit den Realitäten der Politik kam es in Wrocław, wo eine Organisationsgruppe die Veranstaltung auf Facebook ankündigte, in der naiven Hoffnung, dass die „gemeinsame Sache" von uneleganten Spielzügen abhalten würde. Dem war nicht so. Der für die Demonstration vorgesehene Platz wurde sofort von der linken Partei *Razem* belegt, welche die Rückgabe dieses Raums für den Schwarzen Montag-Streik der OSK an die Bedingung band, dass *Razem* mit Fahnen zur Kundgebung kommen dürfte und die Politikerin der Gruppe, Agnieszka Dziemianowicz-Bąk, ans Mikrofon gelassen würde. Die Organisator*innen des Frauenstreiks in Wrocław hatten also keine andere Wahl, als den Platz von der Partei „zurückzukaufen“ und diese parteiliche Zurschaustellung zu ermöglichen, trotz der zuvor getroffenen Vereinbarung, dass sie sich keine Politiker*innen beim Wrocławer Pręgierz am Marktplatz wünschten. Diese ordinäre Erpressung, um „ans Mikrofon“ zu gelangen, zahlte sich für Agnieszka Dziemianowicz-Bąk hervorragend aus: Gemeinsam mit Barbara Nowacka nahm sie die prestigeträchtige Auszeichnung der Zeitschrift *Foreign Policy* für das „Mitanführen des Schwarzen Montags“ entgegen – der basisorientierten, unpolitischen Massenauflehnung, mit deren Initiierung, Organisation und Durchführung keine der beiden Frauen etwas zu tun hatte. Die Richtigstellungen durch die eigentlichen Organisator*innen der OSK, einschließlich der an die Medien gerichteten, fanden entweder kein Echo oder wurden in herablassender Weise mit der Feststellung abgefertigt, dass „es schließlich keine Rolle spielt, wer es getan hat“ (d.h. es spielt offenbar keine Rolle, dass eine den Mindestlohn verdienende, alleinerziehende Mutter aus Zgorzelec von zwei perfekt platzierten Politikerinnen ihrer Ideen, Bemühungen und Erfolge beraubt wurde).

Wir machten das zum ersten Mal

Aber diese Enttäuschungen kamen erst später. Die Arbeit lief fieberhaft weiter, es gab immer mehr Ideen, mehr Grafiken und kreative Banner von Ola Jasionowska. Die Admin-Gruppe beantwortete viele Fragen, stellte Informationen zusammen und platzierte sie in den Veranstaltungs- und Diskussionsgruppen. Sie schrieb Informationen für die Medien. Nun waren bereits alle beteiligt, halfen bei Übersetzungen in Fremdsprachen und suchten die Unterstützung internationaler Organisationen. Nationale Organisationen und Personen aus politischen Parteien schlossen sich dem Kampf an. Angestammte demokratische und feministische Organisationen begannen nun auch verstärkt ihre Aktivitäten.

Wir schliefen nicht, wir aßen nicht, wir standen nicht von unseren Computern auf, weil die anstrengende Administration der virtuellen Kommunikation eine Voraussetzung für den Erfolg in der physischen Welt war - dabei kam es alle paar Stunden zu Trolling- und Bot-Angriffen. Die meisten von uns machten das zum ersten Mal.

Der größte Aufstand seit 1989

Polen bereitete sich auf den größten Aufstand seit 1989 vor.

Am 3. Oktober 2016 gingen die Menschen in 150 Städten Polens auf die Straße. Aus Solidarität mit den in Polen lebenden Frauen* protestierten Menschen in 60 Ländern vor polnischen Konsulaten und an anderen Orten.

Am 6. Oktober 2016 lehnte der Sejm das Projekt „Stopp der Abtreibung“ ab.

Am 19. Oktober gingen die Argentinier*innen mit Verweis auf den Streik der polnischen Frauen* auf die Straße. Dann die Russ*innen und Koreaner*innen. Eine Koordinationsgruppe des Internationalen Frauen*streiks, der am 8. März 2017 in 60 Ländern der Welt stattfand, wurde gebildet.

Seitdem hat der Gesamtpolnische Frauenstreik, eine Basisbewegung, die derzeit sowohl im Bereich der Frauenrechte als auch der Menschenrechte und der Demokratie tätig ist, über 1500 Aktionen in über 100 Städten Polens organisiert, darunter zweimal gegen das wiederkehrende Projekt des Abtreibungsverbots (das letzte Mal während des Lockdowns aufgrund der weltweiten Covid-19-Pandemie).

Wer wir sind

Jedes Mal, wenn die streikenden Frauen* am Tag des Protests herauskommen und Batterien, Ladegeräte, Powerbanks und Flaggen überprüfen, schalten sie in letzter Minute den Fernseher ein, um eine Politikerin zu hören, die in ihrem Namen spricht, wenn auch ohne ihre Zustimmung, wenn sie sagt: „Wir protestieren“, auch wenn keine von uns sie je im wirklichen Leben bei der tatsächlichen Arbeit gesehen hat. Trotz all dem, trotz der bestürzenden Rücksichtslosigkeit und der Lügen vieler Politiker*innen und der mit ihnen befreundeten Medien, trotz ihrer Überheblichkeit, uns zu ignorieren, die Namen unserer Proteste in solche zu ändern, die ihnen besser gefallen: Wir gehen hinaus und handeln – denn ja, es geht um die Sache.

Und wir gewinnen – 2016 lag die Unterstützung für die Legalisierung der Abtreibung in Polen bei 37 Prozent. Jetzt, im Sommer 2020, sind es 69 Prozent. Dies wurde weder durch irgendein pädagogisches Wunder herbeigeführt, noch durch Aktionen, die von Warschau oder Wrocław aus gesteuert wurden. Dies bewerkstelligten Frauen* aus dem Schatten, Lehrer*innen, Krankenschwestern, Verkäufer*innen, Unternehmer*innen, Künstler*innen, Anwält*innen, Versicherungsvertreter*innen, Handelsvertreter*innen und Bankangestellte. Rentner*innen, Pensionist*innen, alleinerziehende Mütter, Krieger*innen. Im Anschluss eingeschüchtert, lächerlich gemacht, verlieren sie ihre Arbeit, ziehen gegen den Bürgermeister, den Schuldirektor und das Pfarrhaus in ihren Gemeinden in den Krieg und tun physisch und faktisch die Dinge, die zu tun sind. Geduldig erklären sie ihren Nachbar*innen, Schwestern und Kolleg*innen, dass man für Würde und Veränderung kämpfen muss. Dass es das wert ist. Und gleichzeitig hart. Den Gesamtpolnischen Frauenstreik behandeln sie dabei als ein Netzwerk zur Unterstützung und Zusammenarbeit - als einen Werkzeugkasten, und nicht als ein Gefüge, das ihnen sagt, was sie zu tun haben und wie. Sie kämpfen auf ihre eigene Art und Weise, wie sie wollen und wie sie können. Denn die Menschen brauchen nicht, dass man ihnen den Weg zeigt – sie brauchen Unterstützung, wenn sie ihren eigenen Weg gehen. So kommen wir alle ans Ziel.

Aus dem Polnischen übersetzt von Magdalena Baran-Szołtys

Warum #KeinenMillimeter Rückschritt noch lange nicht genug ist

Daniela Diesner, Lena Jäger
für #KeinenMillimeter

„Weltweit werden Rechte von Frauen* wieder angegriffen und zurückgedrängt. Auch bei uns in Österreich. Wir fordern die Regierung auf, #KeinenMillimeter Rückschritt zu machen! Weder der Spätabbruch noch die Fristenlösung dürfen eingeschränkt werden. Unser Bündnis bekämpft die gesellschaftliche Verurteilung von Schwangerschaftsabbrüchen und tritt ein für ein Selbstbestimmungsrecht von Schwangeren* und Familien."[109]

Mit diesen Worten beginnt die Petition #KeinenMillimeter, das Bündnis dazu wurde quasi über Nacht im Februar 2019 ins Leben gerufen. Primär ist es eine Antwort auf die Petition #fairändern, die sich für eine Beschränkung des Spätabbruchs und eine Einschränkung des Schwangerschaftsabbruchs generell einsetzt. Die internationale Anti-Choice-Bewegung ist weltweit auf dem Vormarsch und wird auch in Österreich lauter. Wir aber auch!

#KeinenMillimeter Rückschritt als kleinster gemeinsamer Nenner

Die Geschichte von #KeinenMillimeter beginnt Mitte Februar 2019. Während der Pressekonferenz von „One Billion Rising" für ein Ende an Gewalt gegen Frauen*, als Lena Jäger, Obfrau des Frauen*Volksbegehrens, darauf hinwies, dass Einschränkungen der reproduktiven Rechte auch eine Form von Gewalt an Frauen sind, die täglich überall auf der Welt stattfinden, und dass wir keinen Millimeter weichen dürften, wenn schon Kompromissregelungen auch in Österreich angegriffen würden. Noch am selben Tag telefonierte sie* mit Ewa Ernst-Dziedzic, damals

Frauen*sprecherin* und Bundesrätin* der Grünen, und Andrea Brunner, der Geschäftsführerin* der Bundesfrauenorganisation der SPÖ, und gemeinsam verabredeten sie, der Petition eine Petition für den Erhalt der Fristenregelung entgegenzusetzen. Gesagt, getan. Es wurden intensive Wochen.

Am 15. Februar 2019 trat #KeinenMillimeter mit einer Pressekonferenz an die Öffentlichkeit.[110]

Die Kampagne

In den folgenden Wochen arbeitete eine kleine Gruppe rund um die Initiator*innen daran, eine Kampagne zu konzipieren, die #fairändern in der Öffentlichkeit Paroli bieten konnte. Ziel der Kampagne sollte es sein, so viel öffentlichen Druck aufzubauen, dass die Politiker*innen aller Parteien, sollte es so weit kommen, bei einer Abstimmung im Parlament für den Erhalt der bisherigen Fristenregelung und für eben keinen Millimeter Einschränkung stimmen würden. Aus diesem Grund suchten die Initiator*innen von Beginn an das Gespräch mit Politiker*innen aller Parteien. Von Beginn an stand fest - dies hatten die drei Initiator*innen festgelegt -, dass es keinen großen politischen Forderungskatalog geben sollte. Der kleinste gemeinsame Nenner, der Kampf um den Erhalt der Fristenlösung, hielt das diverse Bündnis zusammen.

Bündnisse & das Ehepaar Dorner

„Es war die schwerste und traurigste Entscheidung unseres Lebens, aber die beste für unser unheilbar krankes Kind, um ihm lebenslang Schmerzen zu ersparen."[111]

Michael und Alexandra Dorner

Wie auch schon beim Frauen*Volksbegehren hat das Schmieden von Bündnissen für #KeinenMillimeter eine übergeordnete Rolle gespielt, ebenso war es unser Anliegen, Betroffene für sich selbst sprechen zu lassen. Die Bündnisse waren schnell gefunden, viele Organisationen, die schon in den letzten Jahren mit dem Frauen*Volksbegehren Seite an Seite gekämpft hatten, schlossen sich ebenso an wie neue Organisationen.

Persönliche Erfahrungen können nicht abgestritten werden und lösen Empathie aus. Es meldeten sich im Laufe der Kampagne zahlreiche Betroffene und retrospektiv können wir sagen, dass gerade die Präsenz von Michael Dorner andere Männer* ermutigt hat, über ihre* Erfahrungen mit dem (Spät-)Abbruch zu berichten. Ebenso meldeten sich Eltern, die sich trotz der Lebensunfähigkeit ihres Kindes gegen einen Abbruch entschieden hatten. Genau an dieser Stelle entstand ein von Wertschätzung geprägter Diskurs, der wieder zeigte, wie wichtig das Recht auf echte Selbstbestimmung ist.

Die Petition

Den mit allen Bündnis-Organisationen abgestimmten Petitionstext richteten wir an die Regierung und den Bundespräsidenten. Auch hier stellten wir klar, dass es uns um eine politische Einflussnahme ging.

Die Petition startete am 23. April gleichzeitig mit einer Pressekonferenz und sammelte bereits innerhalb der ersten 72 Stunden 10.000 Unterschriften.[112] Die Petition zählt insgesamt 29.016 Unterschriften,[113] wobei wir nach der 25.000. Unterschrift kein weiteres quantitatives Ziel verfolgt haben.

Unsere Sprache

#KeinenMillimeter hat sich bewusst dafür entschieden, keine dezidiert feministischen Slogans, Symboliken oder Argumentationen zu verwenden. Diese Framing-Strategie hat sich nicht nur in Österreich am Beispiel von #KeinenMillimeter bewährt, auch der Czarny Protest in Polen hat sich bewusst dafür entschieden, unparteiisch und nicht explizit feministisch zu sein.[114] Primär sollten Schwangere* angesprochen werden, aber eben auch nicht-gebärende Männer*.

Eine bewusste Entscheidung von #KeinenMillimeter ist es ebenso, den Begriff Pro-Life zu verwenden. Ganz einfach, weil restriktive Maßnahmen rund um den Schwangerschaftsabbruch IMMER zu einer höheren Sterblichkeit von Schwangeren* führen und deshalb sicher niemals Pro-Life sein können.[115] Sondern immer nur eines sind: Anti-Choice!

Der Zeitplan

Schnell war klar, dass wir auch mit vereinten Kräften keinen langen Zeitraum bespielen könnten, also legten wir einen Kampagnenzeitraum von zwei Wochen fest. In diesen zwei Wochen sollte es in ganz Österreich täglich Aktionen geben.

Den Beginn markierte die Presskonferenz, bei der die Kampagne zum ersten Mal präsentiert wurde. Neben den drei Initiator*innen war auch Klaudia Frieben, die Vorsitzende* des Österreichischen Frauenrings, wieder mit dabei. Neu an Bord waren Irmgard Griss, ehemalige Richterin* und damalige Nationalratsabgeordnete* der NEOS sowie das betroffene Paar Alexandra und Michael Dorner. Bei dieser Pressekonferenz wurden sämtliche Aktionen der bevorstehenden zwei Wochen angekündigt und die Petition vorgestellt. Während der Pressekonferenz ging die Petition online und wurde vom Ehepaar Dorner erstunterzeichnet.[116] Das Ziel der auf die Pressekonferenz folgenden Aktionen war es, jeden Tag in einem der neun Bundesländer Österreichs eine Veranstaltung zu organisieren. Um möglichst viele Menschen zu erreichen und auch um zu zeigen, dass uns nicht nur der urbane Raum wichtig ist, sondern alle Regionen Österreichs. Das Ende der Aktionswochen stellte die Flashmob-Aktion am 6. Mai 2019 dar, bei der österreichweit ein Flashmob um fünf vor zwölf Uhr mittags abgehalten wurde.

Zum Start der Petition gingen wir auch auf Instagram mit der Seite @keinen_millimeter online.[117] Die Facebook-Seite „Keinen Millimeter" wurde bereits einen Tag davor veröffentlicht, um die Liveübertragung der Pressekonferenz anzukündigen.[118] Auf Facebook zählen wir ca. 4.500 Follower*innen und auf Instagram 2.000.

Was hat es gebracht?

„Liebe Frauen, Männer, Freundinnen, verehrte Anwesende!
Ja, wir brauchen die Fristenlösung nicht verteidigen.
Die kann uns niemand mehr wegnehmen."[119]

Johanna Dohnal

Der tatsächliche Erfolg von #KeinenMillimeter ist schwer messbar, wie es immer der Fall ist bei Protesten, die nicht unmittelbar danach politische Konsequenzen erkennen lassen. Nun. Es hat sich erst einmal nichts verändert an der Fristenlösung - und das ist gut so. Einerseits, denn es ist und war unser erklärtes Ziel, eine Umsetzung der Forderungen von #fairändern abzuwenden. Denn genau durch diese Petition ist uns und wohl sehr vielen anderen in Österreich schlagartig klar geworden, dass dieses Mal die Worte Johanna Dohnals nicht stimmen. Auch die Fristenregelung kann dem voranschreitenden #backlash zum Opfer fallen, und wie schnell das gehen kann, zeigen uns Beispiele aus anderen Ländern.

Andererseits sagt schon der Titel unseres Beitrags, dass wir uns natürlich darüber im Klaren sind, dass der Status quo nicht das letzte Ziel sein kann. Dessen war und ist sich auch das Frauen*Volksbegehren bewusst. Das, was hier gefordert wurde, nämlich ECHTE Selbstbestimmung, bedeutet am Ende immer eine Entkriminalisierung und die Kostenübernahme sämtlicher Behandlungen, die im Kontext von reproduktiven Rechten von Nöten sind. Erst dann, wenn jede Person, die einen Abbruch hatte, frei darüber reden kann, ohne Verurteilung zu erfahren, haben wir erreicht, was am Ende jede* Feministin* und jeder* Feminist* will: ECHTE Gleichwertigkeit.

PRO JUSTICE – PRO CHOICE: Manifest für reproduktive Gerechtigkeit in Österreich

Miriam Gertz
für Pro Choice Austria

„Pro Choice“ steht für die feministische Grundhaltung, dass jede Frau* selbst entscheiden können muss, ob sie schwanger werden bzw. eine Schwangerschaft austragen will oder nicht.

Der freie Zugang zum legalen und sicheren Schwangerschaftsabbruch ist aber nicht das einzige Thema in puncto reproduktiver Gerechtigkeit für Frauen*. Schwarze Feminist*innen kritisieren schon seit den 1990er Jahren, dass ein verkürzter Blick mit alleinigem Fokus auf die Legalisierung von Schwangerschaftsabbrüchen die Mehrfachdiskriminierung von Schwarzen und anderen marginalisierten Frauen* und Trans*personen ausblende. In diesem Sinne wurde der intersektionale Ansatz der *Reproductive Justice* geprägt, der reproduktive Menschenrechte und soziale Gerechtigkeit zusammenführt (zur Herstory des Konzepts siehe SisterSong Collective[120] oder Peggy Piesche[121]). Er beinhaltet, dass jede Frau* und queere Person das Recht hat, unter Wahrung ihrer Gesundheit und Würde über ihre reproduktive Biografie frei zu entscheiden. Reproduktive Gerechtigkeit umfasst so neben dem freien Zugang zum legalen und sicheren Schwangerschaftsabbruch den Schutz vor Zwangssterilisation und -verhütung und den Zugang zu sexualpädagogischem Wissen, ausreichenden Kinderbetreuungsangeboten und der bestmöglichen Geburtshilfe. Außerdem gehört zur reproduktiven Gerechtigkeit generell die Beseitigung ökonomischer Ungleichheiten und die Möglichkeit zur freien Auslebung sexueller Orientierung und geschlechtlicher Identität.

In Österreich konzentriert sich die Diskussion nach wie vor weitestgehend auf das Thema Schwangerschaftsabbruch. Und auch hier ist noch viel zu tun, denn er wird nach wie vor kriminalisiert. Freier Zugang zum Schwangerschaftsabbruch als Teil menschenrechtsbasierter Gesundheitsversorgung bedeutet für uns, dass er frei von (angedrohter) Strafe, Stigmata, Kosten und Hindernissen wie einer weiten Anreise zum Behandlungsort oder Intransparenz über die Versorgungslage sein muss. Dafür muss der Schwangerschaftsabbruch aus dem Strafgesetzbuch (StGB) entfernt werden. Die Paragrafen 96 und 97 StGB gehören ersatzlos gestrichen, weil sich in ihnen die Stigmatisierung und moralische Abwertung von Frauen* und Ärzt*innen, die Schwangerschaftsabbrüche durchführen, manifestiert. Gestrichen gehört dementsprechend auch die sogenannte Gewissensklausel, die medizinischem Personal ermöglicht, die Versorgung von ungewollt Schwangeren zu verweigern. Dies ist ein Grund dafür, dass in Österreich nur sehr wenige Ärzt*innen und Krankenanstalten Schwangerschaftsabbrüche im Sinne der Fristenregelung anbieten.[122]

Der Schwangerschaftsabbruch muss als Versicherungsleistung von den Krankenkassen übernommen werden: Erstens sind die Kosten von 300–1000 Euro, die aktuell privat zu zahlen sind, für viele Menschen in Österreich eine enorme Summe, die nicht selten zur Verzögerung des Abbruchszeitpunkts oder familieninternen Konflikten führt, sodass letztlich Mädchen* und Frauen* mit wenig ökonomischen Ressourcen eine Art Bestrafung für ihre Sexualität erfahren. Zweitens ist es fatal, dass Frauen* noch immer den Großteil der Verantwortung für Heterosex allein tragen müssen. Sie kümmern sich zumeist um die Verhütung, haben dadurch und durch eventuelle Schwangerschaften körperliche Konsequenzen, werden für einen Schwangerschaftsabbruch stigmatisiert, haben die finanzielle Verantwortung für einen Abbruch zu tragen und im Fall des Austragens einer Schwangerschaft stemmen zumeist sie den Großteil der Familien- und Sorgearbeit inklusive beruflicher Einbußen. Dass die Kosten für Verhütung und Schwangerschaftsabbrüche in der Gesellschaft verteilt werden, ist also im Sinne einer Überwindung des hierarchischen Geschlechterverhältnisses mehr als fair. Die Kostenübernahme muss aber selbstverständlich bei gleichzeitiger Sicherstellung höchster medizinischer und psychosozialer Qualität in der Behandlung erfolgen, sodass u.a. auch Stigmatisierungserfahrungen durch medizinisches Personal ausgeschlossen werden können. Die Versorgung muss auch für Menschen ohne Aufenthaltstitel oder Krankenversicherung sichergestellt werden, denn am Umgang mit den verletzlichsten Mitgliedern einer Gesellschaft zeigt sich, wie weit Menschenrechte verwirklicht werden.

Hier sind auch wir Aktivist*innen gefordert. Wenn wir unseren Einsatz für reproduktive Gerechtigkeit ernst nehmen, müssen wir anerkennen, dass Frauen* und Queers keine homogene Masse, sondern in verschiedener Weise von strukturellen Unterdrückungsmechanismen betroffen sind. Wir müssen kritisch hinterfragen, wie familien- und bevölkerungspolitische Maßnahmen von staatlicher Seite gesetzt werden und wer in unserer Gesellschaft dazu angehalten bzw. daran gehindert wird, Kinder zu bekommen.

Nicht zuletzt ist zu beachten, dass die Neue Rechte immer mehr versucht, mit Angriffen auf die reproduktive und sexuelle Selbstbestimmung zu mobilisieren. Dem müssen wir uns solidarisch entgegenstellen und gleichzeitig entschlossen für die Überwindung veralteter Kompromisse und Geschlechterbilder kämpfen!

+++ ZWISCHENRUF: VOM NICHT EXISTENTEN FEMINISTISCHEN GENERATIONENKONFLIKT +++

Nicole Schöndorfer

Es gab ja allerlei Kritik an den Forderungen des Frauen*volksbegehrens 2.0. Legitime Kritik von links, erwartbar platte Kritik von rechts und Kritik, die von vorne bis hinten uninformierter Quatsch war. Zu letzterer Kategorie gehörte zum Beispiel der beliebte Vorwurf, dass sich die vorherige Generation von Feminist*innen im Gegensatz zu der jetzigen noch für wahre frauenpolitische Anliegen stark gemacht hätte und alles, was Feminist*innen heutzutage fordern, nichts mehr mit Gleichberechtigung, sondern vielmehr mit Extras, Privilegien und Bequemlichkeit zu tun habe. Während damals quasi noch zu Recht gekämpft wurde, seien die verwöhnten Gören von heute doch bloß undankbar und bekämen ihren Hintern nicht hoch. Frauen* hätten mittlerweile ohnehin alle Rechte, es liege nunmehr an ihnen, sie sich zunutze zu machen. Alles Wesentliche sei schließlich bereits erreicht. Alles, was jetzt gefordert wird, schade der feministischen Bewegung und ihrem Vermächtnis. Wo anfangen?

Abgesehen davon, dass es nun wirklich nicht an antifeministischen Kräften ist, festzulegen, was dem Feminismus schadet oder nützt, ist es dreist, die feministischen Kämpfe von damals zu instrumentalisieren, um die feministischen Kämpfe von heute ins Lächerliche zu ziehen. Solche Aussagen zeugen entweder von völliger Ahnungslosigkeit oder schreiender Ignoranz, denn Newsflash: Die feministischen Kämpfe von damals sind so ziemlich genau 1:1 die feministischen Kämpfe von heute, denn es hat sich im Großen und Ganzen leider nur wenig geändert. Klar, so manche feministische Forderung wurde rechtlich verankert. Im Gewaltschutzgesetz und im Gleichbehandlungsgesetz etwa. Gute und wichtige Reformen, die wohl auch ihren Teil zu einem gesellschaftlichen Umdenken beigetragen haben. Dass diese Gesetze aber nicht einmal annähernd ein Garant dafür sind, dass sich strukturelle Probleme wie geschlechtsspezifische Gewalt, ökonomische Abhängigkeiten und Diskriminierung am Arbeitsplatz in Luft auflösen, sollte dennoch niemanden überraschen. Gewalt und Abwertung gegenüber Frauen* sind vielmehr notwendige Vehikel, um Patriarchat und Kapitalismus aufrechtzuerhalten. Hierarchien sind für diese Systeme essenziell. Gesetze können zwar Sanktionsmöglichkeiten schaffen, aber keinen Systemwandel herbeiführen, der vonnöten wäre, um Herrschaftsverhältnisse umzuwerfen, die Gewalt und Abwertung bedingen.

Was dazu keinesfalls beitragen wird, ist das Gegeneinander-Ausspielen von Generationen. Auch im feministischen Kontext ist das eine Strategie, um tatsächliche Konfliktlinien zu verschleiern und den Fokus der Diskussion in eine inhaltlich völlig unerhebliche Richtung zu lenken. Disclaimer: Natürlich gibt es zwischen verschiedenen feministischen Generationen Reibungspunkte. Es gibt auf beiden Seiten Wissenslücken und Wahrnehmungsunterschiede sowie klarerweise durch das Internet entstandene neue Organisations-, Vernetzungs- und Protestformen, denen ältere Generationen vielleicht auch nicht ganz zu Unrecht mit Skepsis begegnen. Dann sind da noch die unterschiedlichen gesellschaftspolitischen Bedingungen, die die verschiedenen Kohorten in ihrer Lebensführung prägten und prägen. Dass es dann zu Uneinigkeit und Widerspruch kommt, ist klar. Dass die Generationenfrage aber stets zu einem essenziellen sozioökonomischen Konflikt hochstilisiert wird, ist politisches Kalkül.

Die tatsächlichen Konfliktlinien verlaufen im Feminismus - wie in allen sozialen Bewegungen - nämlich vor allem entlang der (Nicht-)Thematisierung der Klassenfrage. Wenn diese ignoriert und durch einen politisch poppigeren und systemfreundlicheren Konflikt, wie einen vermeintlichen Generationenkonflikt, ersetzt wird, spielt das liberalen Feminist*innen gut in die Hände. Dann können sie als treue Vertreter*innen des Kapitals in Erscheinung treten, um ihre Agenda unter dem Deckmantel des Feminismus zu pushen und davon abzulenken, dass ihr Feminismus einer für wenige statt für viele ist. Einer, der strukturelle Probleme auf individuelles Versagen bzw. auf zu wenig Anstrengung und Willen zurückführt. Die Sache mit den Generationen passt perfekt dazu. Die Feminist*innen der zweiten Frauenbewegung hätten sich alles noch selbst erkämpfen müssen, die heutigen Feminist*innen würden sich angeblich auf diesen Errungenschaften ausruhen und wären außerdem nicht bereit, Verantwortung für ihr Leben zu übernehmen. Stattdessen würden sie alles bequem auf frauen*feindliche Strukturen schieben. Strukturelle Widersprüche werden also individualisiert. Klassischer neoliberaler Move.

Es sind nicht die unterschiedlichen Generationen, die eine unterschiedliche Vorstellung von Feminismus haben. Als würden die Feminist*innen, die schon damals gegen das Patriarchat protestiert haben, es nicht heute immer noch tun. Auch und gerade ältere Feminist*innen wissen, dass es trotz der rechtlichen Verbesserungen in vielen Belangen in der alltäglichen Praxis und der gesellschaftlichen Kultur noch jede Menge Ungerechtigkeit gegenüber Frauen zu bekämpfen gibt. Man darf nicht außer Acht lassen, warum der Generationenquatsch gerade im feministischen Kontext so gut funktioniert. Es geht immerhin um Frauen*. Da greifen natürlich überholte Geschlechterstereotype wie etwa jenes der „Stutenbissigkeit“ und des spezifisch weiblichen

Konkurrenzdenkens. Letzteres Klischee ist nicht grundsätzlich falsch, nachdem Frauen* in einer Welt sozialisiert werden, in der sie andere Frauen* als Konkurrent*innen und nicht als Verbündete zu betrachten lernen, um bloß keine Allianzen gegen das Patriarchat zu schmieden und (nicht nur) wirtschaftlich erfolgreich zu sein. Das sind keine naturgegebenen Eigenschaften, sondern angelernte Muster und Konzepte. Ein wesentlicher Teil davon ist die Erzählung, dass verschiedene Generationen von Frauen* miteinander im Clinch stünden, da sie zum Beispiel um die romantische Ressource Mann wetteifern müssten. Ebenso um Jobs, um Anerkennung und schließlich um die feministische Deutungshoheit.

Dabei geht es aber nicht um Generationen, sondern um politische Überzeugungen, um die Befürwortung oder Ablehnung des kapitalistischen Systems. Liberaler Feminismus integriert seine Anliegen in dieses, ordnet sie ihm unter. Linker bzw. sozialistischer Feminismus, der die Klassenfrage mitdenkt, weil er auch auf ihr aufbaut, tut das nicht. Im Gegenteil, seine Maxime ist es, das System als Ganzes zu bekämpfen, da es ein für die große Mehrheit ausbeuterisches und unterdrückerisches ist und eine feministische Befreiung darin niemals möglich sein wird. Mehr Frauen* in Vorständen bedeuten keine feministische Revolution, und dass auch Frauen* Ausbeuter*innen sein wollen, kann doch keine feministische Forderung sein. Es geht um unterschiedliche Interessen. Die eine Gruppe will ein gutes Leben für alle, die andere will es nur für jene, die es sich leisten können. Welcher Generation wer angehört, ist dabei völlig unerheblich.

Man sollte sich den vermeintlichen Generationenkonflikt beim nächsten Mal vielleicht einfach von denen erklären lassen, die behaupten, dass es ihn gebe. Könnte interessant werden.

3. FORDERUNGEN ENTWERFEN

MACHT TEILEN

Mehr als die Hälfte der Bevölkerung sind Frauen*. Trotzdem nehmen sie an Entscheidungstischen in Wirtschaft und Politik nicht die Hälfte der Plätze ein.

DAHER FORDERN WIR:

- Die Hälfte aller Plätze für Wahllisten und in Vertretungskörpern auf Gemeinde-, Landes- und Bundesebene für Frauen* und Männer*

- Die Hälfte aller Plätze in politischen Interessensvertretungen und der Sozialpartnerschaft sowie in diversen öffentlichen Beiräten, Gremien, Kommissionen etc. für Frauen* und Männer*

- Die Hälfte aller Plätze in Leitungs- und Kontrollgremien von Kapitalgesellschaften und Genossenschaften für Frauen* und Männer*

- Wirksame Sanktionen, wenn die Quoten nicht erfüllt werden

QUOTE ODER REVOLUTION?

Gabriele Michalitsch

Verpflichtende, mit Sanktionen verbundene Quoten gelten gemeinhin als effektivstes Mittel, um Repräsentation und Partizipation von Frauen* - und damit ein Mindestmaß an Geschlechter-Demokratie - in zentralen gesellschaftlichen Entscheidungspositionen sicherzustellen. Einfach anzuwenden und leicht zu überprüfen, scheinen sie im Ringen um Gleichstellung unentbehrlich. Doch lässt sich durch Quoten tatsächlich Macht teilen, Gesellschaft demokratisieren und letztlich gar das Patriarchat überwinden?

Wohl vermögen Quoten einen essenziellen Beitrag zu Gleichstellung zu leisten, nicht jedoch, so die These des vorliegenden Beitrags, kapitalistisch-patriarchale Macht- und Herrschaftsverhältnisse zu subvertieren. Denn mit Quoten verbinden sich nicht nur Formen von Ausschluss, durch Integration stabilisieren sie auch das bestehende Macht- und Herrschaftsgefüge. An Quoten kristallisiert damit nicht zuletzt das Spannungsfeld von liberalem und radikalem - etwa sozialistischem oder autonomem - Feminismus. Während Quoten aus liberal-feministischer Perspektive als probates Mittel zu Gleichstellung gelten, stoßen Quoten aus radikal-feministischer Perspektive trotz gleichstellungspolitischer Erfolge rasch an emanzipatorische Grenzen, da nur eine über Quoten hinausgehende Transformation der Gesellschaft deren kapitalistisch-patriarchale Grundstruktur überwinden und ein Teilen von Macht eröffnen könne.

Vor dem Hintergrund solch feministischer Kontroversen widmet sich der vorliegende Beitrag zunächst mit Quoten verbundenen Formen von Ausschluss, ehe er Komplexitäten von Macht und Herrschaft und das Spannungsverhältnis von Integration und Transformation thematisiert, um mögliche Antworten auf die eingangs gestellte Frage nach dem Teilen von Macht, nach Geschlechter-Demokratisierung und der Überwindung des Patriarchats zu eröffnen.

Integration und Exklusion

Quoten stellen keineswegs den Zugang aller in Österreich lebenden Frauen* zu Entscheidungspositionen sicher, sie eröffnen vorrangig autochthonen, akademisch gebildeten, materiell privilegierten Frauen* politische Repräsentation und Partizipation, Migrant*innen ohne österreichische Staatsbürgerschaft hingegen bleiben davon ausgeschlossen. Über 500.000 - rund zwölf Prozent der weiblichen Bevölkerung - zählen diese Subalternen, die keine politische Stimme haben.

Neben Staatsbürgerschaft bestimmen auch bei Quotierung Faktoren wie materielle und zeitliche Ressourcen, ethnische Zugehörigkeit, Sprachkenntnisse, Bildungsniveau oder soziale Netzwerke Zugangschancen zu Entscheidungspositionen. Politische, ökonomische, soziale und kulturelle Marginalisierungen gehen dabei Hand in Hand und werden von Geschlechter-Quoten ebenso wenig adressieret wie Exklusion durch Rassismus und Klassismus.

Quoten erhöhen demnach Repräsentations- und Partizipationschancen vor allem von ohnehin privilegierten Frauen*, während ein breites Spektrum marginalisierter Frauen* trotz Quoten von zentralen Entscheidungspositionen zumindest informell ausgeschlossen bleibt und ihre Interessen kaum repräsentiert werden. Quoten haben demnach immer auch exkludierenden Charakter.

Wenig überrascht daher, dass zunehmende Geschlechter-Diversität in Entscheidungspositionen keineswegs zu stärker feministisch akzentuierter Politik führte. Frau*-Sein ist eben kein Programm, zumal inhärente Systemlogiken und -mechanismen individuelle Abweichung auf ein Minimum reduzieren. So stand

2019 erstmals eine Bundeskanzlerin an der Spitze der österreichischen Regierung, die 2020 zudem erstmals mehr weibliche als männliche Mitglieder zählte, während Frauen* mit knapp 40 Prozent mehr Nationalratsabgeordnete stellen als je zuvor. Zugleich aber wurde – und wird – keineswegs feministische Politik vorangetrieben. Im Gegenteil, der empirische Befund verweist vielmehr auf einen seit Jahren anhaltenden, geschlechterpolitischen Backlash.

Während Frauen* nach wie vor den größten Teil der unbezahlten Versorgungsarbeit im privaten Haushalt leisten, rund 90 Prozent der Betriebsvermögen in männlicher Hand liegen, Männer* 95 Prozent der Führungspositionen in Großunternehmen besetzen und gesamtgesellschaftliche, geschlechtsspezifische Einkommensdifferenzen seit Jahrzehnten weitgehend unverändert bei etwa 40 Prozent liegen, haben stagnierende Reallöhne, Prekarisierung und Sozialabbau die soziale Ungleichheit seit den 1990er Jahren erheblich verstärkt. Damit vertiefte sich die soziale Polarisierung zwischen den Geschlechtern, aber auch zwischen Frauen*. Wachsende soziale Unsicherheit und Armutsgefährdung treffen besonders alleinlebende Frauen*, stärken aber auch persönliche Abhängigkeit vom (Ehe-)Partner und befördern das traditionelle Familienmodell.

Omnipräsente Wettbewerbslogik und Selbstverantwortungspostulate, verwertungsgerechter Selbst-Optimierungszwang und zunehmende Auflösung der Grenze zwischen Arbeit und Freizeit erschweren zudem Vereinbarkeit von Beruf und Familie, während die Reduktion öffentlicher Dienstleistungen – insbesondere im Pflegebereich – zu zusätzlicher unbezahlter Frauen*arbeit im privaten Haushalt führt. Medien, Unterhaltungsindustrien und – in den letzten Jahren erheblich ausgeweitetes – Gender-Marketing produzieren darüber hinaus mehr denn je Geschlechterstereotype. Währenddessen nimmt Gewalt gegen Frauen* in Familie und Partnerschaft zu – die Zahl an Frauen*-

morden etwa hat sich zwischen 2014 und 2019 verdoppelt. Öffentliche Subventionen feministischer Vereine und Initiativen hingegen wurden zuletzt erheblich gekürzt.

Trotz dieser Diagnose aber finden – vor allem von erstarkten rechtskonservativen und rechtsextremen Kräften forcierte – Behauptungen, Gleichstellung sei längst erreicht und in Diskriminierung von Männern umgeschlagen, zunehmendes Echo im öffentlichen Diskurs. Anti-Feminismus und – vor allem anti-islamischen – Rassismus verknüpfend, werden patriarchale Denk- und Handlungsweisen dabei vielfach als Zeichen von „Rückständigkeit" der „anderen" Kultur von Migrant*innen zugeschrieben, um daraus nationalistisch eine vermeintliche „eigene Überlegenheit" abzuleiten. Patriarchat, so die Botschaft, gibt es nur bei „den Anderen".

Macht und Herrschaft

Dabei sind Patriarchat, Kapitalismus und weiße Suprematie[123] nicht voneinander zu trennen, sie bilden *ein* System von Macht und Herrschaft, das alle Lebensbereiche umfasst, private wie öffentliche. Nicht nur Politik und Ökonomie, auch Kultur, Wissen, Diskurs, Sprache und Bilder – die Mittel, mit denen wir die Welt und uns selbst zu fassen und uns zu verständigen trachten – sind mit Macht und Herrschaft verbunden.

Macht und Herrschaft durchziehen folglich alle gesellschaftlichen Beziehungen und nicht zuletzt das Subjekt selbst. Denn sie schreiben sich dem Individuum ein, das schon in frühester Kindheit lernt, (auch) Geschlecht zu sein, und bilden in einem unaufhörlichen, tief in Physis und Psyche wirkenden Prozess „Identität". Das derart gestaltete Subjekt fungiert schließlich als „Schaltstelle" von Macht und Herrschaft, die sich in ihm nicht bloß verankern, sondern von ihm auch weitergegeben werden – und so letztlich das Patriarchat als binär-hierarchisch strukturierte Geschlechterordnung konstituieren.

Zu deren Grundprinzipien zählt in westlichen Gesellschaften nicht nur die Dichotomisierung von Mann und Frau, sondern auch von Kultur und Natur, von Geist und Körper, von Vernunft und Gefühl. Tief in die westliche Denktradition eingeschrieben, ist die jeweils erste Seite dieser Oppositionen mit Männlichkeit, die zweite, abgewertete, „andere" Seite mit Weiblichkeit verbunden. Die inhärente Verwobenheit der – vermeintlichen – Gegensätze wird ausgeblendet, es gibt kein Dazwischen. Diese Dichotomisierung bestimmt die organisatorische Grundstruktur der Gesellschaft mit ihrer geschlechtlichen Arbeitsteilung, die auf der Trennung von Öffentlichem und Privatem, von Produktion und Reproduktion basiert. Jeweils geschlechtlich codiert und zugewiesen, korrespondiert diese politökonomische Spaltung mit entsprechenden, weitgehend naturalisierten Geschlechterentwürfen, die Wahrnehmungsweisen, Erfahrungen und Selbstverständnisse bestimmen.

Männlichkeit wird dabei nicht nur mit Geist, Vernunft und Kultur verbunden, sondern auch mit Aktivität, Stärke, Dominanz und Aggressivität. Demgegenüber ist Weiblichkeit nicht nur mit Körper, Gefühl und Natur, sondern auch mit Passivität, Schwäche, Sanftheit, sozialer Gebundenheit und Sorge um andere verknüpft. In Gestalt des männlichen Helden, Beschützers und Eroberers schöner, doch schwacher (hetero-)sexualisierter Weiblichkeit finden sie ihre immer wieder aktualisierte kulturelle Verkörperung.

Aber auch ökologische Zerstörung, Verlust an Biodiversität und die Klimakatastrophe gehen letztlich auf die Verschränkung von Profitmotiv und – auf vermeintlicher Überlegenheit von Kultur basierender – Naturbeherrschung zurück. Kapitalistisches Patriarchat bedeutet demnach ein sich in seinen Grundprinzipien reproduzierendes Herrschaftssystem, das trotz permanenten Wandels nicht nur die Hierarchie der Geschlechter unangetastet lässt. Denn mit der Dominanz von Männern* über Frauen* geht neben der Unterordnung von Weiblichkeit auch die von Körper, Gefühl und Natur einher.

Ein solches System impliziert aber die Unterdrückung nicht nur von Frauen*, sondern auch von Männern*, die – trotz relationaler Privilegierung – gewaltförmigen Zurichtungsprozessen unterliegen und deren individuelle Entwicklungschancen durch die herrschenden Geschlechtermodelle gleichfalls erheblich eingeschränkt werden.

Macht teilen: Demokratie, Transformation, Revolution

Geschlechter-Demokratie bezieht sich folglich nicht bloß auf politische oder ökonomische Entscheidungspositionen, sondern auf die gesamte Gesellschaft und letztlich jede einzelne Beziehung. Quoten sind demnach kein hinreichendes Instrument, um Macht zu teilen, die Gesellschaft zu demokratisieren und das Patriarchat zu überwinden. Schließlich lassen sie nicht nur die Exklusion marginalisierter Frauen* unangetastet, sie führen auch nicht zu inhaltlich anders ausgerichteten Entscheidungen, zumal inhärente Systemlogiken individuelle Handlungsspielräume letztlich geringhalten. Mehr Frauen* in Entscheidungspositionen bedeuten grundsätzlich demnach nicht mehr feministische Politik, während die verstärkte Integration von Frauen* in zentrale gesellschaftliche Entscheidungspositionen Patriarchat, Kapitalismus und weiße Suprematie jedoch stabilisiert.

Geschlechter-Demokratisierung hingegen hieße, diese Herrschaftstrinität durch grundlegende gesellschaftliche Transformation zu überwinden, deren dichotome Grundlagen durch eine neue Ganzheitlichkeit zu ersetzen und das Subjekt selbst von inhärenter Macht und Herrschaft zu emanzipieren. Nicht nur die grundlegende hierarchische Spaltung von Männlichkeit und Weiblichkeit, sondern von Kultur und Natur, Geist und Körper – und damit auch von Öffentlichem und Privatem sowie Produktion und Reproduktion - durch Reintegration zu überwinden, bildet dabei eine wesentliche Voraussetzung gesamtgesellschaftlicher Neuausrichtung, die an die Stelle von Destruktion und Konkurrenz Sorge um andere und das Lebendige als leitendes Prinzip setzt.

Macht zu teilen hieße demnach, gesellschaftliche wie geschlechtliche Spaltungen aufzuheben, gesellschaftliche und individuelle Veränderung als integralen Prozess zu begreifen und Denken wie Handeln, Institutionen wie Praktiken in ihrer gegenseitigen Bedingtheit gleichzeitig zu transformieren. Solcherart die Fundamente bestehender Macht- und Herrschaftsverhältnisse, mit dem eigenen Leben das Leben aller und mit dem Leben aller auch das eigene Leben zu verändern, bedeutet freilich nichts weniger als Revolution. Angesichts der fortschreitenden Zerstörung unserer Lebensgrundlagen scheint eine solche feministische Revolution drängende Notwendigkeit, die breite gesellschaftliche Allianzen fordert. Schließlich ist der Kampf gegen Kapitalismus und Patriarchat nicht allein eine Geschlechterfrage, sondern eine Frage menschlichen Überlebens.

GELD TEILEN

Österreich hat einen der höchsten geschlechtsspezifischen Einkommensunterschiede der EU. Sowohl Frauen* mit und ohne Lehrabschluss als auch Akademiker*innen sind davon betroffen.

DAHER FORDERN WIR:

- Volle Lohntransparenz durch eine detaillierte Aufgliederung aller betrieblichen Einkommensberichte in sämtliche Gehaltsbestandteile

- Ergreifen konkreter Maßnahmen zum Abbau von geschlechtsspezifischen Einkommensunterschieden bei gleichwertiger Arbeit aller Unternehmen, deren Einkommensberichte geschlechterdiskriminierende Unterschiede zeigen
- Sozialpolitische und wirtschaftliche Maßnahmen, die eklatante Lohnunterschiede zwischen verschiedenen Arbeitsmarktsegmenten, Branchen und betrieblichen Hierarchien eindämmen und zu ausgewogenen Geschlechterverhältnissen in allen Branchen und auf allen Ebenen führen

- Zusätzliche und weiterführende Pilotprojekte mit Vorbildwirkung im öffentlichen Dienst im Bereich der objektiven Bewertung von Arbeit

- Die Kopplung von öffentlicher Auftragsvergabe und Förderungen an Aktivitäten zur Gleichstellung im Betrieb

ÜBERARBEITET UND UNTERBEZAHLT – ZUM WERT VON FRAUENARBEIT VOR, IN UND NACH DER KRISE

Christa Schlager

„Es sind die Frauen, die das Land rocken"[124]

(Der Tagesspiegel)

Die Coronakrise 2020 führt, im Gegensatz zur Finanzkrise 2008, in der die Krisenbewältigungsmaßnahmen von Frauen*, die Aufrechterhaltung der Versorgung der Familie noch systematisch ignoriert wurden, unübersehbar den Wert von Frauen*arbeit vor Augen. Systemrelevante Tätigkeiten können nicht einfach weggelassen werden. Es geht um die Versorgung von Menschen mit lebenswichtigen Dingen und Tätigkeiten. Es geht um die Betreuung junger und die Pflege alter Menschen, um den Erhalt des Gesundheitssystems, die Aufrechterhaltung und Organisation des Alltags für Menschen. Es geht um Ökonomie und eine angemessene Verteilung und Bezahlung von gesellschaftlich notwendiger Arbeit.

Ökonomie als Hauswirtschaftslehre und soziale Ordnung

Die Versorgung der Menschen und ihrer Umwelt mit Gütern und Dienstleistungen des Alltags müsste eigentlich der Kern des Wirtschaftens sein, doch selten wird dies mit Ökonomie gleichgesetzt. Landläufig hat sich durchgesetzt, dass es in der Ökonomie ums „Geldverdienen" geht. Oikos, die etymologische Wurzel der Ökonomie, bedeutet jedoch Haus, Ökonomie somit Hauswirtschaftslehre.

Haus, Herrschaft und Ökonomie gehörten in der traditionellen Gesellschaft nicht nur zusammen, sie waren weitgehend identisch. Ein *„ganzes Haus"* war intentional eine autarke Wirtschaftseinheit und beschrieb damit auch eine soziale Ordnung. „Der Hausvater" übte dabei eine paternalistische Herrschaft über die hausrechtlichen Abhängigen, über die „familia" aus, die sich seinem Schutz und seiner Führung unterwarf, für die er als Ernährer aber auch die Verantwortung übernahm. Das ökonomische Ziel des Hauses war die Eigen-Versorgung, alle mussten dazu beitragen. Nur wer Herrschaft über ein eigenes Haus ausübte, konnte als eigenberechtigt gelten, und davon abgeleitet erst sozialen Rang, öffentliche Funktionen und damit politische Macht innerhalb einer höherrangigen Sozialisationsform erlangen. Damit wurde der Haushaltsbereich präpolitisch gesehen, er beruhte auf Ungleichheit und war autoritär.[125]

Dies blieb auch in der bürgerlichen Gesellschaft so. Die vermeintliche Privatheit des Haushalts wurde durch die Zweite Frauenbewegung massiv kritisiert: „Das Private ist politisch!" war ihr Credo. Erst 1975 wurde in Österreich mit dem *Bundesgesetz über die Neuordnung der persönlichen Rechtswirkungen der Ehe*[126] die Partnerschaft in der Ehe verankert, die Stellung des Ehemanns als Oberhaupt der Familie abgeschafft und die Gleichberechtigung der Frau* in der ehelichen Gemeinschaft statuiert. Der Mann* kann seitdem seiner Ehefrau* nicht mehr verbieten, berufstätig zu sein. Beide Ehepartner sind nun gleichermaßen verpflichtet, zum Unterhalt der Familie beizutragen, sei es durch Erwerbstätigkeit oder durch Hausarbeit.

Anhand der Analyse anhaltender Ungleichheiten kann gesehen werden, dass sich die tradierten Normen nur sehr langsam ändern.

Care Economy: unbeachtet, unterbezahlt, unheimlich zentral

Die Arbeit in Privathaushalten ist nur ein Nebenthema in der Ökonomie. Es zeigt sich, dass „typische Frauenberufe", die mit

Versorgung und Fürsorge zusammenhängen, auch schlechter bezahlt werden als „typische Männerberufe". Die Versorgung von Menschen mit lebenswichtigen Dingen und Tätigkeiten, die Fürsorge, die Betreuung junger und die Pflege alter Menschen, der Erhalt des Gesundheitssystems: Diese Tätigkeiten werden zusammengefasst auch als „Care Economy" bezeichnet, die feministische Ökonomie betrachtet sie als Kern des Wirtschaftens. Nicht nur globale Lieferketten, sondern auch Fürsorgeketten („global care chains") gingen mit der Ausbreitung der Coronavirus-Pandemie zu Bruch. Systemrelevante Tätigkeiten können, wie die Coronakrise zeigt, nicht einfach weggelassen werden.

Die Sorge- und Versorgungsarbeit ist der eigentliche Schutzschirm der Ökonomie, der permanent aufgespannt ist. Die Aufteilung in bezahlte und unbezahlte Arbeit ist von sozialen Normen, aber auch von institutionellen Rahmenbedingungen geprägt, etwa der Verfügbarkeit von Kinderbetreuungsplätzen, und wird auch von Aushandlungsprozessen innerhalb des Haushalts beeinflusst. Um die Wirkung dieser Faktoren auf die Erwerbsbeteiligung von Frauen* oder die Aufteilung von bezahlter und unbezahlter Arbeit innerhalb von Haushalten erforschen zu können, ist eine entsprechende Datengrundlage notwendig. Es besteht aber kein Interesse daran, unbezahlte Arbeit sichtbar zu machen, es ist für die Profitlogik strategisch sinnvoll, darüber zu schweigen und traditionelle Geschlechterrollen aufrechtzuerhalten. Arbeit, die unbezahlt geleistet wird, kommt in den Statistiken zur Berechnung der Wertschöpfung eines Landes praktisch nicht vor. Würde unbezahlte Arbeit in diese Berechnung des Bruttoinlandsprodukts (BIP) miteinbezogen, wäre dieses um 40 bis 60 Prozent höher (je nach Bewertungsansatz). Der Verdienstentgang von Personen, die unbezahlte Arbeit leisten, beträgt in entwickelten Volkswirtschaften wie Österreich insgesamt rund 40 Prozent des BIP.

Insgesamt leisten Frauen* fast doppelt so viel unbezahlte Arbeit wie Männer*, und berufstätige Frauen* haben eine höhere Wochenarbeitszeit als Männer*, wenn bezahlte und unbezahlte Arbeit addiert werden.[127] Johanna Dohnal nannte diese Situation eine „Doppelbelastung“ von Frauen*, eine Bezeichnung, die erfolgreich nun als „Vereinbarkeitsthematik“ geframt wurde.

Die Care Economy ist, wenn die unbezahlte Arbeit in die Berechnungen mitaufgenommen wird, mit Abstand der größte Wirtschaftssektor einer Volkswirtschaft. Käthe Knittler (2018) hat für Österreich errechnet, dass zwei Drittel aller Arbeiten dem Care-Sektor zuzuordnen sind. Davon 58 Prozent unbezahlt, neun Prozent bezahlt. Die Akkumulationswirtschaft macht nur 29 Prozent des Arbeitsvolumens aus, Öffentliche Verwaltung drei Prozent.[128] Diese Größenordnung führt vor Augen, wie wenig die geleistete Arbeit analysiert wird, wenn über Ökonomie im landläufigen Sinne gesprochen wird.

Frauenarbeit als sozialer Airbag

Die Nichtthematisierung des Werts von Care-Arbeit macht den weiterhin „herrschaftlichen“ Umgang mit dem Thema sichtbar. Der Aufstieg der ökonomischen Think Tanks und der neoliberalen Politik brachte eine Aufwertung einer Lesart von Ökonomie mit sich, in der traditionelle geschlechterpolitische Bilder und Wertungen eingeschrieben sind, aber nicht als solche thematisiert werden. Feministische Ökonom*innen sprechen daher von „Male-stream“-Ökonomie. Neoliberal forcierte Leistungsgerechtigkeit trägt insofern ausschließende Züge, als sie Frauen* und die ihnen „angestammten“ reproduktiven Tätigkeiten nicht mit einberechnet.[129]

Der Sozialstaat wird von Neoliberalen als „Hängematte“ tituliert, als inflexibel, passiv und leistungsfeindlich gedeutet und dementsprechend minder bewertet. Der Staat soll stark, im

Sinne der Wahrung innerer und äußerer Sicherheit, und gleichzeitig „schlank“ sein. Deswegen sei der Sozialstaat in der heutigen Form „abzuschlanken“. Der schlanke Wettbewerbsstaat ist einer, bei dem die Sozialpolitik „abgespeckt“ werden soll. Nur Investitionen, die sich zur Besserung der Wettbewerbsfähigkeit eignen, sind legitim. Sozialinvestitionen müssen sich „rechnen“. Auch Gleichstellungspolitik unterliegt diesem Imperativ. Eine zunehmend marktkonforme Variante setzt sich durch. Die Implikationen der Restrukturierung des Staates, nämlich unter anderem die Rückverweisung der Care-Arbeit in die Haushalte, bleiben bewusst ausgespart.

Unbezahlte Subsistenz- und Reproduktionsarbeit ist jedoch nach wie vor eine essenzielle Grundlage der gegenwärtigen Reichtumsökonomie und der Entstehung von Mehrwert und Vermögen.

Wenn nach einer Krise Sparpakete verordnet werden, trifft das Frauen* mehrfach: Sie sind stärker auf die soziale Infrastruktur angewiesen als Männer* und oft auch dort beschäftigt (als Pfleger*innen, Lehrer*innen usw.). Der Abbau staatlicher Leistungen (Kinderbetreuung, Kürzungen von Sozialleistungen usw.) muss im reproduktiven Sektor unbezahlt kompensiert werden. Gleichzeitig müssen Frauen* zum Familieneinkommen beitragen, bei gegebenen Hierarchien am Arbeitsmarkt und steigender Arbeitslosigkeit. Damit werden die Kosten der Krise auf sie abgeladen. Sie haben eine soziale Airbag-Funktion, die verschwiegen wird. Es wird so getan, als ob diese enorme Kompensationsleistung immer möglich und unbezahlte Arbeit eine unerschöpfliche Ressource wäre.

Verdienen Frauen*, was sie verdienen?

Frauen* verdienten in Österreich 2018 mit ihrer geleisteten Arbeit insgesamt 36 Prozent aller bezahlten Bruttolöhne, Männer* 64 Prozent.[130] Dies zeigt, wie unausgewogen das Verhältnis von

geleisteter Arbeit und Bezahlung noch immer ist (dabei müsste die ungleiche Verteilung von Gewinnen hier zusätzlich noch miteinbezogen werden).
Wie kann das sein, wenn Frauen* mittlerweile im Durchschnitt höhere Bildungsabschlüsse als Männer* aufweisen? Die Beschäftigungsraten der Frauen* in den letzten Jahrzehnten stark angestiegen sind? Dies zeigt der „Overall Earnings Gap-Indikator", eine Zusammenfassung von Time-, Pay- und Employment Gap, also die Messung der Unterschiede in den Beschäftigungsraten, des bezahlten Arbeitsvolumens und der Einkommensunterschiede (pro Arbeitsstunde): In Österreich liegt dieser Unterschied bei 45 Prozent zwischen Männern* und Frauen*; in Finnland, Dänemark, Schweden bei nur rund 25 Prozent.[131]

Zusammengefasst heißt das: Berufstätige Frauen* arbeiten statistisch gesehen mehr als Männer*, bekommen aber weit weniger bezahlt. Der Grund ist ein Zusammenspiel von gesellschaftlicher/ökonomischer Arbeitsbewertung und (Nicht-) Bezahlung von geleisteter Arbeit: Ein Großteil der gesellschaftlich notwendigen Arbeit wird gar nicht bezahlt, Fürsorge- und Versorgungsarbeit und typische „Frauenberufe" schlechter bezahlt als typische „Männerbranchen". Solange sich also die geschlechtliche Arbeitsteilung nicht ändert, tradierte Ordnungen noch wirken oder aus einer Profitlogik heraus propagiert werden, kann eine tatsächliche Gleichstellung von Männern* und Frauen* nicht erreicht werden.

Faire Verteilung von Arbeit, Zeit und Geld

Mit der Krise wurde nun eine Diskussion über systemrelevante Leistungsträger*innen eröffnet. Neben der öffentlichen Anerkennung wird nun heftig diskutiert, wie der Wert ihrer Arbeit adäquat abgegolten werden könnte.

Aus feministischer Perspektive bildet eine konzeptuelle Fassung des Reproduktionsbereichs eine unverzichtbare Grundlage, um über Ökonomie, Verteilung und Gerechtigkeit zu sprechen. Und zwar in, vor und nach der Krise.

Eine wichtige Frage wird deshalb sein, was genau nach der Corona-Krise weiterhin als „systemrelevante“ Arbeit bezeichnet wird und ob nun das Sichtbarwerden der Relevanz der Care-Arbeit auch in deren gesellschaftlicher Aufwertung Niederschlag finden wird. Die Proteste des Pflegepersonals vor und während der Krise und deren Forderung nach einer 35-Stunden-Woche sind in diesem Zusammenhang eminent wichtig!

Der Sozialstaat muss gestärkt aus der Krise hervorgehen, das heißt, die hohe gesellschaftliche Akzeptanz muss auch mit einer breiten und gesicherten Finanzierung einhergehen. Damit wird eine gerechtere Bezahlung der gesellschaftlich notwendigen und wertvollen Arbeit erleichtert.

Menschen müssen zudem mehr Zeit haben, (auch) dafür wäre eine 30-Stunden-Woche wichtig, die übrigens von Frauen* als beliebtestes Arbeitszeitmodell genannt wird. Was für Frauen* immer schon üblich ist, muss auch für Männer* Normalität werden: Erwerbsarbeit und die Verantwortung für Kinder, Pflege, Haushalt zu vereinbaren.[132] Zeit wär’s!

ARBEIT TEILEN

Frauen* stemmen zwei Drittel aller unbezahlten Haus- und Sorgearbeit. Oft arbeiten sie in befristeten und niedrig entlohnten Teilzeitverhältnissen.

DAHER FORDERN WIR:

- Eine schrittweise Arbeitszeitverkürzung auf 30 Stunden pro Woche bei Lohn- und Personalausgleich

- Die staatliche Förderung von kleinen und mittelständischen Unternehmen, um eventuelle Wettbewerbsnachteile auszugleichen

EMANZIPATIONSBEWEGUNGEN IM ARBEITSZEITRECHT

Martin Risak, Melinda Franzke

Die gesetzliche Arbeitszeitregulierung verfolgt – wenn auch nicht immer explizit – unter anderem emanzipatorische Zielsetzungen in dem Sinne, dass erst durch sie zeitliche Freiräume („Freizeit") geschaffen werden, die eine Selbstentfaltung des Menschen ermöglichen. Es soll daher nachgezeichnet werden, wann und in welchem Ausmaß emanzipatorische Aspekte in der Vergangenheit eine Rolle gespielt haben und wie sich die Narrative zur Begründung arbeitszeitrechtlicher Regelungen verschoben haben. Auf dieser Basis werden Ansätze skizziert, wie ein emanzipatorisches Arbeitszeitrecht in Zukunft aussehen kann.

Emanzipation und Arbeitszeit – wie passt das zusammen?

Nach unserem Verständnis geht es bei der „Emanzipation" grundsätzlich um die Aufhebung menschlicher Fremdbestimmung; bestehende Benachteiligungen, einseitige soziale Abhängigkeitsverhältnisse, Ungerechtigkeiten sollen beseitigt werden.[133] Es geht somit um die die Eröffnung der Möglichkeit von Selbstbestimmung in einer Welt, die maßgeblich von Herrschaftsverhältnissen in unterschiedlichster Form geprägt ist. Diese basieren nicht unwesentlich auf Geschlecht, sozialer Herkunft, ethnischer Zugehörigkeit, sexueller Orientierung und der ungleichen Verteilung von Kapital. Ungleichheiten abzuschwächen und damit nicht nur formale, sondern auch tatsächliche Freiheit im Sinne von Selbstbestimmung und Entscheidungsautonomie zu ermöglichen, ist eines der Ziele emanzipatorischer Politik.

Für das Arbeitsrecht bedeutet das, dass Menschen insbesondere auf Grund der vorherrschenden ungleichen Eigentumsverhältnisse gezwungen sind, mangels Alternativen ihre Arbeitskraft zu verwerten, um so ihren Lebensunterhalt zu bestreiten. Sie tun dies dergestalt, dass sie Bestimmungsfreiheit über ihre eigene Zeit aufgeben und sich durch den Arbeitsvertrag einer anderen Person, ihren Arbeitgeber*innen, unterordnen. Der Arbeitsvertrag ist somit der Verkauf von Lebenszeit, die damit zur fremdbestimmten Arbeitszeit wird. Eine Beschränkung dieser Möglichkeit - durch Regulierung oder Verkürzung von Arbeitszeit - nimmt zwar auf den ersten Blick die Freiheit zur Verwertung aller 24 Stunden des Tages, sichert dadurch aber Freiräume, da diese Zeiten nicht mehr verkauft werden können und so echte „Freizeit" entsteht. Das ist das „Arbeitszeit-Regulierungs-Paradoxon": Erst durch die Einschränkung der Freiheit, sich vollkommen selbst zu verwerten, entsteht tatsächliche Freiheit zur Selbstentfaltung.[134]

In diesem Beitrag wird, auf diesem Gedanken aufbauend, nachgezeichnet, wie sich die Idee der Emanzipation der Arbeitenden in der österreichischen Arbeitszeitgesetzgebung widerspiegelt und wie sie auch für eine geschlechtergerechte Verteilung bezahlter Erwerbsarbeit und unbezahlter familiärer Sorgearbeit in Zukunft vermehrt fruchtbar gemacht werden kann.

Die erste (lange) Welle: Regulierung der Dauer des Arbeitstages und der Arbeitswoche

Die historische Entwicklung der Arbeitszeitregulierung in Österreich lässt sich grob in zwei Wellen unterteilen, wobei der Aspekt der Emanzipation der Arbeitenden bei der Beschränkung des Arbeitstages und der Arbeitswoche - zumindest in der offiziellen Gesetzesbegründung - eher eine geringere Rolle gespielt hat. Erst mit der Arbeitszeitflexibilisierung seit den 1990er Jahren gewinnt das Argument der Selbstbestimmung in Form der „Vereinbarkeit von Beruf und Familie" an Bedeutung.

Ausgangspunkt der Diskussion um die Arbeitszeitregulierung sind die wirtschaftlichen, sozialen und politischen Entwicklungen im Gefolge der industriellen Revolution. Rechtlich führte dies zu einer Ordnung der Beziehungen zwischen den Bürger*innen durch einen Vertrag, bei dem sich theoretisch die Partner*innen gleichberechtigt gegenüberstehen. Gerade der Arbeitsvertrag, der zwar formell frei abgeschlossen, aber hinsichtlich seiner Inhalte wegen der Machtungleichgewichte nicht tatsächlich verhandelt wurde, führte zu schlechten Arbeitsbedingungen und in der Folge zur Verelendung breiter Bevölkerungsschichten. Im letzten Viertel des 19. Jahrhunderts wurde daher auch in Österreich der Versuch unternommen, staatlich in die Privatautonomie einzugreifen, und es kam erstmalig zur gesetzlichen Regulierung der Arbeitszeit/Verkürzung der Arbeitszeit auf elf bzw. zehn Stunden. 1918 erfolgte dann die Einführung des 8-Stunden-Tages für „fabrikmäßig betriebene Gewerbeunternehmen", der dann 1919 auf das Gewerbe ausgeweitet wurde. Der emanzipatorische Aspekt stand dabei (noch) gar nicht im Fokus, es wurden vielmehr die Prinzipien des Gesundheitsschutzes sowie der Umverteilung der Arbeit und der Bekämpfung der Arbeitslosigkeit angewandt.[135]

Der nächste Meilenstein war die gesetzliche Einführung der 40-Stunden-Woche 1969 mit dem Erlass des Arbeitszeitgesetzes (AZG). Zurückzuführen ist dies auf das von der SPÖ 1969 initiierte diesbezügliche Volksbegehren[136], welches von 889.659 Personen unterstützt wurde.[137] Die Verkürzung der wöchentlichen Arbeitszeit erfolgte dann bis 1975 schrittweise. Damit war die gesetzliche Reduktion der Arbeitszeit beendet, eine Verringerung erfolgte danach „nur" noch im Wege der Kollektivverträge, wobei auch diese Entwicklung in den 1980er Jahren abgeschlossen war. Neben dem Gesundheitsschutz wurde dabei vor allem mit der Teilhabe am Produktivitätsgewinn argumentiert, auch hier wurde kaum der Aspekt der Emanzipation der Arbeitenden ins Treffen geführt.[138]

Die zweite Welle: Deregulierung/Flexibilisierung und Ausgleichsmaßnahmen

Seit den 1990er Jahren wurde bei Änderungen des AZG vor allem dem Bedürfnis der Arbeitgeber*innen entsprochen, die Arbeitszeit flexibler auszugestalten, um Überstundenzuschläge zu vermeiden. Als Ausgleichsmaßnahme wurden allerdings Instrumente zur Sicherung von Freizeit vorgesehen: Durch die Einschränkung des Weisungsrechts der Arbeitgeber*innen hinsichtlich der Verteilung der Arbeitszeit sollte „Arbeit auf Abruf und Arbeit nach Arbeitsanfall" verhindert werden. Ein derartiges Bedürfnis wurde zuerst 1994 bei Teilzeitbeschäftigten gesehen, 1997 kam es zu einer Ausweitung der Regelung auch auf Vollzeitbeschäftigte – seitdem besteht ein Weisungsrecht hinsichtlich der Lage der Arbeitszeit nur noch sehr eingeschränkt, in der Regel ist eine zweiwöchige Vorankündigungsfrist zu beachten.[139]

Es ist bemerkenswert, dass seit der Diskussion um die Arbeitszeitflexibilisierung ab den 1990ern die Verkürzung der Arbeitszeit kaum mehr ein Thema ist – eher im Gegenteil. Mit der AZG-Novelle 2018[140] wurde nun generell eine maximale Tagesarbeitszeit von zwölf Stunden sowie eine wöchentliche Höchstarbeitszeit von 60 Stunden zugelassen, ohne dass dies von den Kollektivvertrags- oder Betriebsvereinbarungsparteien genehmigt werden muss. Auch ist seitdem eine Ausweitung der zuschlagsfreien Normalarbeitszeit bei Gleitzeit auf zwölf Stunden möglich. Erst knapp vor der Abstimmung im Nationalrat wurden in einem gewissen Umfang „Abfederungsmaßnahmen" eingeführt, die zur Beruhigung der doch massiven Kritik dienen sollten: ein begründungsfreies Ablehnungsrecht der elften und zwölften Stunde, ein Wahlrecht betreffend die Abgeltung (Geld oder Zeitausgleich) und die Möglichkeit ganzer Gleittage.[141]

Als Begründung für die Deregulierung und Flexibilisierung der Arbeitszeit wurden zum einen die Kostensenkung und die flexiblere Anpassung des Arbeitskräfteeinsatzes an betriebliche

Auslastungsschwankungen zur Hebung der internationalen Wettbewerbsfähigkeit angeführt. Zum anderen wurden aber auch emanzipatorische Argumente in Bezug auf eine bessere Vereinbarkeit von Beruf und Privatleben ins Spiel gebracht. Ob Arbeitende diese Flexibilität tatsächlich in ihrem Sinne nutzen können, ist jedoch fraglich. Praktisch ist es - wie schon vor 200 Jahren - nämlich so, dass wegen des Machtungleichgewichts im Arbeitsverhältnis Flexibilisierungsmöglichkeiten zumeist nur von den Arbeitgeber*innen genützt werden und den Arbeitenden nur dort Spielräume eingeräumt werden, wo dies auch zum Vorteil des Unternehmens ist.[142]

Und was ist mit der Emanzipation?

Die Entwicklung des Arbeitszeitrechts zeigt, dass zwar der Entfaltung der Selbstbestimmung der Beschäftigten immer mehr Beachtung geschenkt wurde, diese jedoch häufig eher rhetorisch ist, da tatsächliche Machtverhältnisse zu wenig berücksichtigt werden. In vielerlei Hinsicht war außerdem wohl gar keine echte Emanzipation der Arbeitenden und insbesondere auch der Frauen* beabsichtigt, da die ungleiche Verteilung der unbezahlten familiären Sorgearbeit nicht wirklich thematisiert wurde. Im Kern ging es um eine bessere Bewältigung des Status quo, also um eine Erleichterung der Vereinbarkeit von Familie und Berufsleben, eine grundlegende Veränderung der Geschlechterverhältnisse war hingegen nicht beabsichtigt. Die zeigt zum Beispiel die Argumentation bei der Einführung von Regelungen zur Teilzeit 1994: „Teilzeitarbeit [...] [ist eine] sinnvolle Möglichkeit, Berufstätigkeit und Kinderbetreuung miteinander zu vereinbaren".[143] Dies führt u.a. dazu, dass in Österreich 2018 47,5 Prozent der erwerbstätigen Frauen* in Teilzeit arbeiten und damit quasi eine „individuelle Arbeitszeitverkürzung ohne Lohnausgleich" durchführen. Bei Männern* beträgt die Teilzeitquote hingegen nur 11,2 Prozent.[144] Frauen* wenden zudem täglich etwa 1,5 Stunden mehr für Hausarbeit auf.[145] Das führt, auch was die Arbeitszeit betrifft, zu einer Geschlechterkluft am Arbeitsmarkt, was die Frage aufwirft, wie die Erwerbs- und auch die Sorgearbeit fairer verteilt werden können.

Wie kann es weitergehen?

Der kurze Rückblick hat gezeigt, dass einerseits eine gesetzliche Beschränkung der Arbeitszeit auch tatsächlich zu kürzeren Arbeitszeiten führt. Dies ist aber nur dann der Fall, wenn die Möglichkeiten, darüber hinaus zu arbeiten, auch wirklich beschränkt sind. Andererseits manifestiert sich in den Zahlen, dass eine bloße Eröffnung von Spielräumen durch Flexibilisierung und Deregulierung und eine darauf aufbauende „Wahlfreiheit" zu keiner faireren Verteilung von unbezahlter familiärer Sorgearbeit und bezahlter Erwerbsarbeit zwischen den Geschlechtern führt. Eine solche Umverteilung kann nämlich nur dann erfolgreich sein, wenn sichergestellt wird, dass die so entstandene Autonomie auch tatsächlich im Sinne der Arbeitenden genützt werden kann und auch im Sinne der Frauen* genützt wird.

Deshalb ist aus unserer Sicht an zwei Stellschrauben zu drehen, damit das Arbeitszeitrecht seine emanzipatorischen Effekte auch in der Zukunft verstärkt entfalten kann:

Einerseits sollte die Arbeitszeit generell substanziell verkürzt werden, wobei ein voller Lohnausgleich gewährleistet sein muss. Ansonsten wird die Lohnreduktion durch Mehrarbeit wieder ausgeglichen und es findet keine tatsächliche Arbeitszeitverkürzung statt. Für Teilzeitbeschäftigte, die bislang ihre Arbeitszeitverkürzung quasi selbst finanziert haben, würde dies zudem eine entsprechende Lohnerhöhung bedeuten und würde in klassischen Teilzeitbranchen mit hohem Frauenanteil, wie dem Einzelhandel oder den Sozialberufen, die Normalarbeitszeit an die tatsächlich praktizierte Arbeitszeit heranführen.

Andererseits sollte echte Flexibilität auch für Arbeitende ermöglicht werden, wobei auf Geschlechtergleichheit besonders zu achten ist. Es sind entsprechende regulatorische Vorkehrungen zu treffen, dass Flexibilität keine Einbahnstraße zu Gunsten der Arbeitgeber*innen bleibt, sondern sie in beide Richtungen praktiziert werden kann. Verdichtete Arbeitswochen („4-Tage-Woche" mit 8-Stunden-Tagen) sind in diesem Zusammenhang ebenso wichtige Elemente wie ein Recht auf Gleitzeit und auf tageweise Arbeit von zu Hause (Homeoffice). Dabei ist immer auch darauf zu achten, dass geschlechtergerechte Verteilung der unbezahlten familiären Sorgearbeit gefördert wird, wie zum Beispiel, dass gewisse Rechte nur dann eingeräumt werden, wenn alle Beteiligten an einer Beziehung oder einer Familie für eine ausgewogene Form auch der Lastenverteilung sorgen.

Weiters ist sichtbar geworden, dass der emanzipatorische Prozess nicht nur auf rein rechtlicher Ebene stattfinden kann, sondern er auch die tatsächlichen Verhältnisse ganzheitlich mit einbeziehen muss. Formale rechtliche Freiheit kann alleine oft nur wenig bewirken, sie verkehrt sich bisweilen sogar ins Gegenteil: Sie führt zu einer Verstärkung des Wettbewerbs unter den Arbeitenden, einer Verstärkung der unterschiedlichen Ausgangslagen und letztlich zu einer Verschlechterung der Arbeits- und Lebensbedingungen, sofern nicht darauf geachtet wird, dass ausreichend Ressourcen und rechtliche bzw. institutionelle Absicherungen vorhanden sind. Ein Diskurs über Emanzipation und Selbstbestimmung in Arbeitszeitfragen, der diese Dimension nicht berücksichtigt, sondern auf der Ebene des Formalen stehenbleibt, trägt zwar theoretisch und rein rechtlich zur faireren Verteilung von bezahlter Erwerbsarbeit und unbezahlter familiärer Sorgearbeit bei, muss aber durch Maßnahmen flankiert werden, die diesem Ziel auch tatsächlich zur Umsetzung verhelfen.

ARMUT BEKÄMPFEN

300.000 Alleinerziehende – darunter über 90 Prozent Frauen* – leben mit ihren Kindern in Österreich. Mehr als die Hälfte von ihnen sind armutsgefährdet.

DAHER FORDERN WIR:

- Einen staatlich garantierten Anspruch auf Unterhaltsvorschuss, solange Familienbeihilfe bezogen wird

- Die Anpassung des Betrags an angemessene Regelbedarfssätze

- Entkopplung der Zahlung von der Leistungsfähigkeit des*der Unterhaltspflichtigen, gleichzeitige Beibehaltung der Verpflichtung zur Rückzahlung nach Leistungsfähigkeit

- Den bundesweiten Ausbau der staatlich finanzierten, rechtlich abgesicherten Frauen- und Mädchenberatungsstellen

RECHTSLAGE UND RECHTSPRECHUNG ZUM KINDESUNTERHALT IN ÖSTERREICH – EIN BEITRAG ZUR KINDERARMUT

Helene Klaar

Seit der Familienrechtsreform 1978 („partnerschaftliches" statt „patriarchalisches" Familienrecht) sind die Rechte und Pflichten der Eltern auch ihren Kindern gegenüber gleich, sie sind daher beide, nach ihren Kräften, verpflichtet, zur Deckung der angemessenen Bedürfnisse des Kindes beizutragen.

Geregelt wurde dies 1978 in § 140 ABGB, welcher seit Februar 2013 um einen 4. Absatz erweitert und mit „§ 231" beziffert wurde. § 231 ABGB besagt:

(1) Die Eltern haben zur Deckung der ihren Lebensverhältnissen angemessenen Bedürfnisse des Kindes unter Berücksichtigung seiner Anlagen, Fähigkeiten, Neigungen und Entwicklungsmöglichkeiten nach ihren Kräften anteilig beizutragen.

(2) Der Elternteil, der den Haushalt führt, in dem er das Kind betreut, leistet dadurch seinen Beitrag. Darüber hinaus hat er zum Unterhalt des Kindes beizutragen, soweit der andere Elternteil zur vollen Deckung der Bedürfnisse des Kindes nicht imstande ist oder mehr leisten müsste, als es seinen eigenen Lebensverhältnissen angemessen wäre.

(3) Der Anspruch auf Unterhalt mindert sich insoweit, als das Kind eigene Einkünfte hat oder unter Berücksichtigung seiner Lebensverhältnisse selbsterhaltungsfähig ist.

(4) Vereinbarungen, wonach sich ein Elternteil dem anderen gegenüber verpflichtet, für den Unterhalt des Kindes allein oder überwiegend aufzukommen und den anderen für den Fall der Inanspruchnahme mit der Unterhaltspflicht schad- und klag-

los zu halten, sind unwirksam, sofern sie nicht im Rahmen einer umfassenden Regelung der Folgen einer Scheidung vor Gericht geschlossen werden.

Das ABGB regelt also, dass sich der Unterhaltsanspruch des Kindes nach den Lebensverhältnissen der Eltern einerseits, den Anlagen, Fähigkeiten, Neigungen und Entwicklungsmöglichkeiten des Kindes andererseits richtet, beide Eltern dazu beizutragen haben, wobei der Elternteil, in dessen Haushalt das Kind lebt, seine Unterhaltspflicht durch die Haushaltsführung „in natura" erfüllt, während ein nichthaushaltszugehöriger Elternteil Geldunterhalt zu leisten hat; ist er*sie dazu nicht in der Lage, muss der haushaltsführende Elternteil zusätzliche Unterhaltsleistungen erbringen.

Darüber hinaus gibt es keine gesetzlichen Regelungen des Kindesunterhalts, sondern werden die Unterhaltsansprüche von Kindern durch die Rechtsprechung der Gerichte gestaltet, wobei in I. Instanz die Bezirksgerichte durch Rechtspfleger*innen über den Kindesunterhalt entscheiden. Erhebt ein Elternteil gegen den Unterhaltsbeschluss des Bezirksgerichts Rekurs, entscheidet ein aus drei Richter*innen bestehender Senat des übergeordneten Landesgerichts, gegen dessen Entscheidungen wiederum unter Umständen auch ein Rechtszug an den Obersten Gerichtshof möglich ist.

In den letzten 15 Jahren wurde die Judikatur zum Kindesunterhalt in vielen Punkten immer einschränkender, der Geldunterhalt für Kinder hat sich in den letzten Jahren deutlich vermindert.

Unterhalt wird einerseits mit einem Prozentsatz der Bemessungsgrundlage (das ist das durchschnittliche monatliche Nettoeinkommen des*der Geldunterhaltspflichtigen) bestimmt, und zwar stehen Kindern bis sechs Jahren 16 Prozent, bis zehn Jahren 18 Prozent, bis 15 Jahren 20 Prozent, über 15 Jahre 22 Prozent der

Bemessungsgrundlage zu, vermindert um ein Prozent für jedes Geschwisterkind unter zehn Jahren, um zwei Prozent für jedes Geschwisterkind über zehn Jahre, um ein bis drei Prozent für jede unterhaltsberechtigte Ehefrau*.

Anderseits spielt aber auch der sogenannte „Regelbedarf" bei der Unterhaltsbemessung eine Rolle.

Der Regelbedarf gibt die anteiligen Lebenshaltungskosten eines Kindes in einer Familie bestehend aus zwei Erwachsenen und zwei Kindern mit einem Verbrauchsausgabenrahmen zwischen EUR 1.356,00 und EUR 1.986,00 wieder.

Basis der Berechnung dieses Regelbedarfs war eine Konsumerhebung aus dem Jahr 1964 (!). Die Regelbedarfsätze werden seit 1966 lediglich durch Anpassung an die Veränderungen des VPI 1966 erhöht.

Tabellenübersicht der Regelbedarfsätze
vom 01.07.2019 bis 30.06.2020:

Alter	Regelbedarfsatz in Euro
von 0 bis 3 Jahre	212,-
bis 6 Jahre	272,-
bis 10 Jahre	350,-
bis 15 Jahre	399,-
bis 19 Jahre	471,-
bis 28 Jahre	590,-

Die Regelbedarfsätze sind vor allem deshalb relevant, weil nach ständiger Rechtsprechung der Unterhalt eines Kindes unter zehn Jahren nicht mehr als den zweifachen Regelbedarf betragen soll, der Unterhalt eines älteren Kindes nicht mehr als den zweieinhalbfachen, nur bei „exorbitanten" Einkünften des Unterhaltspflichtigen (z.B. EUR 20.000,00 monatlich) kann auch der dreifache Regelbedarf zugesprochen werden („Playboy-Grenze"). Zweck dieser Judikatur ist es, „Überalimentierung" zu vermeiden, da Kinder sich sonst an einen Lebensstandard gewöhnen würden, den sie aus ihrem eigenen Arbeitseinkommen nicht sofort erreichen können.

Eine korrespondierende Unterhalts*unter*grenze gibt es nicht, da von den Gerichten offenbar nur Luxus, aber nicht Armut als schädlich für das Kindeswohl angesehen wird.

Da allerdings im Jahr 1964 die Wohnungskosten, welche bei der Konsumerhebung berücksichtigt werden, wesentlich niedriger waren als derzeit, und sich auch der „Warenkorb" für die Konsumerhebung geändert hat, gibt der „Regelbedarf" die tatsächlichen Kinderkosten nicht mehr adäquat wieder.

Eine aktuelle „Kinderkostenanalyse" wäre daher dringend erforderlich.

Neben dem prozentmäßig festzusetzenden und durch die oben dargestellte „Playboy-Grenze" (zweifacher bzw. zweieinhalbfacher Regelbedarf) begrenzten Unterhalt steht Kindern „Sonderbedarf" zu, wenn Aufwendungen erforderlich sind, die vor allem der Erhaltung der Gesundheit, Heilung von Krankheiten und der Persönlichkeitsentwicklung des Kindes dienen und durch „Außergewöhnlichkeit, Dringlichkeit und Individualität" gekennzeichnet sind – Schulreisen nach Kanada oder Tokio sind daher kein Sonderbedarf, noch weniger Schulschikurse oder Sportwochen, weil sie alle Schüler*innen einer Klasse in gleicher Weise treffen; wenn also der geleistete Geldunterhalt für solche Unternehmungen nicht ausreicht, muss das betroffene Kind eben am „Ersatzunterricht" teilnehmen, während die anderen in Kanada sind.

Können Aufwendungen für Sonderbedarf aus dem laufenden Unterhalt nicht gedeckt werden, muss der*die Unterhaltspflichtige zusätzlich zum Unterhalt 50 Prozent des Sonderbedarfs bezahlen.

Diesbezüglich hat sich die Judikatur in den letzten Jahren für die unterhaltsberechtigten Kinder verschlechtert, da ein „Deckungsmangel" nur angenommen wird, wenn der Sonderbedarf nicht aus der Differenz zwischen einfachem Regelbedarf und tatsächlichem Unterhalt gedeckt werden könnte. Nachhilfeunterricht oder eine Psychotherapie für das durch die Trennung der Eltern betroffene Kind mit einem Aufwand von EUR 150,00 bis EUR 200,00 monatlich können bei besser verdienenden Unterhaltspflichtigen in der Regel aus dieser Differenz gedeckt werden, sodass kein zusätzlicher „Sonderbedarf" zugesprochen wird. Auch die Anschaffung von für die Schule erforderlichen technischen Geräten, medizinische Behandlungen, Brillen oder Kontaktlinsen verursachen in der Regel nur Kosten, die, über einige Monate verteilt, aus dem über den einfachen Regelbedarf hinausgehenden Unterhalt gedeckt werden können.

Zusätzliche Zahlungen für Sonderbedarf werden vor allem Unterhaltspflichtigen auferlegt, die aufgrund ihres geringen Einkommens nur oder nicht viel mehr als den einfachen Regelbedarf bezahlen. Gutverdienende Unterhaltspflichtige, die schon mit weniger als dem üblichen Prozentsatz die Unterhaltsobergrenze erreichen, müssen in der Regel auch keinen Sonderbedarf bezahlen und sind daher mehrfach begünstigt.

Dies steht im Widerspruch zu dem Grundsatz, dass ein Kind berechtigt ist, an den gehobenen Lebensverhältnissen der Eltern angemessen teilzuhaben – wenn ein Kind regelmäßige, von der Sozialversicherung nicht gedeckte Gesundheitskosten oder ein besonderes Talent hat, das durch entsprechenden Unterricht gefördert werden sollte, muss es seine gesamten sonstigen Bedürfnisse (Essen, Kleidung, Urlaub, ...) aus dem einfachen Regelbedarf decken. Die angehende Pianistin wird es sich daher vielleicht nicht leisten können, auch Tennis zu spielen, der angehende Tennis-Crack wird auf Theater- und Konzertbesuche verzichten müssen, obgleich dies alles zum Lebensstandard des*der Unterhaltspflichtigen gehört, und diese*r auch bereitwillig alle derartigen Kosten getragen hat, solange die Eltern noch zusammenlebten.

Wird überhaupt kein Unterhalt geleistet, so kann mit einstweiliger Verfügung gemäß § 382a Exekutionsordnung (EO) vorläufiger Unterhalt in einem sehr schnellen Verfahren bewilligt werden, dies aber leider nur in der Höhe der dem Alter des Kindes entsprechenden Familienbeihilfe. Da es sich dabei um einen relativ niedrigen Betrag handelt, bleibt die soziale Lage des Kindes prekär. Der*die Geldunterhaltspflichtige, der*die in der Regel einen weit höheren Unterhalt zahlen müsste, hat keinen Grund, an einer schnellen Festsetzung seiner*ihrer endgültigen Unterhaltsleistung mitzuwirken. Es wäre wünschenswert, wenn dieser vorläufige Unterhalt zumindest in der Höhe des einfachen Regelbedarfs zugesprochen würde, zumal die einstweilige Verfügung nach § 382a EO ohnedies eingeschränkt oder aufgehoben werden kann, wenn der*die Unterhaltspflichtige bescheinigt, dass er*sie nicht oder nicht in dieser Höhe zu Unterhalt verpflichtet ist.

Bemüht sich der*die Unterhaltspflichtige nicht um die Erzielung eines zur Leistung des Unterhalts ausreichenden Einkommens, kann er*sie „angespannt" werden, d.h., der Unterhalt wird auf Basis eines fiktiven, erzielbaren Einkommens festgesetzt.

Dabei wird allerdings nicht das bisher ins Verdienen gebrachte Einkommen herangezogen, sondern nur das, welches der*die Unterhaltspflichtige nach Herbeiführung der Einkommenslosigkeit in Hinkunft tatsächlich ins Verdienen bringen kann – Anlassfall war ein Spitalsarzt, der nur mehr als Alternativmediziner in freier Praxis tätig war und daher keine Chance auf Wiederanstellung in einem Spital hatte. Der Unterhalt seiner Kinder wurde nicht auf Basis seines früheren Einkommens im Spital festgesetzt, sondern anhand eines fiktiven Einkommens eines Praktikers der Alternativmedizin.

Darüber hinaus wird nicht „angespannt", wenn Unterhalt in der Höhe des Regelbedarfs geleistet wird. Wenn der*die Geldunterhaltspflichtige bisher geleistete Überstunden nicht mehr macht oder einen schlechter bezahlten Job annimmt, und daher weniger als bisher, aber immerhin noch den einfachen Regelbedarf bezahlt, muss das Kind dies so hinnehmen.

Verwirklicht der*die Geldunterhaltspflichtige sein*ihr Menschenrecht, sich selbständig zu machen, so ist es für das unterhaltsberechtigte Kind auch zumutbar, dass in einer „Anlaufphase" von zwei bis drei Jahren gar kein Einkommen erzielt und daher auch kein Unterhalt geleistet wird.

Seit dem Jahr 2002 werden Unterhaltspflichtige aus den „staatlichen Transferleistungen" (Unterhaltsabsetzbetrag, Kinderabsetzbetrag, Familienbeihilfe) steuerlich entlastet.

Dies ist in mehrfacher Hinsicht sozial ungerecht:

a) Die Entlastung ist umso höher, je mehr der*die Unterhaltspflichtige verdient, weil ja die Steuerleistung von Gutverdiener*innen höher ist.
b) In den Familienlastenausgleichsfonds wird nur für unselbstständig Erwerbstätige einbezahlt, Freiberufler*innen und andere Selbstständige, für die gar keine Einzahlungen erfolgen, profitieren aber überproportional.
c) Familienbeihilfe dient der Deckung von mit der Betreuung von Kindern verbundenen Kosten wie zum Beispiel jenen einer kindergerechten Wohnung. Ein betreuender, selbst berufstätiger

und steuerzahlender Elternteil kann derartige Kosten nicht als Teil des Unterhalts oder als Sonderbedarf geltend machen; die Familienbeihilfe kommt aber oft fast zur Gänze dem besser verdienenden, geldunterhaltspflichtigen Elternteil zugute.

Skurrilerweise wird diese soziale Ungerechtigkeit mittlerweile durch eine andere sozial ungerechte Begünstigung, nämlich den „Familienbonus plus" der nur Eltern zugutekommt, die aufgrund ihres Einkommens Einkommensteuer oder Lohnsteuer zahlen, kompensiert: Wenn der*die Geldunterhaltspflichtige den „Familienbonus plus" (auch nur zur Hälfte) bezieht, fällt die Anrechnung der sonstigen „Transferleistungen" auf den Unterhalt minderjähriger Kinder nunmehr weg.

Eine sehr maßgebliche Verschlechterung der Unterhaltsansprüche ist darin zu erblicken, dass „fiktive Miete" vom Unterhalt abgezogen wird: Da der Unterhalt zur Abdeckung aller Lebensbedürfnisse dient, Kinder aber nach einer Trennung der Eltern häufig in der bisherigen Familienwohnung verbleiben, welche im Eigentum des*der Unterhaltspflichtigen oder im Eigentum beider Elternteile steht, sind sie wohnversorgt, ohne dass aus dem für sie geleisteten Unterhalt tatsächlich Miete bezahlt werden muss. Der*die Unterhaltsberechtigte darf daher „fiktive Miete" auf Basis der aktuellen Preise für Mietwohnungen vom Unterhalt abziehen, und zwar bis zu einem Ausmaß von 25 Prozent des Unterhalts.

Angesichts der exorbitanten Steigerung von Mieten in den letzten Jahren wird diese Kürzung um 25 Prozent fast immer erreicht, der Unterhalt ist also de facto auf 75 Prozent gesenkt worden. Die Kürzung findet selbst dann statt, wenn die Kinder in einer Wohnung oder einem Haus leben, welches vom betreuenden Elternteil in die Ehe eingebracht wurde, weil auch in diesem Fall keine Wohnungskosten anfallen!

Bezahlt der*die Unterhaltspflichtige seiner*ihrerseits noch Betriebskosten für die Ehewohnung, so sind diese zusätzlich, nach Köpfen geteilt, abzuziehen.

In diesem Zusammenhang muss noch einmal darauf hingewiesen werden, dass der Unterhalt mit dem Zweifachen bzw. Zweieinhalbfachen eines Regelbedarfs gedeckelt ist, der auf Basis wesentlich niedrigerer Wohnungskosten errechnet wurde.

Der finale Schlag gegen den Kindesunterhalt erfolgte durch Abzüge für „überdurchschnittliche Betreuung" bzw. „Betreuungsunterhalt" bei „annähernd gleichteiliger Betreuung".

Bei der Berechnung von Kindesunterhalt gilt ein Kontaktrecht von vier bis fünf Tagen monatlich als „durchschnittlich", bei einer Betreuung des Kindes durch die*den Geldunterhaltspflichtige*n im Ausmaß von etwa neun Tagen monatlich kann diese*r den Unterhalt bereits um zehn Prozent vermindern.

Dazu ist zu bemerken, dass im Pflegschaftsverfahren Kontakte von bloß vier bis fünf Tagen monatlich nur mehr ausnahmsweise vereinbart werden, üblich sind Wochenendbesuche an jedem zweiten Wochenende von Freitagmittag bis Sonntagabend oder Montagfrüh, dazu ein Nachmittag in jeder Woche oder jeder zweiten Woche, mit oder ohne Nächtigung. Tatsächlich sind also Kontakte zum nichthauptbetreuenden Elternteil von acht bis zehn Tagen monatlich längst zur Regel geworden, gelten aber unterhaltsrechtlich als „überdurchschnittliche Betreuung".
Bei „annähernd gleicher Betreuung" und „annähernd gleichem Einkommen" wird überhaupt kein Geldunterhalt mehr zugesprochen.

Allerdings wird „annähernd gleiche Betreuung" bereits angenommen, wenn kein Elternteil zumindest zwei Drittel der Betreuung übernimmt. Auch beim Einkommen wird ein Unterschied bis zu einem Drittel als „gleich" angesehen. Dies ist ein völliger Bruch mit der bisherigen Unterhaltsjudikatur, welche üblicherweise Einkommensschwankungen zwischen acht bis zehn Prozent für relevant hält.

Im Klartext bedeutet das, dass der Vater*, welcher EUR 2.700,00 netto im Monatsschnitt verdient und die Kinder an zwölf Tagen des Monats bei sich hat, an die Mutter*, welche EUR 1.800,00 netto monatlich verdient und die Kinder an 18 Tagen des Monats in ihrem* Haushalt betreut, überhaupt keinen Unterhalt mehr zu leisten hat.

Größere Ausgaben wie Mäntel, Sportgeräte, Schulschikurse oder Nachhilfeunterricht sollen in diesen Fällen die Eltern je zur Hälfte oder im Verhältnis ihrer Einkommen bezahlen.

Manchmal wird den Eltern auch geraten, ein Konto anzulegen, auf welches die Familienbeihilfe geht und/oder auf welches beide Elternteile monatlich eine Einzahlung leisten und von dem sie dann größere Anschaffungen einvernehmlich bezahlen.

Dass über die Art der Anschaffungen und deren Kosten zwischen Geschiedenen stets Einvernehmen hergestellt werden kann, ist zu bezweifeln; meistens ist an derartigen Fragen ihre Ehe gescheitert.

Ist bei gleichteiliger Betreuung die Einkommensdifferenz zwischen den Eltern größer als ein Drittel, so wird für beide Elternteile der von ihnen an die Kinder zu leistende Unterhalt errechnet. Der*die Besserverdienende muss sodann die Differenz zwischen der jeweiligen Hälfte der beiderseitigen Unterhaltsbeträge als „Lebensstandardausgleich“ bezahlen.
Diese Berechnung benachteiligt stets den schlechter verdienenden Elternteil, da dieser in der Regel den vollen Prozentunterhalt bezahlen muss.

Der*die besser Verdienende zahlt infolge der „Playboy-Grenze“ meist deutlich weniger als den Prozentunterhalt, die beiderseitigen Unterhaltsbeträge stehen zueinander daher nicht im gleichen (Miss-)Verhältnis wie die Einkommen, der Lebensstandardausgleich ist in der Regel sehr gering. (Verdient z.B. der Vater* eines vierjährigen Kindes ca. EUR 3.800,00 netto im Monatsschnitt, so wären 16 Prozent hievon EUR 608,00. Der zweifache Regelbedarf für Kinder dieses Alters beträgt jedoch nur EUR 544,00, die Hälfte davon beträgt EUR 272,00, die der Vater* für den halben Monat, den das Kind bei der Mutter* zubringt, bezahlen muss. Die Mutter*, welche EUR 1.200,00 netto im Monatsschnitt verdient, müsste EUR 192,00 für einen ganzen Monat für das Kind bezahlen, die Hälfte sind EUR 96,00. Der Vater*, der mehr als drei Mal so viel verdient wie die Mutter*, zahlt daher für das Kind einen „Lebensstandardausgleich“ von nur EUR 176,00 monatlich.)

Verfolgt man die Tendenzen der Unterhaltsjudikatur der letzten Jahre, so erkennt man einen direkten Zusammenhang zwischen der Rechtsprechung zum Kindesunterhalt und der festgestellten Armutsgefährdung von Kindern und Alleinerzieher*innen.

WAHLFREIHEIT ERMÖGLICHEN

Eltern – vor allem Frauen* – können nach der Geburt oft nicht wieder Vollzeit arbeiten, weil die Möglichkeiten zur Kinderbetreuung fehlen.

DAHER FORDERN WIR:

- Rechtsanspruch auf kostenlose, qualitativ hochwertige Betreuung für jedes Kind bis zum 14. Lebensjahr, unabhängig von Alter und Wohnort

- Vereinheitlichte bundesweite Qualitätsstandards für eine bedarfsorientierte Betreuung und eine individuelle (Früh-)Förderung

- Die Vereinbarkeit der Betreuungseinrichtung mit einer Vollzeitberufstätigkeit der Eltern, also ganztägige und ganzjährige Öffnungszeiten sowie leichte Erreichbarkeit

MIT FEMINISMUS AKTUELLE FAMILIEN-POLITISCHE HERAUSFORDERUNGEN LÖSEN

Doris Pettighofer
für die Österreichische Plattform der Alleinerziehenden (ÖPA)

Nur die Gleichstellung der Geschlechter wird aktuelle familienpolitische Herausforderungen der Vereinbarkeit von Beruf und Familie, die Väter*beteiligung, den Rückgang der Geburtenraten dauerhaft lösen können. Entscheidend ist eine Neuausrichtung politischer Maßnahmen an einem erweiterten Familienbild, das ihre Mitglieder gleichstellt und nicht nur das Kindeswohl, sondern das Wohl aller Familienmitglieder befriedigt.

Eine feministische Betrachtung aus der Perspektive von alleinerziehenden Frauen*

In Österreich leben aktuell rund 167.800 Alleinerzieher*innen.[146] 153.400 von ihnen sind Frauen* und verantwortlich für 228.800 Kinder.[147] Diese Zahl veränderte sich in den letzten Jahren nur geringfügig. Einmal sind es etwas mehr Alleinerzieher*innen, dann wieder weniger. Erfahrungen mit der „Familienform alleinerziehend" haben aber wesentlich mehr Frauen*. Kinder werden erwachsen und ziehen aus dem gemeinsamen Haushalt aus, Frauen* gehen neue Beziehungen ein. Andere Frauen* wiederum werden durch die Geburt eines Kindes, eine Trennung oder den Tod des*der Partner*in alleinerziehend – wichtig ist die Gesamtzahl der Frauen* mit der Erfahrung der Alleinerziehung. Ihre Probleme und Herausforderungen entspringen der vorherrschenden politischen und gesellschaftlichen Orientierung an einem traditionellen Vater-Mutter-Kind-Familienbild, in dem der Vater* hauptsächlich die Erwerbsarbeit übernimmt und die Mutter* die Erziehung und Pflege der Kinder. Und in dem noch immer ein starkes Ungleichgewicht zwischen den Geschlechtern zu Lasten der Frauen* herrscht.

Benachteiligungen und Diskriminierungserfahrungen von Alleinerzieher*innen werden nicht selten ein Leben lang, über die Zeit des Alleinerziehens hinaus, weitergetragen. Dazu gehören vor allem gesundheitliche Probleme, Armutsgefährdung, Altersarmut, gesellschaftliche Isolierung, Einsamkeit. Wichtig ist, dabei zu sehen, dass die Herausforderungen und Probleme alleinerziehender Frauen* wie Vereinbarkeit von Beruf und Familie, Altersvorsorge oder Bedürfnis nach Zeit für sich selbst genauso in aufrechten Paarbeziehungen mit Kindern bestehen können. Sichtbar werden sie dann, wenn es zur Trennung kommt.

In alleinerziehenden Familien wird fehlende Gleichstellung schnell sichtbar

Die soziale Absicherung von Frauen* mit Kindern findet auch heute noch zu einem beachtlichen Teil über die Institution Familie statt. Im Gegensatz dazu haben Männer* mit Kindern kaum Unterbrechungen in ihren Erwerbsarbeits- und Karriereverläufen und somit wesentlich bessere Chancen auf ein existenzsicherndes Einkommen. Ihre soziale Sicherheit stärkt sich allem voran aus einer staatlichen Umverteilung über gut ausgebaute Sozialversicherungsleistungen und einem Steuersystem, das männliche* Lebensrealitäten bevorzugt. Beispielhaft dafür steht die geplante Erhöhung des „Familienbonus plus" bereits kurz nach der Einführung des Steuerabsetzbetrages.[148] Dieser kommt hauptsächlich Vätern* zugute. Im Gegensatz dazu ist die österreichische Politik seit Jahrzehnten nicht bereit, den bestehenden Bedarf an Kinderbetreuung so zu sichern, dass Frauen* möglichst existenzsichernd am Erwerbsleben teilhaben und ihre Karriere weiterverfolgen können.

Bei Scheidung und Trennung werden Frauen* oftmals in einer sehr demütigenden und schmerzhaften Art mit den Auswirkungen des gesellschaftspolitischen Ideals des traditionellen Familienbildes und deren Rahmenbedingungen konfrontiert. Die romantische Vorstellung von einer liebevollen Vater-Mutter-Kind-Familie, die alle Freuden und alles Leid miteinander teilt, zerbricht nicht nur bei einer Trennung. Auch Frauen*, die sich entscheiden, ein Kind ohne Partner*in großzuziehen, berichten von Empfindungen, dass sie jetzt nicht mehr der Norm entsprechen. Nach wie vor werden hier Begriffe wie „kaputte Familie“, „Mangelfamilie“, „unvollständige“ oder „überhaupt keine“ Familie verwendet.[149] Hinzu kommt, dass die Kleinfamilie als idealer Ort für ein gesundes Heranwachsen der Kinder nahezu gepriesen wird. Dies hinterlässt bei den betroffenen Frauen* ein Gefühl des Scheiterns und der Scham.

Die Rahmenbedingungen für Familien gestalten sich aktuell so, dass besonders Frauen* mit Kindern, die in aufrechter Beziehung keiner existenzsichernden Erwerbsarbeit nachgingen oder nachgehen konnten, durch die Trennung vor große Existenzprobleme gestellt werden. Dies erschließt sich ebenso aus der Statistik zur Armuts- und Ausgrenzungsgefährdung. Liegt die Quote der Armutsgefährdeten in Paarfamilien ab drei Kindern bei 28 Prozent, steigt sie bei Alleinerziehenden auf 44 Prozent an.[150]

Auswirkungen familienpolitischer Maßnahmen und deren Orientierung am Leitbild der Kleinfamilie für Alleinerzieher*innen

Das Ideal der Kleinfamilie ist nicht nur in der öffentlichen und medialen Darstellung vorhanden, sondern findet sich unter anderem auch in den letzten beiden Regierungsprogrammen[151] wieder. Trotz der Erklärung, die Vielfalt der Familienformen anzuerkennen, gibt es darin klare Anzeichen, dass die traditionelle Vater-Mutter-Kind-Familie als Maßstab für familienpolitische Maßnahmen verwendet wird. Erkennbar ist dies beispielsweise in der Ausgestaltung des seit 2019 eingeführten „Familienbonus plus“. Der Steuerabsetzbetrag von bis zu EUR 1500,- steht grundsätzlich jedem Elternteil zur Hälfte zur Verfügung oder kann von einem Elternteil vollständig in Anspruch genommen werden. Viele Frauen* mit Kindern, die über ein geringes oder kein Einkommen verfügen, werden daher ihren Rechtsanspruch auf den*die Partner*in übertragen. Ein gendergerechter Ansatz hätte keine Übertragung des Anspruchs erlaubt, um Familien zu gleichteiliger Aufteilung von Erwerbs- und Carearbeit anzuhalten.

Auch das geplante automatische Pensionssplitting ist ein Beispiel für das fest verankerte Ideal der traditionellen Familie. Entworfen als Mittel zur Bekämpfung von Altersarmut von Frauen* mit Kindern, soll das Pensionssplitting die Antwort auf Unvereinbarkeit von Beruf und Familie, sowie auf die unzureichende Väter*beteiligung an der Care-Arbeit sein. Eine dazu geplante Opt-out-Möglichkeit und die Nennung von „praxistauglichen und fairen Lösungen für Patchwork-Familien“ lässt aber bereits erkennen, dass die Maßnahme primär auf Vater-Mutter-Kind-Familien ausgerichtet ist. Demnach soll die Maßnahme auf die in der Realität sehr vielfältigen Familienmodelle umgelegt werden. Durch diesen Ansatz kommt es aber immer wieder zu finanziellen Nachteilen und Konfliktpotenzial bei Alleinerziehenden und getrennt lebenden Familien.

Diese Vorgangsweise hat gerade bei der Einführung des vorher angeführten „Familienbonus plus“ zu starken Benachteiligungen bei getrennt lebenden Familien geführt. Die Sicht auf die Steuerleistung hat die Höchstgerichte etwa ein ganzes Jahr lang zu Fragen der Anrechnung beim Kindesunterhalt beschäftigt. Weitere Verfahren sind anhängig. Die rechtlichen Unklarheiten in Bezug auf Unterhaltsbemessung – ein wesentlicher Teil der Existenzsicherung für alleinziehende Frauen* – haben zusätzliche Konflikte in die Familien getragen. Weiter ist zu befürchten, dass aufgrund der komplexen Aufteilungsmodi, Verjährungsfristen und durch innerfamiliäre Konflikte getrennt lebende Familien die ihnen zustehende Steuererstattung nicht im vollen Ausmaß nützen werden können.[152]

Ziel der Familienpolitik ist es, die Familien in ihren Aufgaben wie etwa der wirtschaftlichen Absicherung, in der Pflege und Erziehung zu stärken und ihnen dabei so viel Privatheit wie möglich zuzugestehen. Sie sollen die „Wahl" haben, ihre Aufgaben nach den vorgegebenen Rahmenbedingungen zu gestalten. Durch diese Erzählung und die ständige und ausdrückliche Erwähnung, dass dies selbstverständlich auch für alle anderen vielfältigen Familienformen gilt, entsteht bei alleinerziehenden Frauen* oftmals die Überzeugung, dass sie an ihren gesellschaftlichen Benachteiligungen selbst schuld seien. Mit dem aktuell stark propagierten Leistungsbegriff durch Erwerbsarbeit kommt noch ein weiterer problematischer Aspekt hinzu. Dieser treibt alleinerziehende Frauen* vielfach in die große Herausforderung, bisweilen in die große Überforderung, für alles alleine verantwortlich zu sein.

Trotz der messbaren Tendenz, verschiedene Familienformen als gleichwertig zu betrachten, bleibt die Vorstellung davon, wie die traditionellen Aufgabenfelder in der Familie am besten funktionieren, dominierend.[153] Erkennbar ist diese Wertehaltung ganz eindeutig in den Lebensrealitäten von alleinerziehenden Frauen*. Sie sind zwar zunehmend sozial akzeptiert, die familienpolitische Rahmengestaltung unter dem Leitbild der Vater-Mutter-Kind-Familie grenzt aber alleinerziehende Frauen*, unter anderem durch die hohe Armutsgefährdung, erneut aus.

Wahlfreiheit für Paarfamilien und verordnete Gleichberechtigung bei getrenntlebenden Familien

Ein weiteres wichtiges Indiz für das Festhalten am Leitbild der traditionellen Familie als Grundpfeiler für die österreichische Gesellschaft ist die verzerrende Erzählung von „Wahlfreiheit". Politisch Verantwortliche betonen seit Jahren deren Wichtigkeit.

Familien sollen selbst entscheiden, wie sie ihre Rollen als Eltern anlegen und die für sie passende Verteilung der innerfamiliären Ressourcen bestimmen. Die Aufgabe der Politik sei lediglich die Bereitstellung des Rahmens, innerhalb dessen eine Wahl getroffen wird.

Die Praxis zeigt das Gegenteil: Familien-Entscheidungen können keinesfalls frei nach den Wünschen ihrer Mitglieder getroffen werden, sondern hängen unmittelbar mit dem Einkommen der Eltern zusammen. Auch das Ausmaß der Arbeitszeit und der zur Verfügung stehenden Kinderbetreuung sind in diesem Zusammenhang wichtige Parameter. Unlogisch wären an dieser Stelle Entscheidungen, die die Familie finanziell schlechter stellen würden. Dabei sind der Gender-Pay-Gap und die fehlende Kinderbetreuung jeweils entscheidende Gründe für eine traditionelle Rollenverteilung.

Im Gegensatz zur „Wahlfreiheit" in Paarfamilien sieht die Rechtsprechung bei Trennung und Scheidung vermehrt vor, dass sich die Eltern die Familienaufgaben der Existenzsicherung und die Pflege und Erziehung der Kinder gleichteilig aufteilen. Dieses Spannungsfeld von vermeintlicher „Wahlfreiheit" vor der Trennung und bevorzugter gleichteiliger Aufteilung der Familienarbeit nach der Trennung birgt ein enormes Konfliktpotenzial. Sichtbar wird dies an einer steigenden Anzahl an Familienrechtsverfahren mit Hochkonfliktpotenzial.

Alleinerziehende Frauen* in einer Schlüsselrolle

Alleinerziehende Frauen* und ihre Kinder spielen eine Schlüsselrolle bei der Veränderung des idealisierten Familienbilds in Gesellschaft und Politik, hin zu einem neuen Verständnis der Familie als Gemeinschaft von Menschen, die in ihrer Würde anerkannt und in allen gesellschaftlichen und politischen Handlungsfeldern gleichgestellt sind: Ein Familienbild, dessen Merkmal nicht die Struktur des Zusammenlebens ist, nicht das Geschlecht und auch nicht das Alter, sondern ihre tragfähigen Beziehungen, die aus einer Verantwortung füreinander entstehen. Gelingt es, die Lebensrealitäten von Alleinerziehenden einer tiefgreifenden wissenschaftlichen Analyse zu unterziehen, bieten die Ergebnisse echte Chancen, um familienpolitische Maßnahmen so zu setzen, dass es zu einer Gleichstellung von Frauen* in den Familien und in der Gesellschaft kommt. Wir erwarten davon auch die Auflösung des Bildes der stigmatisierten, defizitären Opfergruppe „Alleinerzieher*innen" und gleichzeitig die vollwertige Anerkennung der Vielfältigkeit der Familien.

Aktuell erzeugen viele ungelöste Probleme einen enormen volkswirtschaftlichen Schaden. Mit einer Neuausrichtung familienpolitischer Maßnahmen und der Weiterentwicklung des Familienbilds können patriarchale Strukturen zum Wohle aller Familienmitglieder aufgebrochen werden und die Basis für einen gesunden, modernen Staat bilden.

Die Forderungen des Frauen*Volksbegehrens 2.0 bieten sehr großartige Antworten für aktuelle Problemstellungen. Deren Umsetzung kann die vollwertige gesellschaftliche Anerkennung aller Familien sichern. Zu Wort kommen müssen jetzt die Frauen* selbst. Und es braucht ihren Mut auf allen Ebenen der Gesellschaft: Als Politiker*innen, als Erwerbstätige, als Mütter*, als Partner*innen und als selbstbestimmte Frauen* in allen Lebenslagen, um ihre eigene feministische Erzählung weiterzuerzählen.

SELBST BESTIMMEN

Mädchen* und Frauen* sollen aufgeklärt, unabhängig und frei von Zwängen über ihre Körper und ihre Sexualität bestimmen dürfen.

DAHER FORDERN WIR:

- Die Verankerung und Finanzierung zeitgemäßer Bildung zu Sexualität, Verhütung und Schwangerschaft in sämtlichen Bildungseinrichtungen

- Staatlich finanzierte, rechtlich abgesicherte, anonyme und kostenfreie Beratungsstellen in ausreichender Zahl zu Sexualität, Geschlechtsidentität, Verhütung und Schwangerschaftsabbruch

- Volle Kostenübernahme von Schwangerschaftstests, Verhütungsmitteln, die eine ärztliche Untersuchung und Beratung voraussetzen sowie von Schwangerschaftsabbrüchen durch Krankenkassen

- Angebot und Durchführung von Schwangerschaftsabbrüchen in allen öffentlichen Krankenanstalten

FRAUEN* WOLLEN ZU EINEM BESTIMMTEN ZEITPUNKT IN IHREM LEBEN EIN KIND – ODER EBEN KEINES

Elke Graf

„Es muss übrigens darauf hingewiesen werden, dass die Gesellschaft, die so heftig bestrebt ist, die Rechte des Embryos zu verteidigen, sich um die Kinder nicht kümmert, sowie sie auf der Welt sind."

Simone de Beauvoir

Ein verzweifelter Anruf bei der *pro:woman*-Hotline: „Ich hatte heute zweimal Sex mit meiner Freundin, aber wir hatten nur ein Kondom dabei. Beim zweiten Mal haben wir es umgedreht. Wir sind jetzt nicht sicher, ob das gut war und haben Panik. Kann meine Freundin jetzt schwanger werden?"

Aufklärung, Information, Geld

37 Prozent der ungewollt schwangeren Frauen* haben vor dem Schwangerschaftsabbruch nicht verhütet. Rund die Hälfte verwendete ein Kondom oder nahm die Pille. Dennoch kam es zu einer Schwangerschaft.[154]

Alle modernen Verhütungsmethoden bieten sehr sicheren Schutz, wenn sie richtig angewendet werden, daher liegt der Grund fast immer in der falschen Anwendung, sei es aus Unwissenheit oder mangelnder Motivation. Jene Frauen*, die nicht verhüten, nennen oft als Begründung, sie hätten nicht gedacht, schwanger zu werden oder sie hätten nicht geplant, Sex zu haben.

Nur Aufklärung und Bewusstseinsbildung kann Abhilfe schaffen. Auch Burschen* und Männer* müssen in die Aufklärungsarbeit einbezogen werden. Deren Wissen über die Reproduktion, über Schwangerschaft und Verhütung ist oft gering, betroffen sind alle Altersgruppen.

Bei jeder ungeplanten Schwangerschaft – nicht jede davon wird abgebrochen – tritt dieser Umstand zutage. Biologische Grundkenntnisse, das eigene Körperbewusstsein und Emotionen, bewusst und unbewusst, spielen hier ebenso eine Rolle wie mangelnde Kommunikation zwischen den Sexualpartner*innen über Sexualität, Verhütung und Zukunftsplanung.

Frauen* geben in Österreich geschätzte 15 Millionen Euro pro Jahr für Schwangerschaftsabbrüche aus. Stellen wir nur 50 Prozent davon aus öffentlichen Mitteln für Sexualpädagogik durch Expert*innen zur Verfügung, könnten bis zu 200 ausgebildete Sexualpädagog*innen beschäftigt und rund 700.000 Menschen professionell beraten und informiert werden. Ausreichende, empfängergerechte, moral- und wertfreie Information und Aufklärung sind daher der wesentlichste Faktor, um ungewollte Schwangerschaften zu verhindern oder deren Anzahl zu reduzieren. Mit ausreichend politischem Willen wären die Ressourcen vorhanden. Das ist wohl unumstritten. Damit ist es aber nicht getan.

Haltung und Moral

Wesentlich beeinflussender, als finanzielle Ressourcen in die Hand zu nehmen, ist der gesellschaftspolitische Aspekt ungewollter Schwangerschaften und deren Abbruch. Da geht es um Haltung. Die hat man(n) – oder eben nicht. Es geht um die richtige Haltung zum Thema Schwangerschaftsabbruch, die richtige Haltung zur gesellschaftlichen Stellung der Frau* und zu ihrem Recht auf Selbstbestimmung.

Spätestens jetzt hören wir die lauten Rufe: „Was ist schon richtig? Richtig ist doch, dass wir Kinder brauchen in unserem Land. Richtig ist doch, dass der Schwangerschaftsabbruch ein

Unrecht ist und richtig ist doch, dass Frauen ihre Mutterrolle einnehmen müssen."

Frauen* sehen das anders

Eines der wesentlichsten Probleme von Frauen* ist noch immer ihre biologisch und damit quasi auch gesellschaftlich verordnete und moralische Aufgabe zur Reproduktion. Dieser sollen sie nicht nur nachkommen, um dem gesellschaftlichen Bild der Frau* zu entsprechen. Ihre biologische Funktionalität als Gebärende, die ihr in ihrem Leben zwischen Pubertät und Menopause nicht ein, zwei, drei oder vier Mal, sondern monatlich, also pro Frauenleben hundertfach „geschenkt" wird, unterwirft sie automatisch einem vorgegebenen „Fahrplan", der eben nur für Frauen* gilt. Das heißt im Klartext: Damit Frauen* selbstbestimmt leben können, müssen sie ihre biologische Gebärfähigkeit Monat für Monat, vielmehr Tag für Tag regulieren. Nicht umgekehrt einfach den Fruchtbarkeitsschalter umlegen, wenn ein Kind gewünscht wird. Da hilft den Frauen* niemand. Vasektomierte Männer* ausgenommen.

Manchmal geht einfach etwas schief beim Regulieren. Und dann geht es eben um Haltung.

Es wäre so viel einfacher, wenn alle Nichtbetroffenen, also all jene, die eine ungewollte Schwangerschaft nicht betrifft, einfach schweigen würden, wenn sie ihre Meinung nicht kundtun würden, es der Frau* überlassen und sie darin unterstützen würden, sich autonom und frei zu entscheiden. Das würde schon reichen. Keine Einmischung, keine moralischen Vorträge, kein schlechtes Gewissen machen, keine unterschwelligen Vorwürfe und nur darauf vertrauen, dass Frauen* über eine Schwangerschaft selbst bestimmen können. Ob man(n) will oder nicht.

Im Jänner 2020 wurde einem Berliner Apotheker, der aus Gewissensgründen die Abgabe der „Pille danach" in seiner Apotheke verweigerte, Recht zugesprochen, weil „wissenschaftliche, religiöse, künstlerische oder politische Ansichten oder Handlungen nicht Gegenstand eines berufsgerichtlichen Verfahrens sein können“[155]. Verhütungsmittel gab der Apotheker nur mit Beilage eines persönlichen Informationszettels ab, auf dem er für einen verantwortungsvollen Umgang mit Verhütungsmitteln warb und betonte, dass Kinder das Leben bereichern. Das Gericht meinte dazu: Der Hinweiszettel sei eine „bloße Lästigkeit. Die Betroffenen hätten sich ihr leicht entziehen können, indem sie die Apotheke verlassen und den Zettel nicht annehmen oder entsorgen.“

Die WHO erklärte im Rahmen ihres europäischen „SAFE“-Projekts: „Jeder Mensch hat das Recht auf umfassende Information zum Thema sexuelle und reproduktive Medizin, um freie, selbstbestimmte und sichere Entscheidungen treffen zu können.“

Ergänzung: Jede Frau* hat das Recht, moral- und ideologiefreie sowie sachliche Informationen zu erhalten und vor allem: den Zeitpunkt und die Anzahl ihrer* Kinder selbst zu bestimmen.

Wenn es um Familienplanung geht, gibt es aus Frauen*sicht eben nur eine einzige richtige Haltung: Auf ihrer Seite zu stehen.

Strategien von Gegner*innen des Schwangerschaftsabbruchs gegen die freie Entscheidung zum Schwangerschaftsabbruch und deren Auswirkungen

Gerne erzeugen Gegner*innen des Schwangerschaftsabbruchs bei Frauen*, die eine Schwangerschaft beenden wollen, Rechtfertigungsdruck, Unsicherheit und Angst. Sie tun dies mit manipulativen Mitteln, wie zum Beispiel dem Zeigen oder Überreichen von Bildern, Broschüren oder Modellen von Föten, die in einem wesentlich weiter entwickelten Stadium sind als jenem, in dem der Schwangerschaftsabbruch legal erlaubt ist. In der Kommunikation wird meist das ungeborene Leben gegen das Leben der Frau* und ihre freie Entscheidung ausgespielt. Mit diesem angeblichen Konflikt sind Frauen* ständig konfrontiert. Dies zeigt sich auch in der immer wieder wiederholten Anzweiflung der Gründe für einen Schwangerschaftsabbruch durch dessen Gegner*innen. Es werden Ängste erzeugt, indem durch die Konstruktion des sogenannten „Post-Abortion-Syndroms“ vor den angeblich schrecklichen Konsequenzen eines Schwangerschaftsabbruchs gewarnt wird. Dieses „Post-Abortion-Syndrom“ ist nicht in der ICD der WHO *(International Statistical Classification of Diseases and Related Health Conditions)* gelistet und konnte trotz mehrerer Studien wissenschaftlich nicht eindeutig nachgewiesen werden.[156] Fiktive Risiken, Komplikationen und gesundheitliche Schäden, die ein Schwangerschaftsabbruch angeblich verursache, sind ebenso eindeutig widerlegt, werden aber beharrlich von Gegner*innen des Schwangerschaftsabbruchs wiederholt.

Fakt ist, dass Frauen*, die einen Schwangerschaftsabbruch durchführen möchten, in Ländern, die diesen verbieten oder den Zugang dazu einschränken, tatsächlich gesundheitlich gefährdet sind. Je restriktiver der Zugang zum Schwangerschaftsabbruch, umso bedrohter sind die Frauen*. Gibt es keine legale Möglichkeit, führt der Weg zu unregulierten, unhygienischen und oft tödlichen Bedingungen.

Anschläge auf die autonome Entscheidung von Frauen*

Wenn die eigene Ideologie, Haltung und Moral zum Übergriff auf die Entscheidungsfreiheit einer Frau* verleiten, wird es gefährlich. Wenn wir Frauen* nicht ernst nehmen in ihrer Entscheidungsgewalt und uns zu Richter*innen über deren Autonomie erheben, werden wir zu Täter*innen.

45 Jahre nach Einführung der Fristenlösung in Österreich muss offensichtlich mehr denn je vor ideologisch-moralisch begründetem Psychoterror gegen Frauen* gewarnt werden. Darüber hinaus sehen sich nach wie vor viele Menschen (vorwiegend Männer*) durch die Emanzipation der Frau* in ihrem sozialen

Status bedroht. Kontrolle über die weibliche Reproduktion stärkt noch immer den Status des Mannes* in der Gesellschaft.
Seit Jahrzehnten sind die Gründe für Schwangerschaftsabbrüche unverändert:

1. Die Familienplanung der Frau* ist abgeschlossen – mehr als die Hälfte der Frauen*, die einen Schwangerschaftsabbruch durchführen lassen, haben zum Zeitpunkt des Schwangerschaftsabbruchs bereits mindestens ein Kind.[157]
2. Viele Frauen* leben in instabilen Partnerschaften – diese sind dann von zu kurzer Dauer, es herrscht Unzufriedenheit, es gibt keine langfristigen Pläne mit der*dem Partner*in, oder die wirtschaftliche Situation ist zu unsicher für ein (weiteres) Kind.
3. Frauen* stehen in Ausbildung, sind arbeitslos, haben Geldmangel oder wollen sich auf die eigene Karriere konzentrieren und entscheiden sich deshalb gegen ein Kind.

Oder einfach gesagt: Frauen* wollen zu einem bestimmten Zeitpunkt in ihrem Leben ein Kind – oder eben keines.

Nein zur deutschen Regelung in Österreich!

Den Forderungen nach verpflichtender mehrstufiger Beratung oder Mindest-Wartefristen vor dem Schwangerschaftsabbruch, die etwa in Deutschland vorgesehen sind, steht der Respekt vor der individuellen, autonomen und unbeeinflussten Entscheidung der Frau* gegenüber, die sich für oder gegen einen Schwangerschaftsabbruch entscheidet. Nur rund zwei Prozent der ungewollt schwangeren Frauen* nehmen freiwillig eine Beratung vor dem Schwangerschaftsabbruch in Anspruch.[158] Sie erwarten in diesen Fällen, einen vorhandenen Entscheidungskonflikt lösen zu können, und suchen freiwillig nach Unterstützung durch neutrales, objektives und qualifiziertes Fachpersonal mit psychologischer und/oder psychosozialer Ausbildung. 98 Prozent benötigen keine Beratung und informieren sich stattdessen über die Möglichkeiten, die ihnen zur Verfügung stehen, um dann ihre Entscheidung zu treffen. Information ist wichtig, Beratung ist freiwillig.

Was es viel mehr braucht als Zwangsberatung und Bevormundung, ist die Akzeptanz, dass Frauen* grundsätzlich zum gegebenen Zeitpunkt informiert, mündig, selbstbestimmt und selbstständig eine überlegte Entscheidung für oder gegen ein Kind treffen können. Manche Frauen* treffen diese Entscheidung sehr rasch, andere Frauen* benötigen dafür Zeit. Jeder Zeitraum ist richtig, wenn er für die einzelne Frau* angemessen ist. Die Bewertung der Angemessenheit von Zeit, um eine Entscheidung zu treffen, liegt dabei nicht im Ermessen des Gesetzgebers, von Ärzt*innen, Beratungsstellen oder angehörigen Personen. Die Frau* allein hat zu bestimmen, wie lange sie benötigt, um eine für sie richtige Entscheidung zu treffen. Wehe denen, die sich hier einmischen wollen.

Fristenlösung raus aus dem Gesetzbuch

Frauen*, die eine Schwangerschaft abbrechen, sind nach § 96 Strafgesetzbuch (StGB) immer noch „Täterinnen". Nur § 97 StGB (Straflosigkeit des Schwangerschaftsabbruchs) sanktioniert sie wieder. Es sind tönerne Füße, auf denen dieses Gesetz steht. Jede einfache Mehrheit im Parlament kann es ändern oder verschärfen.

Wer braucht dieses Gesetz? Die Frauen* brauchen es nicht, die Ärzt*innen auch nicht: Der Schwangerschaftsabbruch lässt sich im Ärztegesetz regeln – er ist eine medizinische Dienstleistung.

Was es braucht, ist Unterstützung der Frauen* – kostenlose Verhütungsmittel für alle, Information und niederschwellige, neutrale, moralfreie Aufklärung.

Und: endlich Toleranz und Akzeptanz.

VIELFALT LEBEN

Werbung, Spielzeug, Schulbücher: Die meisten Medien- und Kulturprodukte beschreiben Frauen* und Männer* oft klischeehaft und begrenzend.

DAHER FORDERN WIR:

- Das Verbot von Stereotypen und die Entfaltung beschränkenden Darstellungen in Text und Bild in Kinder- und Jugendmedien, insbesondere in Schulen und Kinderbetreuungseinrichtungen

- Gesetzliche Verankerung einer geschlechtersensiblen Ausbildung aller Pädagog*innen mit bundesweit einheitlichen Standards und Evaluationsmaßnahmen sowie staatliche Finanzierung und gesetzliche Verankerung von Institutionen und Beratungsstellen, die in diesem Bereich Schulungen, Aus- und Weiterbildung anbieten

- Das Verbot von Werbe-, Marketing- und anderen kommerziellen Medieninhalten, die Menschen in abwertender, klischeehafter oder sexistischer Weise darstellen

- Einen Presseförderungsbonus für alle Medien, die sich in der Blattlinie zu einer geschlechtersensiblen, klischeefreien Berichterstattung bekennen

DAS EINENGENDE KORSETT DER TRADITIONELLEN GESCHLECHTERROLLEN

Laura Wiesböck

Wir leben in einer männlich* dominierten Gesellschaft mit klaren Geschlechterhierarchien. Männliche* Identität geht im Patriarchat mit dem Bedürfnis nach Überlegenheit und dem Anspruch auf Macht und Dominanz einher, mit der Ambition, eine geringere Wertigkeit von Frauen* aufrechtzuerhalten. Vielfältige Lebensweisen jenseits des traditionellen Geschlechterrollenbilds werden bei Frauen* wie Männern* gleichermaßen abgewertet, teilweise werden sie dafür auch getötet.[159]

Nehmen wir den Bereich Kinder und Berufstätigkeit. Zugespitzt ausgedrückt: Eine erwerbstätige Frau* kann keine gute Mutter* und eine Mutter* keine gute Beschäftigte* sein. Für Männer* gestalten sich die Grundsätze gesellschaftlicher Anerkennung deutlich anders. So ist der Begriff „Rabenmutter" als herabwürdigende Bezeichnung für Frauen*, die angeblich ungenügend für ihre Kinder sorgen, allgemein bekannt, der Ausdruck „Rabenvater" wird hingegen nicht verwendet. Denn gemäß den vorherrschenden Geschlechterrollen wird von Frauen* erwartet, sich um den Nachwuchs zu kümmern, sich in das Private zurückzuziehen, keine „Karrierefrau*" zu sein, denn diese seien zu egoistisch für eine Familie, sie würden zu sehr nach Unabhängigkeit und Gleichberechtigung streben, der Lebensfokus liege zu wenig auf der Versorgung der Familienmitglieder.

Das bedeutet konkret: Dem Interesse der Frau*, ökonomisch unabhängig zu sein, sich beruflich zu verwirklichen, professionelle Anerkennung zu bekommen, steht der Wunsch nach Partnerschaft und Familie entgegen. Sie befinden sich gesellschaftlich in einem Widerspruch zwischen ihrem eigenen Leben und dem Dasein für andere. Sie müssen sich entscheiden. Und wenn sie sich für den Beruf entscheiden, werden sie abgewertet. Das ist wenig überraschend, da der Zugang zu Geld in Beziehungen mit Unabhängigkeit einhergeht, die dem Machstreben des dominierenden Männlichkeitsbilds widerspricht.

Frauen* als Dienstleister*innen von positiven Erfahrungen

Der Soziologe Ulrich Beck führt dazu an, dass Eigenständigkeit von Frauen* zwar Vorteile für Männer* bringt, etwa wenn sie ihre Entscheidungsautonomie für ihre eigenen Angelegenheiten und die der Familienmitglieder einsetzen und damit Partner*innen eine Entlastung bieten. Sobald sich die Selbstständigkeit aber gegen den Komfort von Männern* kehrt, wird Emanzipation problematisch.[160] Denn das patriarchale System basiert auf dem Anspruch, positive Erfahrungen mit Frauen* zu machen.

Diese Rolle wird schon früh indoktriniert: Mädchen* sollen lieb sein, damit andere sich gut fühlen, und hübsch sein, damit andere sie gerne ansehen. Frauen* wird von klein auf beigebracht, dass die Erfahrungen anderer mit ihnen wichtiger seien als ihre eigenen. Das zeigt sich zum Beispiel im Bereich Heterosexualität: Frauen* als Hinarbeiter*innen zum männlichen Orgasmus. Darüber hinaus wird aber auch noch das Bild vermittelt, dass Frauen* die Verantwortung für die Handlungen anderer mit ihnen tragen. Das zeigt sich zum Beispiel im Bereich sexuelle Gewalt: „Hätte sie nicht so viel getrunken, dann wäre sie nicht missbraucht worden“, so ein oft geäußerter Satz zur Rechtfertigung von sexueller Gewalt.

Die soziale Waffe der Beschämung und des Victim-Blaming wird im Patriarchat mit dem Ziel eingesetzt, Frauen* klein und unsicher zu machen und ihnen Schuld einzureden, sobald sie auf ihre eigenen Erfahrungen mehr Wert legen als auf die anderer mit ihnen. Die Autorin Rachel Vorona Cote spricht in diesem Kontext von „modern policing“, also dem Kontrollieren, Überwachen und

Im-Zaum-Halten des Verhaltens von Frauen* „forcing women into smaller lives than they desire".[161] Medienwissenschaftlerin Anne Helen Peterson beschreibt, dass Frauen* als „too much" gesehen werden, wenn sie mehr Platz einnehmen, als es die patriarchalen Einschränkungen erlauben. Fügen sich Frauen* nicht in die für sie vorgegebenen „weiblichen" Verhaltensmuster, lehnen sie die einengende kulturelle Rollenzuschreibung ab, machen sie sich nicht klein genug, sind sie „zu stark", „zu laut", „zu meinungsstark", zu wenig angepasst, zu wenig kontrollierbar, nehmen sie zu viel Platz ein: dann werden sie abgewertet und beschämt.[162]

Männer* und die Angst vor verletzlichen Gefühlen

Auch Männer* tragen das einengende Korsett der traditionellen Geschlechterrollen. Zum vorherrschenden Männlichkeitsbild zählt das Verbergen von Verletzlichkeit wie der Anspruch auf finanziellen Erfolg, Zugang zu Frauen* und Macht. Ist man in diesen Bereichen nicht „erfolgreich", kann es mitunter zu schweren Kränkungen kommen. Und ohne andere Umgangsformen gelernt zu haben, um derlei Kränkung auszudrücken, greifen einige Männer* auf unterschiedliche Formen von Gewalt zurück – als Ausdruck eines inneren Schmerzes, einer tiefen unerfüllten Sehnsucht nach Verbindung oder Erfüllung der Ansprüche. Denn gemäß den gesellschaftlichen Erwartungen und Normen sollen Männer* nur bestimmte Emotionen erleben und ausleben. Ärger und Wut sind akzeptierte und erwartete Formen ihres emotionalen Ausdrucks, ganz im Gegensatz zu Leid und Angst.

Wut wird bei Männern* häufiger als normal und tolerierbar angesehen als bei Frauen*. Bei Angst verhält es sich umgekehrt. Viele Männer* drücken Angst in Form von Wut aus, weil sie nicht gelernt haben bzw. weil es ihnen nicht zugestanden wurde, Angst zuzulassen und auszudrücken. Anstatt sich selbst verletzlich zu zeigen, verletzen sie dann andere. Damit zeigen sie sich nicht vulnerabel, jagen stattdessen dem Gegenüber Angst ein und erleben eine Erleichterung, ein Gefühl der Macht und Kontrolle dadurch, dass jemand anderer das Gefühl stellvertretend für sie auslebt. Und sie erfüllen die Erwartungen an die Geschlechternorm und erobern sich ihre „Männlichkeit“ zurück.

All das führt zu einem Übermaß an körperlichem und seelischem Leid und ist vermeidbar. Männlichkeit ist ein kulturell wie historisch variables soziales Konstrukt. Als Gesellschaft sind wir dafür verantwortlich, welche Eigenschaften und Qualitäten wir mit Männlichkeit verbinden, und ob wir Weiblichkeit im Gegensatz dazu abwerten. Verwundbarkeit, Mitgefühl und Empathie sind nicht von Natur aus weibliche Merkmale, sondern menschliche Eigenschaften. Männer* lernen jedoch häufig, nicht auf den eigenen Schmerz einzugehen, kein „Weichei“ zu sein. Von klein auf ist es ganz natürlich, dass Buben* weinen und Gefühle zeigen. Dennoch werden sie dahingehend sozialisiert, sich weniger verletzlich zu zeigen als Mädchen*. Es ist nicht nur unnatürlich, sie davon abzuhalten, bestimmte Gefühle zuzulassen, emotional ehrlich zu sein. Es kann auch zu destruktiven Verhaltensweisen gegen sich selbst und gegen andere führen. Wem der Zugang zum eigenen Schmerz versperrt ist, der wird auch den Schmerz von anderen nicht nachempfinden können, was die Grundlage für Empathie ist. Wenn Buben* nicht darin bestärkt werden, Verletzlichkeit, Schmerz und Angst zu erleben und auszudrücken, weil das mit Schwäche – einer vermeintlich weiblichen Qualität – verbunden ist, wie sollen sie dann in der Lage sein, sich auf derartige Erfahrungen anderer zu beziehen?

Männlichkeitsprinzip: Abwendung der Gefahr namens Gleichberechtigung

Wir sehen also: Das patriarchale Konstrukt von Männlichkeit ist derart fragil, dass es nur durch die Unterdrückung von Frauen* und die „Überragung“ des*der Partner*in – hinsichtlich Einkommen, Vermögen, gesellschaftlicher Anerkennung – halbwegs stabil und gesichert wird. Frauen* sollen nicht zu viel Platz einnehmen und ihre Erfahrungen und Bedürfnisse zurückstellen, damit Männer* sich halbwegs sicher fühlen.

Es ist kein Zufall, dass das weibliche Geschlechterrollenbild im Patriarchat mit Harmonieorientierung einhergeht und Formen der Widerständigkeit oder Konfliktorientierung als „frustriert", „verbissen", „hysterisch" oder als „Jammerfeminismus" abgetan werden. Denn würden Lebensentwürfe, Eigenschaften und Verhaltensweisen jenseits der traditionellen Geschlechterrollenbilder anerkannt werden, wären die dominierenden männlichen Machtstrukturen in Gefahr.

Zwar gibt es mittlerweile einen großen Markt an Ratgebern und Blogs, die sich zum Ziel setzen, Frauen* zu „empowern" und die empfehlen, bewusst Grenzen („boundaries") zu ziehen, selbstbewusster zu sein und öfter „Nein" zu sagen. Das ist wichtig, denn Frauen* werden immer noch dahingehend sozialisiert, „harmonieorientiert" zu handeln, also primär auf die Bedürfnisse anderer zu achten. Was allerdings in diesem Kontext ausgeblendet wird, ist, dass die Grenzziehungen von Männern* häufig nicht respektiert werden, dass Frauen* in ihren klar artikulierten Abgrenzungen übergangen oder beschimpft werden oder ihnen mit Gewalt begegnet wird.

Es sind gerade jene Männer*, denen es wichtig ist, „stark" zu wirken, die die größte Angst vor Unzulänglichkeit und gefühlter Demütigung haben. Für sie geht „männlich sein" damit einher, permanent Angst zu haben, als „Loser", „Softie" oder „gay" gesehen zu werden. Gängige Männlichkeitsvorstellungen und dominierende Konzepte von „Stärke" und „Schwäche" schaffen viel Anstrengung, Frustration und Leid. Die soziale Bewegung des Feminismus setzt sich dafür ein, Menschen von den Klischees der aufgezwängten Geschlechterrollen zu befreien. Die Heftigkeit der Abwehr und Bekämpfung von Feminist*innen, der wir seit der Geburt des Feminismus bis heute begegnen, entblößt die große Angst vor Machtverlust und dem darauf basierenden Verlust der männlichen Identität.

Mut zum Anerkennungskonflikt

Insgesamt wird deutlich, dass traditionelle Vorstellungen von Männlichkeit, Dominanz, Stärke und Kontrolle in vielerlei Hinsicht schädlich für das gemeinschaftliche Zusammenleben sind. Statt Frauen* zuzurufen, sie sollten „mehr Selbstvertrauen" haben, sollte die patriarchale Logik, Frauen* systematisch in Unsicherheit zu halten – hinsichtlich ihrer ökonomischen Unabhängigkeit, ihres Aussehens, ihrer körperlichen und seelischen Unversehrtheit oder ihrer sexuellen Selbstbestimmung – bekämpft werden. Frauen* sollten nicht einen Mehraufwand betreiben und Zeit und Geld investieren müssen, um mit all diesen strukturellen Verunsicherungsmechanismen und Erniedrigungen selbstbewusst umgehen zu lernen. Stattdessen muss es aufhören, dass Frauen* Gewalt angetan wird, ihnen weniger bezahlt wird, sie sexistisch behandelt und auf Basis von öffentlichen politischen Äußerungen bedroht werden. Dann ergibt sich das mit dem Selbstvertrauen ganz von selbst.

Dafür ist es wichtig, vor allem auch bei Buben* und Männern* anzusetzen. Immer noch ist es für viele Männer* schwierig, Frauenfeindlichkeit und Sexismus zu sehen und dagegen aufzutreten. Einige fühlen sich nicht angesprochen, weil es als „Frauen*problem" geframt wird: „Belästigung von Frauen*" statt „... durch Männer*" oder „Gewalt gegen Frauen*" statt „... von Männern*". Manche fühlen sich nicht angesprochen, weil sie in ihrer Wahrnehmung selbst nicht sexistisch agieren und keine Notwendigkeit einer Verhaltensänderung sehen. Individuell nicht sexistisch zu sein, ist allerdings nicht ausreichend. Um Strukturen zu ändern, gilt es, explizit anti-sexistisch aufzutreten. Andere reagieren auf das Thema defensiv, da sie sich stellvertretend in ihrer Geschlechtszugehörigkeit angegriffen fühlen und nicht fähig sind, eigene Erfahrungen und Handlungen von strukturellen Problemen zu trennen. Oder weil das System zu den eigenen Gunsten funktioniert. In männlichen* Gruppen ist es für viele besonders schwierig. Man möchte nicht als „Weichei" gelten, als „Spielverderber" oder „humorlos". In diesem sozialen Gefüge sind die Spielregeln des vorherrschenden Männlichkeitsbilds besonders dominant.

Prinzipiell ist es auch einfach ein unangenehmer Prozess. Wenn man die Welt einmal durch die Brille der strukturellen Ungleichheit gesehen hat, kann man diese nicht mehr abnehmen. Das ist nicht unbedingt eine angenehme Art und Weise, die eigene Lebenszeit zu verbringen. Allerdings: Wenn wir das Problem strukturell angehen wollen, dann ist es unabdingbar, dass sich auch Männer* engagieren und bewusst dagegen positionieren. Das ist insbesondere wichtig, da Männer* gemäß der patriarchalen Geschlechterordnung anderen Männern* - und deren Ansichten und Meinungen - mehr Aufmerksamkeit und Relevanz zusprechen als Frauen*.

Für die Ermöglichung eines würdevollen Lebens müssen wir den gesellschaftlichen Mut aufbringen, uns mit zäher Widerstandskraft für die Anerkennung von vielfältigen Lebensmodellen außerhalb des traditionellen Geschlechterrollenbilds zu engagieren. Das ist nicht immer angenehm, die Erfolge finden überwiegend im Kleinen statt und feministische Errungenschaften sind so fragil wie das Männlichkeitsbild im Patriarchat. Aber Nichtstun ist keine Alternative.

GEWALT VERHINDERN

Jede fünfte Frau* über 15 ist in Österreich von körperlicher und/ oder sexueller Gewalt betroffen; von sexueller Belästigung sogar nahezu drei Viertel aller Frauen*.

DAHER FORDERN WIR:

- Den bundesweiten Ausbau von staatlich finanzierten und rechtlich abgesicherten, leicht zugänglichen, kostenfreien Einrichtungen und Frauen*- und Mädchen*beratungsstellen für alle gewaltbetroffenen Frauen* und ihre Kinder

- Den Ausbau der Kooperation zwischen Behörden, Gerichten und Gewaltschutzzentren

- Verstärkte Sensibilisierungsprogramme in Schulen, der Justiz und der Polizei sowie Präventionsprogramme und Anti-Gewalt-Trainings für Gefährdende

WENN DER STAAT SEINE VERPFLICHTUNG ZUR VERHINDERUNG TÖDLICHER HÄUSLICHER GEWALT VERLETZT – DER FALL KURT GEGEN ÖSTERREICH

Sonja Aziz

Gewalt von Männern* an Frauen* ist ein universelles, gesamtgesellschaftliches Problem. In Österreich wird jede fünfte Frau* ab dem 15. Lebensjahr mindestens einmal in ihrem Leben Opfer von Männergewalt. Jedes Jahr müssen mehr als 3000 Frauen* und Kinder in Österreich aus Angst vor weiterer Gewalt in ein Frauenhaus flüchten. Dabei ist die Zeit nach der Trennung die gefährlichste Zeit im Leben einer Frau* und ihrer Kinder. Es gibt kaum ein Tötungsdelikt im Familienkreis, das nicht durch gefährliche Drohungen angekündigt wird. Trotz unserer europäischen Vorreiterrolle im Bereich des Gewaltschutzes nehmen Morde an Frauen* in Österreich jährlich zu, seit 2014 haben sich die Zahlen sogar mehr als verdoppelt. Der Höhepunkt war im Jahr 2018 mit 41 Femiziden zu verzeichnen – die 130 Mordversuche noch nicht miteingerechnet. Immer wieder waren die Täter* bereits amtsbekannt. Dies unterstreicht die Notwendigkeit einer multi-institutionellen Zusammenarbeit zur koordinierten und systematischen Gefährlichkeitseinschätzung. Gerade in Hochrisikosituationen bedarf es einer koordinierten Sicherheitsplanung im Strafjustizsystem, in die sämtliche Behörden und Einrichtungen, die Entscheidungen zum Schutz vor schwerer und tödlicher Gewalt treffen, involviert sein müssen, damit koordinierte Präventions- und Schutzmaßnahmen von Seiten der Polizei getroffen werden können. So viel vorweg.

Denn: Gewalt gegen Frauen* ist eine Menschenrechtsverletzung. Artikel 2 der Europäischen Menschenrechtskonvention (EMRK) verpflichtet den Staat, geeignete Maßnahmen zum

Schutz des Lebens zu treffen. Wie weit die staatliche Schutzpflicht geht, hat der Europäische Gerichtshof für Menschenrechte (EGMR) demnächst in Bezug auf Österreich zu entscheiden. Zum ersten Mal – seit seiner Errichtung in der heutigen Form[163] – wird ein österreichischer Fall vor der Großen Kammer[164] verhandelt: *Kurt gegen Österreich.*[165]

Frau* Kurt ist die Mutter* des am 27. Mai 2012 im Alter von sieben Jahren verstorbenen B* Kurt. Sein Vater* hatte ihm am 25. Mai 2012 vor den Augen seiner sechsjährigen Schwester in seiner Volksschule in Niederösterreich in den Kopf geschossen. Zwei Tage später erlag der Schüler seinen schweren Verletzungen. Zur Verantwortung ziehen konnte man den Täter* nicht, da sich dieser kurz nach Tat selbst richtete. Der Bluttat war eine lange Vorgeschichte häuslicher Gewalt vorausgegangen. Frau* Kurts Ehemann* war bereits amtsbekannt. Zwei Jahre zuvor hatte die Polizei das erste Betretungsverbot gegen ihn erlassen, nur ein Jahr zuvor war er wegen Körperverletzung (an seiner Ehefrau*) und gefährlicher Drohung (gegen seinen Bruder und seinen Neffen) rechtskräftig zu einer bedingten Freiheitsstrafe in der Dauer von drei Monaten verurteilt worden. Seine Beteuerungen, sich zu ändern, waren nicht von Dauer. Die Gewalt wurde schlimmer und richtete sich nun auch gegen die Kinder. Hinzu kamen Morddrohungen für den Fall der Trennung.

Als Frau* Kurt am 19. Mai 2012 ihren Scheidungswunsch äußerte, rastete Herr* Kurt aus, würgte seine Ehefrau*, vergewaltigte sie und drohte ihr, sie und die Kinder umzubringen, wenn sie ihn verlasse. Dieses Verhalten bestärkte Frau* Kurt in ihrem Entschluss, sich von ihrem Ehemann* zu trennen. Mit Unterstützung einer Mitarbeiterin* des Gewaltschutzzentrums, die sie seit Erlassung des ersten Betretungsverbotes psychosozial betreute, brachte Frau* Kurt am 22. Mai 2012, dem nächstmöglichen gerichtlichen Amtstag, die Scheidungsklage zu Protokoll und erstattete noch am selben Tag Anzeige bei der Polizei. Im Rahmen ihrer polizeilichen Einvernahme berichtete Frau* Kurt den Polizeibeamt*innen detailliert von der erlittenen Gewalt, zeigte ihnen ihre noch sichtbaren Verletzungen und betonte immer wieder, dass sie Angst um das Leben ihrer Kinder habe. Im Zuge der Vernehmung wurden der Polizei erhebliche Gefährdungsmomente und Eskalationsfaktoren bekannt: das frühere Betretungsverbot, die einschlägige Vorstrafe, die neuerliche Begehung einer Straftat während offener Probezeit, die Nichtakzeptanz des Scheidungswunsches seiner Frau* und die damit verbundene erhöhte Eskalationsgefahr, der Rückfall in die Spielsucht, Schulden. Die beiden Kinder wurden von der Polizei befragt und bestätigten, dass der Vater* sie und ihre Mutter* schlage und sie Angst vor ihm hätten. Die Angaben des Herrn* Kurt blieben hingegen widersprüchlich.

Die Sicherheitsbehörde erließ in weiterer Folge ein Betretungsverbot für die Ehewohnung und die Wohnung der Eltern von Frau* Kurt. Aufgrund der damaligen Gesetzeslage[166], der zufolge ein Betretungsverbot nur über Wohnungen und deren unmittelbare Umgebung, nicht aber auch über Schulen und Kindergärten verhängt werden konnte, bestand kein Schutz an der von den Kindern besuchten Volksschule. Trotz der vorliegenden Beweisergebnisse und der polizeilich festgestellten Gefährdungsmomente, die eine Tatbegehungs- sowie Tatausführungsgefahr nahelegten, sah die Staatsanwaltschaft von der Anordnung einer Festnahme ab und ordnete Anzeige auf freiem Fuß an. Drei Tage später begab sich Herr* Kurt in die Schule seiner Kinder, die er ungehindert betreten konnte, lockte beide unter einem Vorwand aus ihren Klassenzimmern, führte sie in die Schulgarderobe und schoss seinem Sohn* vor den Augen seiner Tochter* in den Kopf. Während seiner Flucht richtete sich Herr* Kurt selbst. Neben seiner Leiche fand man einen in der Nacht zu-

vor verfassten Abschiedsbrief, wonach sich Herr* Kurt aufgrund der Scheidungsklage und Anzeige zur Tat entschlossen hatte.
Mit finanzieller Unterstützung des Vereins Frauen-Rechtsschutz, der es sich zur Aufgabe gemacht hat, Defizite für Frauen* beim Zugang zum Rechtssystem abzubauen, brachte Frau* Kurt eine Amtshaftungsklage gegen die Republik Österreich ein. Sie führte aus, dass es die Ermittlungsbehörden rechtswidrig und schuldhaft verabsäumt hätten, das Leben ihres Sohnes* zu schützen, zumal die Kinder ihrem Vater* in der Schule völlig schutzlos ausgeliefert gewesen seien. Die Strafverfolgungsbehörde wäre daher in Kenntnis der damaligen Gesetzeslücke verpflichtet gewesen, die Festnahme anzuordnen und die Verhängung der Untersuchungshaft zu veranlassen, zumindest aber hätte sie unter Anwendung gelinderer Mittel ein Verbot, sich der Schule zu nähern, bei dem*der Haftrichter*in erwirken müssen. Da Herr* Kurt seine Drohungen, er werde seine Kinder umbringen, stets in Verbindung mit dem befürchteten Trennungswunsch seiner Ehefrau* ausgesprochen hat, hätte ihre nunmehr geäußerte Trennungsabsicht besondere Besorgnis bei den Behörden erregen müssen. Das Landesgericht Krems wies die Klage mit der Begründung ab, es sei nicht ausreichend vorhersehbar gewesen, dass Herr* Kurt die angedrohte Tat auch tatsächlich ausführen werde, zumal er solche Drohungen bereits seit Jahren ausgestoßen habe, jedoch nie zu einer Verwirklichung geschritten sei. Überdies habe er die Gewalt bisher nur in der ehelichen Wohnung, nicht auch an öffentlichen Orten ausgeübt. Es hätten keine Anhaltspunkte dafür vorgelegen, dass er über eine (Schuss-) Waffe verfügt oder versucht habe, den Besitz einer solchen zu erlangen. Er habe sich gegenüber den ermittelnden Behörden nicht aggressiv, sondern vielmehr kooperativ gezeigt. Im Übrigen sei ohnehin ein Betretungsverbot erlassen worden, sodass von einer weiteren Entspannung auszugehen gewesen sei. Die Beurteilung der Staatsanwaltschaft, keine Untersuchungshaft

zu veranlassen, sei daher nachvollziehbar. Ein rechtswidriges und schuldhaftes Organverhalten in Vollziehung der Gesetze liege nicht vor. Das Oberlandesgericht Wien leistete der dagegen erhobenen Berufung keine Folge, die außerordentliche Revision wurde mit Beschluss des Obersten Gerichtshofs mangels Vorliegens einer erheblichen, über den Einzelfall hinausgehenden Rechtsfrage ohne inhaltliche Prüfung zurückgewiesen.

Frau* Kurt wagte den nächsten Schritt und erhob, wieder mit Unterstützung des Vereins Frauen-Rechtsschutz, im Dezember 2015 Beschwerde vor dem EGMR. Sie berief sich auf das Recht auf Leben und die dazu ergangene Rechtsprechung des EGMR, der sich bereits des Öfteren mit der Verletzung menschenrechtlicher Schutzpflichten im Kontext häuslicher Gewalt auseinanderzusetzen hatte. In ihrer Beschwerde argumentierte Frau* Kurt, dass das Recht auf Leben eine positive Verpflichtung der Behörden umfasst, präventive Maßnahmen zum Schutz einer Person zu setzen, deren Leben durch kriminelle Handlungen einer anderen Person bedroht ist. Ihre Beschwerde wurde für zulässig erklärt und inhaltlich näher behandelt. In ihrer Entscheidung vom 4. Juli 2019 kam die mit sieben Richter*innen besetzte Kammer jedoch letztlich zum Ergebnis, dass die österreichischen Behörden das Recht auf Leben nicht verletzt hätten, wobei sie sich im Wesentlichen den Ausführungen der österreichischen Behörden anschloss: Keine Ausübung von Gewalt außerhalb der Wohnung. Keine Anzeichen für den Besitz einer Waffe oder den Versuch, eine solche zu erlangen. Ruhiges und kooperatives Verhalten des Täters* gegenüber der Polizei. Wiederkehrende, gleichlautende Todesdrohungen ohne bisherige Verwirklichung. Ausreichender Schutz durch das erlassene Betretungsverbot. Seine Ausführungen beendete der EGMR mit der gewagten These, auch Frau* Kurt sei sich der akuten Gefahr offenbar nicht bewusst gewesen, zumal sie nach dem letzten Gewaltübergriff drei Tage in der ehelichen Wohnung verblieb, bevor sie sich an die Behörden wandte und überdies keine (zivilrechtliche) Einstweilige Verfügung beantragt habe, die ihrem Mann* den Zugang zur Schule verbieten hätte können. Beteuernd hielt der EGMR fest, dass damit keine Kritik an Frau* Kurt impliziert werde, ihr Verhalten jedoch darauf hindeute, dass sie selbst keine unmittelbare Notwendigkeit für eine solche Maßnahme gesehen habe. Entgegen dieser Beteuerung wird mit einer derartigen Begründung jedoch sehr wohl ein Zusammenhang zwischen dem Verhalten von Frau* Kurt und der Untätigkeit der Behörden impliziert. Und mehr noch: Es wird suggeriert, die Behörden würden von ihrer staatlichen Verpflichtung, Morde zu verhindern, entlastet werden, wenn das Opfer nicht sämtliche zur Verfügung stehenden Rechtsbehelfe ausschöpfe. Überdies kommt eine derartige Betrachtungsweise einer Überwälzung der staatlichen Verantwortung auf Opfer gleich. Die staatliche Schutzpflicht darf nicht ausgehöhlt werden, sondern muss unabhängig vom Verhalten von Privatpersonen uneingeschränkt gelten. In weitreichende Kritik geriet das Urteil des EGMR aber vorwiegend, weil es – im Widerspruch zur bisherigen Rechtsprechung des Gerichtshofs – die komplexe Dynamik häuslicher Gewalt und das damit einhergehende kontextspezifische Gewalteskalationsrisiko vollkommen außer Acht ließ.

Häusliche Gewalt ist eingebettet in einen Kreislauf aus Spannungsaufbau, Gewalteskalation und Reue, der sich stets wiederholt. Der größte Unterschied zu situativer Gewalt liegt im Machtverhältnis zwischen den beteiligten Personen. Dem*der Gefährder*in geht es um Dominanz, Kontrolle und Macht über die andere Person. Dieser Umstand führt zu einer asymmetrischen Beziehung zwischen den Partner*innen. Charakteristisch für häusliche Gewalt ist, dass es meist nicht bei einer einzelnen Gewalttat bleibt, sondern dass Häufigkeit und Intensität mit Fortdauer der Gewaltbeziehung zunehmen. Frauen*, die im Begriff sind, sich zu trennen, sind einem hohen Risiko ausgesetzt, von ihren Partner*innen getötet zu werden, insbesondere dann, wenn der Trennung eine lange Gewaltgeschichte vorausgeht. Die Grundzüge häuslicher Gewalt lehren, dass Kinder immer von Partner*innengewalt mitbetroffen sind, so auch die beiden Kinder von Frau* Kurt, die dies den Behörden im Rahmen ihrer Befragung sogar offenlegten. Da Partner*innengewalt nie ausschließlich auf das unmittelbare Opfer beschränkt ist, müssen Opferschutzmaßnahmen immer auch für Kinder aus gewaltbelasteten Familien getroffen werden, dies umso mehr, als Herr* Kurt gerade mit dem Umbringen der Kinder drohte. Dabei sprach die wiederholte Äußerung der Drohungen entgegen der Argumentation der Republik Österreich für eine gefestigte Bereitschaft, diese umzusetzen. Überdies kündigten die Drohungen vordergründig an, was geschehen werde, sollte Frau* Kurt sich trennen; aus Sicht des Täters* bestand, solange sich seine Frau* unter seiner Kontrolle befand, kein Anlass, die Drohungen umzusetzen. Die Einbringung der Scheidungsklage erhöhte das Tötungsrisiko jedoch immens. Auch aus dem Fehlen von Hinweisen auf einen Waffenbesitz kann keine mangelnde unmittelbare Gefahr geschlossen werden, zumal der weitaus überwiegende Teil der Morde durch ein Küchenmesser begangen wird.[167] Überdies kann es bei der Beurteilung der Gefährdungsfrage nicht darauf ankommen, ob sich ein*e Beschuldigte*r gegenüber den einvernehmenden Beamt*innen aggressiv oder kooperativ verhält. Andernfalls müsste die Festnahme bzw. Verhängung der Untersuchungshaft stets davon abhängig gemacht werden, wie gut es ein*e Beschuldigte*r versteht, sich „zu verkaufen". Dies ist bereits insofern abzulehnen, als einer*einem Beschuldigten die rechtliche Möglichkeit eingeräumt wird, alles vorzubringen, was seiner*ihrer Verteidigung dienlich ist, mögen die Angaben auch nicht der Wahrheit entsprechen. Dass die Vermittlung des Anscheins, kooperativ zu sein, der Verteidigung in besonderem Maße dienlich ist, bedarf keiner weiteren Erläuterung. Überdies konnte Herr* Kurt aufgrund des vorangegangenen Strafverfahrens im Jahr 2010, das für ihn mit einer Verurteilung endete, auf seine damaligen Erfahrungen aufbauen. Davon können und dürfen sich die Strafverfolgungsbehörden aber nicht in die Irre führen lassen. Im Übrigen war es naheliegend, dass Herrn* Kurts Wut, die er infolge des Betretungsverbots nicht mehr in den eigenen vier Wänden ausleben konnte, nunmehr andernorts zum Ausbruch kommen könnte. Dass er zur Umsetzung seiner Drohungen jenen Ort aufsuchen würde, an dem sich die Kinder aufhielten, war evident. Letztlich greift auch das Argument nicht, Frau* Kurt habe ihren Ehemann* erst drei Tage später angezeigt, zumal sich Frau* Kurt aktenkundig vor ihrem Mann fürchtete, laut Polizeibericht einen weinerlichen und sehr verängstigten Eindruck machte und sich erst mit Unterstützung ihrer psychosozialen Betreuerin* vom Gewaltschutzzentrum zur Scheidungsklage sowie Anzeige durchringen konnte.

Der von Frau* Kurt in weiterer Folge erhobene Antrag auf Verweis der Rechtssache an die Große Kammer des EGMR war erfolgreich. Die Große Kammer wird nun zu beurteilen haben, ob die ergriffenen Maßnahmen zum betreffenden Zeitpunkt unter Berücksichtigung aller Umstände des Falles ausreichend waren, um das Leben von Frau* Kurts Sohn* zu schützen.

SCHUTZ GEWÄHREN

Auf der Flucht werden insbesondere Mädchen*, Frauen* und LGBTIQ-Personen Opfer von Menschenhandel und sexueller Gewalt. Sie sind besonders schutzwürdig.

DAHER FORDERN WIR:

- Die gesetzliche Verankerung von frauen*- und geschlechtsspezifischen Fluchtgründen, sowie eine geschlechtersensible Auslegung und Anwendung von Migrationsrecht (entsprechend internationalen Standards wie den UNHCR-Richtlinien, der UN-Frauenrechtskonvention und der Istanbul-Konvention)

- Verpflichtende Weiterbildungs- und Sensibilisierungsmaßnahmen für Polizei, Dolmetschende sowie behördliche und gerichtliche Entscheidungsträger*innen

- Sowohl das Recht auf schnelle und sichere Familienzusammenführung als auch auf einen eigenständigen und vom/von der Ehepartner*in unabhängigen Aufenthaltsstatus

- Die geschlechtergetrennte Unterbringung, spezielle Schutzräume sowie Zugang zu staatlich finanzierter, geschlechtsspezifischer, medizinischer und psychologischer Therapie und Beratung

„ES IST EINFACH, MIT DEM FINGER AUF EINZELFÄLLE ZU ZEIGEN.“ ASYLRECHTLICHER SCHUTZ – GESCHLECHT – SEXUALITÄT

Petra Sußner

Seit knapp dreißig Jahren sind Geschlecht und Sexualität im Asylrecht anerkannt. In den Materialien zum Asylgesetz 1991[168] erwähnte die österreichische Gesetzgebung erstmals, dass die Lebensbereiche unter „Verfolgung aufgrund der Zugehörigkeit zu einer bestimmten sozialen Gruppe“ fallen. Der Hintergrund: Im gesetzlichen Begutachtungsverfahren war – unter Berufung auf die Entschließungen des Europäischen Parlaments vom 13.04.1984[169] – die Forderung aufgekommen, die Flüchtlingsdefinition um die Tatbestände Geschlecht und sexuelle Orientierung zu erweitern. Das sei nicht notwendig, befand die Gesetzgebung. Die Gründe seien ohnehin bereits vom asylrechtlichen Schutz erfasst.[170] In vielen anderen Staaten wurde diese Anerkennung vor Gericht ausgefochten; im Jahr 2002 griff der UNHCR[171] die Entwicklung auf und erließ die Richtlinien zum Internationalen Schutz Nr. 1. Sie sind geschlechtsspezifischer Verfolgung gewidmet. 2012 folgten die UNHCR-Richtlinien Nr. 9, die Interpretationshilfen im Bereich von nicht-normativen Geschlechtern und Sexualitäten bieten. Seit dem Jahr 1999 ist außerdem das Gemeinsame Europäische Asylsystem in Kraft. Es macht die entscheidenden Vorgaben für nationale Asylverfahren. Geschlecht, sexuelle Orientierung und geschlechtliche Identität sind hier rechtsverbindlich als Anwendungsbereiche der bestimmten sozialen Gruppe verankert.[172] Warum also all diese Forderungen im Volksbegehren? Was fehlt?

Heteronormativität und Geschichtsbewusstsein

Aus meiner Sicht fehlt es *uns* an Bewusstsein. *Wir* steht hier für Österreich als Aufnahmestaat. Es meint den mehrheitsgesellschaftlichen Zusammenhang einer Asylrechtspraxis, die vor Verfolgung schützen soll, die gerade noch Praxis war. Erst im August 2002 ist in Österreich mit dem § 209 StGB[173] die letzte Kriminalisierung homosexueller Handlungen aufgehoben worden. Bis zum Jahr 2004 konnte einer Bestrafung wegen Entführung einer „willenlosen oder wehrlosen Frau" entgehen, wer diese Frau heiratete.[174]

Rasch entrüsten wir uns, wenn das Bundesamt für Fremdenwesen und Asyl (BFA) seine Verfahren gar stereotyp führt. „Weder Ihr Gang, Ihr Gehabe oder Ihre Bekleidung haben auch nur annähernd darauf hingedeutet, dass Sie homosexuell sein könnten [...]. Es wird berichtet, dass Sie öfter Auseinandersetzungen mit anderen Zimmergenossen haben. Ein Aggressionspotenzial ist bei Ihnen also vorhanden, das bei einem Homosexuellen nicht zu erwarten wäre. [Und weiter:] Freunde hätten Sie nicht sehr viele, das steht in ihrem Bericht ebenso. Sind Homosexuelle nicht eher gesellig?"[175] Mit diesen Zitaten ist das BFA im Sommer 2018 weit über die Grenzen Österreichs hinaus bekannt geworden. Vom britischen *Guardian* bis zur *New York Times* und dem *Sydney Morning Herald* berichteten Medien über die Unsachlichkeit der Behörde. Im juristischen Sinn des Begriffs wirken die Befragungsmaßstäbe auch willkürlich. Doch jenseits des Juristischen, und darum geht es mir hier, sind sie das nicht. Im Gegenteil, sie folgen einer „ganz normalen" Logik von *Wir* und die *Anderen.* Das *Wir* setzt hier Heteronormativität[176] voraus, eine binäre Geschlechterhierarchie, für die Heterosexualität den Normalzustand bildet. Als gesellschaftliches Ordnungsschema bringt sie Stereotype hervor – und gleichzeitig schreiben diese Stereotype sie fort. Und weil Recht und Gesellschaft nicht voneinander zu trennen sind, macht dieser Mechanismus auch vor dem (Asyl-)Recht nicht Halt.

Gerade die Ursprünge des geltenden Asylrechts sind zutiefst heteronormativ. Ihr Herzstück ist die Genfer Flüchtlingskonvention (GFK)[177]. Als sie verhandelt wurde, war der Schutz nichtnormativer Geschlechter und Sexualitäten kein Thema. Gewalt gegen Frauen kam sogar zur Sprache, wurde dann allerdings als irrelevant verworfen.[178] Die Anfänge des Schutzsystems weisen also Gemeinsamkeiten mit den Verfolgungssachverhalten auf, vor denen es nun zu schützen gilt. In der alltäglichen Praxis lädt das Asylrecht jedoch nicht dazu ein, sich mit diesen Gemeinsamkeiten auseinanderzusetzen: Es folgt einer Dichotomie von Verfolgung (im Herkunftsstaat) und Schutz (im Aufnahmestaat). Kommen „neue" Verfolgungsgründe - wie Geschlecht und Sexualität - ins Spiel, ist deren Rolle im *eigenen* System nicht notwendig Thema. Sich in der Praxis auf das Wesentliche zu konzentrieren bedeutet, Asylsuchende vor Verfolgung durch *Andere* zu schützen. Dieser Begriff von Wesentlichkeit ist allerdings trügerisch. Er vermittelt den Eindruck, Österreich stünde in schützender Opposition zu gewaltsam heteronormativen Herkunftsstaaten. Darüber entsteht die Gefahr, das *eigene* - noch im Entwicklungsstadium befindliche - Schutzsystem gegenüber seiner Weiterentwicklung zu immunisieren. Dahinter steht die Vorstellung: „Bei *uns* ist es ja ohnehin sicher."

Verschärft hat sich diese Gefahr mit der „Flüchtlingskrise" des Jahres 2015. Grenzschließungsdiskurse[179] mobilisieren Aspekte der öffentlichen Ordnung und Sicherheit, und das Asylrecht gerät darüber zusehends unter Druck. Gegenläufig dazu öffnet das Asylrecht über die „neuen" Verfolgungsgründe Sexualität und Geschlecht seine Grenzen. Entlädt sich diese Spannung über die asylrechtliche Dichotomie von Schutz und Verfolgung, kann sich ein Selbstvergewisserungsmechanismus zuspitzen. Gewalt ist als Thema der *Anderen* gesetzt, von denen es sich abzugrenzen gilt, und *eigene* Schutzdefizite geraten aus dem Blick. Das rechtliche Schutzpotenzial bleibt unausgeschöpft. So z.B. in den zitierten Passagen aus den BFA-Einvernahmen: Der Europäische Gerichtshof (EuGH) hat bereits entschieden,[180] dass Beweisführung, die ausschließlich auf Stereotypen von Homosexuellen beruht, unionsrechtswidrig ist. Solche Einvernahmen gefährden die Rechtskonformität von Bescheiden und beeinträchtigen das Schutzsystem. Trotzdem kann es ohne ausreichende Reflexion normal scheinen, diese Fragen zu stellen. Soll Asylrecht im Bereich von Geschlecht und Sexualität effektiv vollzogen werden, macht es – so denke ich – keinen Sinn, sich allzu hastig von heteronormativer Logik zu distanzieren. Wir brauchen vielmehr Bewusstsein für die *eigene* Geschichte, um asylrechtlichen Schutz vor Heteronormativität zu ermöglichen. Dafür bieten die Forderungen des Volksbegehrens Instrumente.

Zu den Forderungen des Volksbegehrens

Eingangs verlangt das Volksbegehren die „gesetzliche Verankerung von frauen*- und geschlechtsspezifischen Fluchtgründen nach UNHCR-Richtlinien sowie eine geschlechtersensible Auslegung und Anwendung von Migrationsrecht, wie es etwa die UN-Frauenrechtskonvention und Istanbul-Konvention vorsehen". Geschlecht und Sexualität explizit als Verfolgungsgründe ins Gesetz zu schreiben, entspricht dem unionsrechtlichen Lösungsmodell[181] und würde die Rechtssicherheit erhöhen. Wären die Verfolgungsgründe nicht explizit mit der sozialen Gruppe verknüpft, wäre das überhaupt begrüßenswert. Für die feministische Praxis läge es näher, das Übertreten von Geschlechternormen als Ausdruck von politischer Opposition zum Herkunftsstaat anzuerkennen – das Private politisch zu verstehen.

Gleichzeitig deutet die Asylrechtspolitik momentan nicht auf eine solche Verankerung von Geschlecht und Sexualität hin. Was bieten die genannten Dokumente der Praxis also schon jetzt? Gerade den Verweis auf die UNHCR-RL halte ich für zentral. Sie sind auf das Asylverfahren zugeschnitten, berücksichtigen Menschenrechtsstandards und bewegen sich weitgehend am Stand der Geschlechterforschung. Rechtlich sind sie zwar nicht verbindlich, aber nach dem Zusammenarbeitsgebot des Art. 35 GFK beachtlich.[182] UNHCR-RL bieten also eine Grundlage für völkerrechtskonforme Praxis und ermöglichen das Arbeiten jenseits einer gesetzten Heteronormativität. Das kann gegen Stereotype im Ermittlungs- und Beweiswürdigungsverfahren absichern; aber z.B. auch gegen das inzwischen rechtswidrige *Discretion Requirement.* Diese Erwartung, Menschen würden im Herkunftsstaat ihre Sexualität verbergen, um Verfolgung zu entgehen, hat der EuGH bereits im Jahr 2013 für unionsrechtswidrig erklärt.[183] Trotzdem kommen Diskretionserwartungen in der Praxis nach wie vor zur Anwendung und sind damit ein weiteres Beispiel für das Fortwirken von Heteronormativität. Das kommt in knapp gehaltenen Hilfsbegründungen vor oder bei der Annahme, Asylsuchenden stünde eine innerstaatliche Fluchtalternative offen, weil in einem anderen Teil ihres Herkunftsstaats niemand von ihrer Sexualität wisse.[184] Zu Recht weist Jenni Millbank[185] darauf hin, dass Diskretionserwartungen die Idee von Homosexualität als Privatsache zu Grunde liegt. Sie ist eine menschenrechtliche Errungenschaft - in der Überwindung der Kriminalisierung von homosexuellen Handlungen - und sie ist eine heteronormative Selbstverständlichkeit. Und so spricht Thomas Spijkerboer vom Discretion Requirement als von einem „many-headed monster: once they succeeded in chopping off what brave advocates took to be its head, it turned out to have many others“[186].

Mittlerweile hat sich freilich auch der menschenrechtliche Rahmen weiterentwickelt und die Standards gehen über eine Entkriminalisierung von homosexuellen Handlungen weit hinaus. Gerade für die Interpretation des Verfolgungsbegriffs sind die UN-Frauenrechtskonvention, die Istanbul-Konvention und die Yogyakarta-Prinzipien[187] Schlüsseldokumente.

Mit Blick auf die Praxis verlangt das Frauen*Volksbegehren „[v]erpflichtende Weiterbildungs- und Sensibilisierungsmaßnahmen für Polizei, Dolmetscher*innen sowie behördliche und gerichtliche Entscheidungsträger*innen". Das ist zentral. Wenn „neue", zur asylrechtlichen Logik teils gegenläufige Verfolgungsgründe etabliert sind, kann nicht erwartet werden, dass jede in der Rechtspraxis betraute Person für sich allein verlernt, was „normal" ist. Es ist, wie gesagt, einfach, mit dem Finger auf Einzelfälle zu zeigen. Ein effektives Schutzsystem hat auch die Verantwortung, die eigene Tradition zu reflektieren. Schulungen sind ein Weg dazu. Sie können zu besserer Qualität der Asylverfahren führen und den Betroffenen die Aussage in Einvernahmen erleichtern. Wer schon einmal ein Coming-Out hatte, weiß, dass das ein sensibler Moment ist. Drastisch verschärft sich die Situation, wenn ein Coming-Out in der bisherigen Biografie die Gefahr von strafrechtlicher Verfolgung oder Gewalt bedeutet hat. Ohne Unterstützung kann es ein gesamtes Asylverfahren über unmöglich bleiben, über die eigene Sexualität oder geschlechtliche Identität zu sprechen. Nicht umsonst hat der EuGH ausgesprochen, dass Asylanträge – zumindest – nicht allein deshalb abgewiesen werden dürfen, weil Asylsuchende ihre sexuelle Orientierung nicht bei der ersten Gelegenheit geltend gemacht haben.[188] Wer patriarchale Gewalt erlebt hat, weiß weiters, wie schwer es sein kann, aus der Täter*beziehung hinauszutreten; den Gewalttäter* zu benennen. Oft findet asylrechtlich Gewalt in der Familie statt und die Betroffenen sitzen die meiste Zeit des Verfahrens direkt neben den Tätern. Hier braucht es eine gut geschulte und sensibilisierte Praxis. Nur so können entscheidungsrelevante Sachverhalte sicher vorgebracht und Betroffene vor – vermeidbarer –Retraumatisierung geschützt werden.

Gerade für die Überwindung von Gewaltverhältnissen ist auch der vom Volksbegehren geforderte eigenständige und unabhängige Aufenthaltsstatus wichtig. Geht es um die Zusammenführung von Familien, ist zu beachten, dass § 35 Asylgesetz gleichgeschlechtliche Partner*innen nur dann anerkennt, wenn bereits im Herkunftsstaat eine eingetragene Partner*innenschaft bestanden hat. Für Personen, die aufgrund ihrer Sexualität verfolgt wurden, kommt diese Bestimmung totem Recht gleich. Hier braucht es dringend eine gesetzliche Nachbesserung.

Die Forderung nach „geschlechtergetrennte[r] Unterbringung, spezielle[n] Schutzräume[n] sowie Zugang [zu] staatlich finanzierter, geschlechtsspezifischer, medizinischer und psychologischer Therapie und Beratung" konzentriert sich schließlich auf die Standards in der Aufnahme. Momentan wiederholen sich hier fluchtauslösende Ereignisse.[189] Asylrechtliche Quartiere sind für Frauen, Lesben, Bisexuelle, Schwule oder Trans- und Intergeschlechtliche ein gefährlicher Ort. Wer eine Unterkunft verlässt, kann allerdings den existenzsichernden Zugang zum Aufnahmesystem verlieren. Gewalt hat hier System, nicht jedoch der Schutz vor Gewalt. Viel zu wenig ist aus meiner Sicht noch Thema, dass den Betroffenen gegenüber dem Staat Österreich grund- und menschenrechtliche Schutz*ansprüche* zukommen. In ihrer Position als Asylsuchende sind diese in der Regel vulnerabel im Sinn der Judikatur des Europäischen Gerichtshofs für Menschenrechte (EGMR), und das schlägt auf die unionsrechtliche Aufnahme-Richtlinie[190] durch. Daraus erwachsen den Staaten Schutzpflichten – und geschlechtergetrennte Unterbringung ist ein Mittel, um diesen Pflichten nachzukommen. Es wird auch vom Europäischen Unterstützungsbüro für Asylfragen[191] empfohlen. Vorsicht ist dabei insofern geboten, als sichere getrennte Unterbringung auf einem intersektionalen Geschlechterbegriff aufbauen muss. So sind etwa schwule Männer* gerade in heterosexuell-männlich dominierten Umfeldern besonders gewaltgefährdet. Nicht-binäre Personen sind schon mit einem Mann-Frau-Zuweisungsschema einer ausgrenzenden und gegenüber Gewalt exponierenden Behandlung ausgesetzt.

Zusammengefasst: Es gibt noch viel zu tun. Das betrifft nicht nur die Asylrechtspraxis, sondern gerade die Gesellschaft, die sie umgibt. Nach 30 Jahren ist es an der Zeit.

HERAUSGEBER*INNEN

MAGDALENA BARAN-SZOŁTYS war Vorstandsmitglied des Frauen*Volksbegehrens. Die promovierte Literatur- und Kulturwissenschaftlerin forscht als Postdoc am Research Center for the History of Transformations (RECET) der Universität Wien und am Institut für Literatur des 20. und 21. Jahrhunderts der Universität Warschau zu Reisen, Ungleichheits- und Transformationsnarrativen, der Beziehung zwischen Literatur und Politik sowie Ostmitteleuropa. Sie promovierte 2018 am interdisziplinären Doktoratskolleg „Das österreichische Galizien und sein multikulturelles Erbe" an der Universität Wien. Für ihre akademische Arbeit erhielt sie unter anderem das Literar-Mechana-Forschungsstipendium und das Hertha-Firnberg-Stipendium des FWF.

CHRISTIAN BERGER war einer der Sprecher*innen des Frauen*-Volksbegehrens. Er arbeitet als Referent in der Arbeiterkammer Wien mit Fokus auf die Auswirkungen des digitalen Wandels auf Arbeit, Geschlecht und Gesellschaft und ist Lektor an der Wirtschaftsuniversität Wien. Daneben berät und begleitet er Organisationen und Unternehmen in den Bereichen Social Innovation, Gender Equality und Diversity Management. Er hat Anthropologie, Recht und Sozioökonomie studiert, war Forschungsassistent am Institut für Arbeits- und Sozialrecht der Universität Wien und Experte für den „Ausschuss für die Rechte der Frau und die Gleichstellung der Geschlechter" des Europaparlaments. Seine Arbeitsschwerpunkte und Forschungsinteressen sind Gesellschaftstheorie und Feministische Politische Ökonomie, insbesondere Strukturwandel und soziale Reproduktion sowie Grundlagen der Gleichbehandlung.

AUTOR*INNEN

MADELEINE DARYA ALIZADEH gründete im Jahr 2010 Ihren Blog *dariadaria*, der rasch zu einem der meistgelesenen Onlinemedien in Deutschland, Österreich und der Schweiz wurde. 2017 legte sie ihren Blog still, fing den Podcast *a mindful mess* an und gründete ihr nachhaltiges Modelabel *dariadéh*. 2019 erschien ihr Buch „Starkes Weiches Herz", das sich 14 Wochen auf der *Spiegel*-Bestsellerliste hielt. Auf Instagram, wo sie rund um die Themen Achtsamkeit, Klimaschutz, soziale Gerechtigkeit und Female Empowerment spricht, folgen Madeleine 280.000 Leser*innen.

SONJA AZIZ ist Rechtsanwältin mit Schwerpunkt Familienrecht und juristische Prozessbegleitung. Neben ihrer anwaltlichen Tätigkeit publiziert sie und hält Vorträge und Fortbildungen zu den Themen Gewalt gegen Frauen sowie familienrechtlichen Fragestellungen. Sie war Mitglied der Taskforce Strafrecht, Opferschutz & Täterarbeit sowie des parlamentarischen Dialogs „Gemeinsam gegen Gewalt an Frauen" und beriet das Frauen*Volksbegehren hinsichtlich der Gewaltschutzforderung.

MAGDALENA BERGER ist in einem kleinen Dorf in Oberösterreich aufgewachsen, heute arbeitet sie als Autorin und Lehrerin in Wien. Ihre Texte erschienen u.a. bei DATUM und VICE. Ihr feministisches Verständnis ändert sich manchmal jeden Tag, nur eines bleibt immer gleich: Sie hasst es, dabei Kompromisse machen zu müssen.

CLARA FRIDOLIN BILLER lebt und arbeitet in Wien, macht Illustration und bildende Kunst und studiert in der Klasse Kontextuelle Malerei an der Akademie der Bildenden Künste Wien.

REGULA BÜHLMANN ist Germanistin und Romanistin mit einem CAS-Diplom in Gleichstellungs- und Diversitykompetenz und seit 2015 als Zentralsekretärin beim Schweizerischen Gewerkschaftsbund SGB für dessen Gleichstellungspolitik verantwortlich. In dieser Funktion war sie maßgeblich an der Organisation des Frauen*streiks vom 14. Juni 2019 beteiligt. Bis 2014 arbeitete sie bei der Abteilung Gleichstellung von Frauen und Männern des Kantons Basel-Stadt. Regula Bühlmann sitzt als Mitglied der Partei Grünes Bündnis im Parlament der Stadt Bern, dem sie 2018 präsidierte.

DANIELA DIESNER nahm Anfang August 2018 mit 19 Jahren zum ersten Mal aus dem Gefühl „Ich halte es nicht mehr aus, irgendetwas muss ich tun“ heraus an einem F*VB-Stammtisch teil. Seit Dezember 2019 ist sie Mitglied des sechsköpfigen F*VB-Vorstands. Sie studiert Politikwissenschaften im Bachelor.

MIRIAM GERTZ ist Psychologin und Familienplanungsberaterin. Ihr fachlicher Fokus liegt auf den Themenbereichen ungewollte Schwangerschaft, Schwangerschaftsabbruch und reproduktive Gerechtigkeit aus sozialwissenschaftlicher, psychosozialer und politischer Perspektive.

ELISABETH GRABNER-NIEL hat von 2002 bis 2016 an der Universität Innsbruck, im Büro für Gleichstellung und Gender Studies, an der Entwicklung des Interfakultären Masterstudiums Gender, Kultur und Sozialer Wandel sowie der Interfakultären Forschungsplattform Geschlechterforschung maßgeblich mitgewirkt; seit Jahrzehnten ist sie engagiert in der feministischen Zivilgesellschaft (Redaktion der AEP Informationen, Frauen*Volksbegehren, Frauen*Vernetzung für Begegnung und Austausch).

ELKE GRAF leitet seit 2005 das pro:woman-Ambulatorium am Fleischmarkt in Wien. Seit 1979 werden dort Schwangerschaftsabbrüche im Rahmen der sog. Fristenlösung durchgeführt. Die Tagesklinik gilt als erste Adresse für ungewollt schwangere Frauen und bietet neben der medizinischen Dienstleistung vielfältige Beratungen zum Thema Verhütung und Familienplanung an. Elke Graf hat 2015 den Frauenpreis der Stadt Wien in der Kategorie „Selbstbestimmung über den eigenen Körper“ erhalten.

MELINDA N. M. FRANZKE ist Studentin der Rechtswissenschaften an der Universität Wien und Mitbegründerin des Vereins Forum kritischer Jurist*innen.

BEATRICE FRASL lebt und arbeitet in Wien. Sie ist Kulturwissenschaftlerin/Geschlechterforscherin und schreibt gerade an ihrer Doktorarbeit im Bereich Cultural Studies. Sie unterrichtet an der Universität Wien, betreibt den feministischen Podcast „Große Töchter“, schreibt immer wieder für journalistische Medien, publiziert wissenschaftlich und hält Vorträge und Workshops – all das vorrangig zu feministischen Themenfeldern.

KYRA NASTASSJA FURGALEC lebt in Hamburg und studiert Soziale Arbeit an der Hochschule für Angewandte Wissenschaften. Sie ist Stipendiatin der Friedrich-Ebert-Stiftung und Initiatorin der Kampagne #truediskriminierung. Als Aktivistin engagiert sie sich mit feministischer Perspektive für alle Themen rund um soziale Gerechtigkeit.

MARITA HAAS ist Gender-Expertin & Unternehmensberaterin in Wien. Aus der Organisations- und Genderforschung kommend, begleitet sie Unternehmen und NGOs dabei, gender-sensible Prozesse zu entwickeln, Vielfalt zuzulassen und ein diskriminierungsfreies Umfeld zu schaffen. Darüber hinaus coacht sie weibliche Führungskräfte und führt Trainings für Führungskräfte zur Vermeidung sexueller Belästigung in Unternehmen durch. maritahaas.at

ELFRIEDE HAMMERL ist eine der Initiator*innen des ersten Frauenvolksbegehrens. Sie schreibt seit vielen Jahren eine Kolumne für *profil,* daneben Erzählungen, Romane, Theaterstücke und Drehbücher. In Deutschland wurde sie durch ihr Drehbuch für den Fernsehfilm „Probieren Sie's mit einem Jüngeren" (Hauptrolle: Senta Berger) und ihre Kolumnen in *stern, Vogue, Cosmopolitan* und *Marie Claire* bekannt. Die Autorin erhielt für ihre Arbeit zahlreiche Preise, u.a. den Publizistikpreis der Stadt Wien, den Frauenpreis der Stadt Wien, den Concordiapreis (in der Kategorie Menschenrechte), die Johanna-Dohnal-Anerkennung und den Kurt-Vorhofer-Preis.

BENEDIKT HÄMMERLE war zweieinhalb Jahre Kassier des Trägervereins Frauenvolksbegehren 2.0 – Verein zur Neuauflage eines Frauenvolksbegehrens in Österreich und einer der fünf Antragsteller*innen beim BMI.

ANDREA HLADKY hat Germanistik und Romanistik studiert und war viele Jahre im Kultur- und Medienbereich tätig. Wie schwierig es ist, Mutterschaft und Berufstätigkeit zu vereinbaren, hat sie am eigenen Leib gespürt. Diese Erfahrungen, feministisches & politisches Interesse und vor allem ein große Portion Wut über die Ungleichstellung von Frauen haben sie dazu gebracht, beim Frauen*Volksbegehren aktiv zu werden, wo sie für Event- und Pressearbeit zuständig war und für das sie auch als Sprecherin auftrat. Sie arbeitet heute bei der Frauenorganisation der SPÖ.

LENA JÄGER gehört zu den Initiator*innen des Frauen*-Volksbegehrens, ist bis heute Obfrau des Vereins und Sprecherin.

Als Projektleiterin war sie maßgeblich für die Strategie und Umsetzung des F*VBs verantwortlich. Geboren und aufgewachsen in Norddeutschland, studierte sie in Berlin und ab 2003 in Wien. Sie hat einen Bachelor in Musikwissenschaften. Sie war und ist tätig als Lehrende, Projektmanagerin und Consultant in verschiedenen Branchen. Seit dem Frauen*Volksbegehren arbeitet sie vor allem in der politischen Kommunikation und Strategieberatung.

HELENE KLAAR ist promovierte Juristin und Rechtsanwältin. Als „Österreichs gefürchtetste Scheidungsanwältin" ist sie berühmt, sie spezialisiert sich jedoch auch im Arbeits-, Miet- und Familienrecht. 1982 wurde sie von Frauenministerin Johanna Dohnal mit dem Verfassen eines Rechtsratgebers für Frauen in Trennungssituationen beauftragt, welcher als Broschüre „Was tue ich, wenn es zur Scheidung/Trennung kommt" bis 2015 achtmal neu aufgelegt wurde. 2004 erhielt sie den Wiener Frauenpreis für ihre „besonderen Verdienste um Frauen im Scheidungsfall". Sie lehrt(e) an der Universität Wien und führt eine Kanzlei in Wien.

MARTA LEMPART ist Juristin und polnische Aktivistin, Initiatorin und eine der Anführer*innen des Ogólnopolski Strajk Kobiet [Gesamtpolnischen Frauenstreiks] sowie des Internationalen Frauen*streiks. Sie hat zahlreiche Proteste organisiert, u.a. zur Verteidigung einer unabhängigen Justiz in Polen, gegen Pädophilie in der polnischen katholischen Kirche und zur Verteidigung der Rechte von Menschen mit Behinderungen.

ELISABETH LECHNER ist Kulturwissenschaftlerin und gerade in der Abschlussphase ihrer Dissertation zu „ekligen" weiblichen Körpern und Body Positivity am Institut für Anglistik & Amerikanistik der Universität Wien. Sie arbeitet an der Schnittstelle von Popkultur-Studien, feministischer Medienwissenschaft, Affect & Body Studies, publiziert wissenschaftlich und essayistisch, hält

Vorträge im In- und Ausland und gibt Workshops zu Medienkompetenz, Feminismus, Body Positivity, Body Shaming und Lookismus.

GABRIELE MICHALITSCH ist Politikwissenschaftlerin und Ökonomin, lehrt an den Universitäten Wien und Klagenfurt. (Gast-)Professuren u. a. an der Universität Wien (2016), Universität Graz (2006/07) sowie in Peking, Budapest und Istanbul. 2002–2005 Vorsitzende der Expert*innengruppe des Europarats zu Gender Budgeting. Arbeitsschwerpunkte: Politische Ökonomie, politische Theorien, feministische Ökonomie; aktuell forscht sie vor allem zur Verknüpfung von Neoliberalismus, Autoritarismus und Geschlecht.

DORIS PETTIGHOFER, leitet die Geschäftsstelle der Österreichischen Plattform für Alleinerziehende. Als Interessenvertretung arbeitet die ÖPA für Alleinerziehende und getrennt lebende Familien. Die Schwerpunkte liegen dabei in der Existenzsicherung der Familien und ihrer vollwertigen gesellschaftlichen Anerkennung. Sie vertritt die ÖPA im Familienpolitischen Beirat des Bundesministeriums für Arbeit, Familie und Jugend. Zudem ist sie in den Arbeitsgruppen Frauen & Armut, Öffentlichkeitsarbeit sowie im Koordinationsteam der Österreichischen Armutskonferenz aktiv.

MAX PREGLAU promovierte an der WU Wien, Postgraduate-Studium der Soziologie am IHS (Wien), Habilitation aus Soziologie an der Universität Innsbruck. Bis 2016 Univ.-Prof. für Soziologie an der Universität Innsbruck, Lehr- und Forschungsaufenthalte in den USA (Harvard/MA, Stanford/CA, Austin/TX) und China (Shanghai Universität). Arbeitsschwerpunkte: Kritische Theorie und Geschlechterforschung, Sozialstruktur- und Sozial- und Geschlechterpolitikanalyse.

PRO CHOICE AUSTRIA wurde 2019 als Plattform für freien Schwangerschaftsabbruch gegründet und versteht sich als Teil der internationalen feministischen Bewegung, die sich für reproduktive Selbstbestimmungsrechte von Frauen, Lesben, Inter- und Trans-Personen einsetzt, und insbesondere für den freien und sicheren Zugang zu legalen Schwangerschaftsabbrüchen kämpft. Gesundheit und Selbstbestimmung der Schwangeren sowie der politische Einsatz gegen patriarchale Machtverhältnisse stehen dabei im Zentrum.

MARTIN RISAK ist ao. Universitätsprofessor am Institut für Arbeits- und Sozialrecht an der Universität Wien und derzeit auch Gastprofessor an der Universität Salzburg. Unter anderem ist er Vorsitzender des Senats II der Gleichbehandlungskommission sowie National Expert des die Europäische Kommission beratenden „European centre of expertise in the field of labour law, employment and labour market policies (ECE)".

AGNES ROTH-GRITSCH ist Kommunikations- & Medienmanagerin, lebt und arbeitet in Wien. Als eine der Initiator*innen leitete sie ab Jänner 2017 für zwei Jahre das Budget-Team des Frauen*Volksbegehrens. Dabei verantwortete sie alle Aspekte des Finanz-, Personal- und Rechnungswesens des Projekts sowie die Konzeption, Planung und Durchführung der beiden erfolgreichen Crowdfunding-Kampagnen. Als GIF-Meisterin behielt sie im Hintergrund immer den Überblick. Sie begleitet den Verein nach wie vor in ehrenamtlicher Funktion als Rechnungsprüferin.

IDA MARIE SASSENBERG hat Szenische Künste studiert. Ihr jüngstes Filmprojekt ist eine feministische Komödie über die sexuelle Selbstbestimmung von Frauen. Sassenberg arbeitet als Journalistin für die öffentlich-rechtlichen Magazine *Puls* und *Funk.* Als Moderatorin ist sie vor allem auf Filmfestivals unterwegs. Ihre politische Kampagne gegen Upskirting sorgte in Deutschland wochenlang für Furore. Privat hat sie ein Faible für Filme mit starken weiblichen Hauptfiguren, Podcasts und ihren Hund Perry.

MARIA SCHACHINGER studierte Slawistik, Public Communication sowie Allgemeine Linguistik an der Universität Wien. Bereits seit früher Jugend für eine gerechte, solidarische und offene Gesellschaft politisch aktiv, liegt ihr Schwerpunkt sowohl im beruflichen als auch im ehrenamtlichen Kontext auf der kommunikativen Begleitung politischer Kampagnen. Als Aktivistin beim Frauen*Volksbegehren war sie an der Schnittstelle zwischen Legal und Kommunikationsteam im Einsatz.

CHRISTA SCHLAGER ist feministische Ökonomin und Redakteurin der Zeitschrift *Kurswechsel.* Arbeiten zu Frauen und Wirtschafts- und Finanzkrise, Budgetpolitik und europäischer Wirtschaftspolitik.

ULRIKE SCHÖFLINGER ist Journalistin und Kommunikationsexpertin. Die studierte Kultur- und Sozialanthropologin arbeitete beim Frauen*volksbegehren ehrenamtlich, aber in führender Position im Social-Media-Bereich, vor allem Twitter mit. Beim Österreichischen Journalistinnenkongress ist sie Leiterin der Pressestelle und des Nachwuchsprogramms YoungStars, mit dem junge Journalist*innen gefördert und gefordert werden.

MARTINA SCHÖGGL ist Gründungsmitglied der Sorority – Verein zur branchenübergreifenden Vernetzung von Frauen* in Österreich. Sie war von 2014–2020 Vorstandsmitglied des Vereins, hat das Buch „No More Bullshit. Handbuch gegen sexistische Stammtischweisheiten“ mitherausgegeben und hat sich bei zahlreichen Medienauftritten, Vorträgen und Publikationen zum

Thema „feministische Solidarität" positioniert. Die Kunst- und Kulturwissenschaftler*in ist im Ausstellungsbereich und Museumswesen tätig und arbeitet aktuell an der Universität für angewandte Kunst Wien.

NICOLE SCHÖNDORFER hat Publizistik, Anglistik und Journalismus studiert und lebt und arbeitet als freie Journalistin und feministische Aktivistin in Wien. Sie beschäftigt sich mit medien- und gesellschaftspolitischen Diskussionen. Unter anderem in ihrem Podcast „Darf sie das?"

ALEXANDRA STANIĆ ist Chefreporterin für VICE im deutschsprachigen Raum. Sie beschäftigt sich in ihrer Arbeit mit Rassismus, Misogynie und Hass im Netz.

MARGARETE STOKOWSKI, geboren 1986 in Polen, lebt seit 1988 in Berlin. Sie studierte Philosophie und Sozialwissenschaften an der Humboldt-Universität zu Berlin und arbeitet als freie Autorin. Ihre wöchentliche Kolumne „Oben und unten" erscheint seit 2015 bei *Spiegel online.* 2019 wurde sie für ihre Texte mit dem Kurt-Tucholsky-Preis ausgezeichnet. „Untenrum frei", ihr Debüt, avancierte zu einem Standardwerk des modernen Feminismus.

PETRA SUSSNER ist Rechtswissenschaftlerin und Post-Doc-Mitarbeiterin der Humboldt Universität zu Berlin (DFG-Forschungsgruppe 2265: Recht-Geschlecht-Kollektivität). An der Universität Wien hat sie ihre Dissertation abgeschlossen, die im Herbst 2020 unter dem Titel „Sexuelle Orientierung und geschlechtliche Identität im Gemeinsamen Europäischen Asylsystem" in der Juristischen Schriftenreihe des Verlag Österreich erscheint.

EVA-MARIA TITZ arbeitet als Juristin an der Schnittstelle von Klimaschutz und Innovation. Sie lebt in Wien. Als eine der Initiator*-

innen leitete sie ab Jänner 2017 für zwei Jahre das Legal-Team des Frauen*Volksbegehrens. Dabei war sie mit der Koordinierung des Teams, der Erstellung der Forderungen und rechtlichen Fragen befasst. Als Teil des Organisationsteams war sie für die Strategie des Volksbegehrens mitverantwortlich.

GERHARD WAGNER ist bekennender Feminist und gründete im Frühjahr 2016 den Verein HeForShe Vienna, dem er seither als ehrenamtlicher Obmann vorsteht. Sein Engagement für Gleichstellung machte Gerhard Wagner auch zu seinem Beruf. Nach einer Anstellung im Dezernat Gender Mainstreaming der Stadt Wien arbeitet er aktuell im Social-Innovation-Team von Deloitte Österreich und berät und begleitet Unternehmen zu Fragestellungen rund um die Themen Gleichstellung, Diversität & Inklusion.

LISA WEINBERGER ist Juristin und arbeitet als Nachhaltigkeitsexpertin für eine Umweltrechtsorganisation in Wien. Zuvor war sie bei Transparency International - Austrian Chapter und als Auslandskorrespondentin für Medienpluralität bei der britischen NGO Index on Censorship tätig. Beim Frauen*Volksbegehren leitete sie als Teil des Legal-Teams den Bereich Gesundheit, Migration und Sicherheit.

LAURA WIESBÖCK ist promovierte Soziologin und Publizistin in Wien. Ihr Forschungsschwerpunkt liegt auf sozialer Ungleichheit mit besonderem Fokus auf Arbeit, Armut und Geschlecht. In der Lehre widmet sie sich darüber hinaus Themen wie Coolness als kulturelle Praxis oder Soziologie der Liebe. In ihrem Buch „In besserer Gesellschaft. Der selbstgerechte Blick auf die Anderen“ analysiert Wiesböck die menschliche Sehnsucht nach Überlegenheit. Für ihre Arbeit wurde sie mit dem Theodor-Körner-Preis, dem Bank Austria Forschungspreis und dem Kurt-Rothschild-Preis ausgezeichnet.

ANMERKUNGEN

1 In den Jahren 1995 und 1996 treten in Österreich zwei Sparpakete in Kraft, deren Hauptbetroffene zu einem großen Anteil Frauen sind. Die Antwort der Frauen darauf ist ein Frauenvolksbegehren. Als Vorreiter dafür gilt die Frauendemo am 08.03.1996, bei der Elfriede Hammerl nachfolgenden Text vor dem österreichischen Parlament vortrug.

2 Siehe dazu den Beitrag „‚Nur Geld kriegen wir meistens keines …' Finanzierungs- und Budgetfragen" von Benedikt Hämmerle, Agnes Roth-Gritsch, Eva-Maria Titz in diesem Band.

3 „Unsere Forderungen", Frauen*Volksbegehren 2.0, zuletzt abgerufen am 05.05.2020, www.frauenvolksbegehren.at/wp-content/uploads/2018/06/forderungen-frauenvolksbegehren2018-juni.pdf.

4 Siehe dazu den Beitrag „‚Nur Geld kriegen wir meistens keines …' Finanzierungs- und Budgetfragen" von Benedikt Hämmerle, Agnes Roth-Gritsch, Eva-Maria Titz in diesem Band.

5 Vgl. dazu die Forderungen, auf der Webseite des Frauen*Volksbegehrens, die alle den Punkt Download Karte enthalten. Bsp.: „Eintragungswoche Karte", Frauen*Volksbegehren 2.0, zuletzt abgerufen am 05.05.2020, www.frauenvolksbegehren.at/wp-content/uploads/2019/08/eintragungswoche-karte-macht.pdf.

6 Diese Worte hat Johanna Dohnal anlässlich des Ausländer-Volksbegehrens der FPÖ 1993 formuliert. Vgl.: „Gesammelte Zitate", Johanna Dohnal, zuletzt abgerufen am 05.05.2020, www.johanna-dohnal.at/zitate.

7 Der Titel ist ein von Johanna Dohnal leicht abgewandeltes Zitat aus ihrem Referat „Starke Frauen für ein solidarisches Europa" von der Bundesfrauenkonferenz der SPÖ, Linz 8.6.1991. Es lautet im Original: „Nur Geld kriegen wir meistens keines von der Partei."

8 Bei einem Crowdfunding (etwa Schwarmfinanzierung) beteiligt sich eine aus vielen Menschen bestehende Menge (Crowd) durch kleine Spenden oder Beteiligungen an einem Vorhaben oder Unternehmen.

9 Vereinsgesetz 2002 BGBl. Nr. I 2002/66 in der geltenden Fassung BGBl. Nr I 2018/32.

10 Übersetzt in etwa mit Verhaltensrichtlinien.

11 Zum F*VB bietet die Plattform eine recht ausführliche Dokumentation: „Frauen*Volksbegehren 2.0“, Startnext, zuletzt abgerufen am 29.04.2020, www.startnext.com/frauenvolksbegehren.

12 Am 24. April fand die finale Lesung zum Frauen*Volksbegehrens im Nationalrat statt, siehe „Stenographisches Protokoll, 70. Sitzung des NR, XXVI. GP 60 ff. 70. Sitzung des Nationalrates der Republik Österreich, Mittwoch, 24. April 2019, XXVI. Gesetzgebungsperiode“, Parlament der Republik Österreich, 60 ff., zuletzt abgerufen am 29.04.2020, www.parlament.gv.at/PAKT/VHG/XXVI/NRSITZ/NRSITZ_00070/fname_773784.pdf.

13 Volksbegehrengesetz 2018 BGBl. Nr. I 2016/106 in der Fassung BGBl. Nr. I 2018/32.

14 § 3 Abs. 3 Z 5 Volksbegehrengesetz.

15 § 9 Abs. 2 Volksbegehrengesetz.

16 § 17 Abs. 2 Volksbegehrengesetz.

17 Catharine A. MacKinnon, The Power to Change, in Catharine A. MacKinnon, Women's lives, men's laws (Cambridge, Massachussetts/London, England: Harvard University Press 2007), 105.

18 Beschlossen wurden die Verankerung der Maßnahmen zur Förderung der faktischen Gleichstellung von Frauen und Männern in der österreichischen Bundesverfassung, eine Änderung des Arbeitsverfassungsgesetzes, des Mutterschutzgesetzes und des Eltern-Karenzurlaubsgesetzes.

19 Siehe dazu den Beitrag „‚Nur Geld kriegen wir meistens keines …‘ Finanzierungs- und Budgetfragen“ von Benedikt Hämmerle, Agnes Roth-Gritsch, Eva-Maria Titz in diesem Band.

20 Hans Kelsen, Georg Froehlich, Adolf Merkl, Die Bundesverfassung vom 1. Oktober 1920 (Wien: Verlag Österreich, 2003), 65.

21 Vgl. BGBl. 1963/197; BGBl. 1967/344; Volksbegehrengesetz 1973 BGBl. 1973/344 in der Fassung BGBl. Nr. I 2018/32.

22 Vgl. die §§ 21, 24, 42, 69 Bundesgesetz über die Geschäftsordnung des Nationalrates BGBl. 1975/410 in der Fassung BGBl. Nr. I 2016/41.

23 Walter Berka, Verfassungsrecht. Grundzüge des österreichischen Verfassungsrechts für das juristische Studium (Wien: Verlag Österreich, 2018), Rz. 637.

24 Heinz Schäffer, Über die "Schwäche" der Volksbegehren in Österreich. Anmerkungen zur direkten Demokratie in Österreich. Stefan Hammer, Alexander Somek, Manfred Stelzer, Barbara Weichselbaum (Hg.), Demokratie und sozialer Rechtsstaat in Europa. Festschrift für Theo Öhlinger (Wien: WUV, 2004), 412–433.

25 BMI, Alle Volksbegehren der zweiten Republik, (27.3.2020), www.bmi.gv.at/411/Alle_Volksbegehren_der_zweiten_Republik.aspx.

26 BGBl. Nr. I 106/2016.

27 BMI, Volksbegehren, (27.3.2020), www.bmi.gv.at/411.

28 Registrierungen von Volksbegehren, zu denen kein Einleitungsantrag eingebracht worden ist, werden erst mit Ablauf des 31. Dezember des dem Jahr, in dem die Anmeldung eingebracht wurde, folgenden Jahres zu löschen.

29 Redaktion, Ein Begräbnis erster Klasse, Standard 30.3.2004, www.derstandard.at/1617699/Ein-Begraebnis-erster-Klasse.

30 Christian Berger, Direktdemokratische Dämmerung, Verfassungslos 2, 2018, 5.

31 Art. 1 B-VG.

32 Abgeleitet aus der Systematik des B-VG, vgl. insbesondere die Art. 26 und 74 B-VG.

33 Tamara Ehs, Nino Willroider, Parlamente unter Druck. Die Rückkehr des direktdemokratischen Marktplatzes, juridikum 2013/1, 119.

34 § 3 Abs. 2 Volksbegehrengesetz 2018, BGBl. Nr. I 2016/106 in der Fassung 2018/32.

35 www.bmi.gv.at/411/Alle_Volksbegehren_der_zweiten_Republik.aspx.

36 Siehe dazu den Beitrag „‚Nur Geld kriegen wir meistens keines ...' Finanzierungs- und Budgetfragen" von Benedikt Hämmerle, Agnes Roth-Gritsch, Eva-Maria Titz in diesem Band.

37 Siehe dazu den Beitrag „‚Nur Geld kriegen wir meistens keines ...' Finanzierungs- und Budgetfragen" von Benedikt Hämmerle, Agnes Roth-Gritsch, Eva-Maria Titz in diesem Band.

---

38 Audre Lorde, Sister Outsider. Essays & Speeches by Audre Lorde (Berkeley: Crossing Press, 1984), 138.

39 Im Sinne von Donna Haraways Konzept des „situierten Wissens" möchte ich herausstreichen, dass es dieser Versuch war, in einem strukturkritisch-feministischen Projekt vielfältigen Perspektiven und Lebensrealitäten Raum zu geben, der auch mich - spät aber doch - im Sommer 2018 zum F*VB brachte. Meine Einschätzung des intersektional-feministischen Zugangs des F*VB ist also abseits meiner eigenen kulturwissenschaftlichen Herangehensweise geprägt von meinen persönlichen Erfahrungen und dementsprechend, wie jede Perspektive, notwendigerweise begrenzt. Vgl. Donna Haraway, „Situated Knowledges: The Science Question in Feminism and the Privilege of Partial Perspective," Feminist Studies 14, Nr. 3 (1988): 575–99.

40 Kimberle Crenshaw, „Mapping the Margins: Intersectionality, Identity Politics, and Violence Against Women of Color," Stanford Law Review 43, Nr. 6 (1991), 1241–99.

41 Carolin Küppers, „Intersektionalität," in Gender Glossar, 2014, www.gender-glossar.de.

42 Küppers, „Intersektionalität".

43 Siehe dazu den Beitrag „Macht teilen: Quote oder Revolution " von Gabriele Michalitsch in diesem Band.

44 Gabriele Michalitsch, „Intersektionalität: Von Feminismus zu Diversität. Eine akademische Neoliberalisierung", EWE 3, Nr. 24 (2013), 434.

45 Linda Alcoff, „Cultural Feminism Versus Post-Structuralism: The Identity Crisis in Feminist Theory," Signs 13, Nr. 3 (1988), 431.

46 www.frauenvolksbegehren.at/forderungen-frauenvolksbegehren/.

47 www.frauenvolksbegehren.at/forderung-macht-teilen/.

48 www.frauenvolksbegehren.at/forderung-selbst-bestimmen/.

49 www.facebook.com/frauenvolksbegehren/; www.twitter.com/frauenvb; www.instagram.com/frauenvolksbegehren/.

50 Zur Entstehung und Funktionsweise von solchen „affective publics", siehe: Zizi Papacharissi, Affective Publics. Sentiment, Technology, and Politics (Oxford: Oxford University Press, 2015).

51 Lea Susemichel und Jens Kastner, Identitätspolitiken. Konzepte und Kritiken in Geschichte und Gegenwart der Linken (Münster: Unrast, 2018), 13.

52 Susemichel und Kastner, 16.

53 Susemichel und Kastner, 137–40.

---

54 Platzhalter/Querverweis: Siehe dazu den Beitrag „„Nur Geld kriegen wir meistens keines..." Finanzierungs- und Budgetfragen" von Benedikt Hämmerle, Agnes Roth-Gritsch, Eva-Maria Titz in diesem Band.

55 Ein besonderer Dank gebührt den Videoproduzent*innen Daniel Gottschling und Maria von Usslar.

56 Im Presse-Podcast 18'48 zum Weltfrauentag hat Anna Maria-Wallner Christian Berger im März 2020 - über ein Jahr nach der Eintragungswoche - erneut eine Frage zur vergleichsweise geringeren Unterschriftenzahl des zweiten Frauen*Volksbegehrens; „Brauchen wir den Frauentag noch? Heinisch-Hosek und Rauch-Kallat im Podcast", 18'48'' - Der „Presse"-Podcast, zuletzt abgerufen am 29.04.2020, www.diepresse.com/5772682/brauchen-wir-den-frauentag-noch-heinisch-hosek-und-rauch-kallat-im-podcast.

---

57 Gabriele Diewald, „Mitgemeint, aber ausgeschlossen - Streit um das generische Maskulinum", DER TAGESSPIEGEL, 17.09.2018, zuletzt abgerufen

am 06.05.2018, www.tagesspiegel.de/wissen/streit-um-das-generische-maskulinum-mitgemeint-aber-ausgeschlossen/23077686.html.

58 Ruth Wodak, Gert Feistritzer, Silvia Moosmüller, Ursula Doleschal, Sprachliche Gleichbehandlung von Frau und Mann im öffentlichen Bereich, (Wien, Bundesministerium für Arbeit und Soziales, 1987), 16.

59 www.facebook.com/gerhard.wagner.79.

60 www.twitter.com/laurawies/status/1180903043866484737.

61 www.vice.com/de_at/article/7x5789/die-berichte-zum-funffach-mord-in-kitzbuhel-zeigen-wie-falsch-medien-uber-femizide-schreiben.

---

62 „Es ist Zeit“, Präambel des Frauen*Volksbegehrens, 12. Juli 2020. www.frauenvolksbegehren.at/praeambel/.

63 Hannah Schmid-Petri, Das Framing von Issues in Medien und Politik : Eine Analyse systemspezifischer Besonderheiten (Wiesbaden: VS Verlag für Sozialwissenschaften, 2012), 63.

64 Paraphrase aus dem Erläuterungstext der Forderung „Macht teilen“, Webseite des Frauen*Volksbegehrens, letzter Aufruf 12.07.2020, www.frauenvolksbegehren.at/forderung-macht-teilen/.

65 Thomas Hofer, Die Tricks der Politiker (Wien: Ueberreuter, 2010), 93.

66 Paraphrase aus dem Erläuterungstext der Forderung „Geld teilen“, Webseite des Frauen*Volksbegehrens, letzter Aufruf 12.07.2020, www.frauenvolksbegehren.at/einkommensunterschiede-beseitigen/.

67 Zum Nachlesen: Elisabeth Wehling, Politisches Framing. Wie eine Nation sich ihr Denken einredet - und daraus Politik macht (Berlin: Ullstein 2018).

---

68 Amt der Tiroler Landesregierung, Regionalanalyse zum Gleichstellungsbericht Tirol 2016 (Innsbruck: Amt der Tiroler Landesregierung 2016), Vorwort und 47–48.

69 Traude Kogoj, Lauter Frauen. Hintergründe und Perspektiven des Frauenvolksbegehrens (Wien: Turia + Kant, 1998), 168.

70 Der AEP (gegründet 1974) zählt zu den ältesten feministischen Frauenvereinen Innsbrucks. Er betreibt eine öffentliche Frauenbibliothek, bietet Familienberatung sowie Bildungsarbeit und gibt die AEP Informationen, feministische Zeitschrift für Politik und Gesellschaft heraus (www.aep.at).

71 Traude Kogoj, Lauter Frauen, 167.

72 Die Antworten sind in authentischer Schreibweise wiedergegeben.

73 AEP-Informationen: Frauen*Volksbegehren, Nr. 2 (2018). Informationen hierzu unter: www.aep.at.

74 „Was ist feminism loaded? Eine Ausstellung zu Feminismus und Frauenbewegung", AEP, zuletzt abgerufen am 29.04.2020, www.aep.at/feminism-loaded-wanderausstellung/.

75 Amt der Tiroler Landesregierung, Gleichstellungsbericht Tirol 2016. Frauen und Männer in Tirol. Regionalanalyse (Innsbruck: Amt der Tiroler Landesregierung 2016).

---

76 Nomen est omen: Bei den Griechen war es Pandora, durch deren Handlung Unheil über die Welt gebracht wurde, bei den Christen Eva. Beide Figuren können als Ursprungsmythen der Misogynie gelten. Vgl. Jack Holland, Misogynie. Die Geschichte des Frauenhasses (Frankfurt/Main: Zweitausendeins, 2007).

77 Siehe dazu den Beitrag von „5 Jahre Feminismus – Das Frauen*Volksbegehren und die Entwicklung meines feministischen Verständnisses" von Magdalena Berger und „Vom nicht existenten feministischen Generationenkonflikt" von Nicole Schöndorfer in diesem Band.

78 Renate Wurms, Wir wollen Freiheit, Frieden, Recht: Der Internationale Frauentag – Zur Geschichte des 8. März (Frankfurt/M.: Marxistische Blätter, 1980), 6.

79 Siehe dazu den Beitrag „Schutz gewähren: ‚Es ist einfach, mit dem Finger auf Einzelfälle zu zeigen.' Asylrechtlicher Schutz – Geschlecht – Sexualität" von Petra Sußner in diesem Band.

80 Siehe dazu die Beiträge über die und von den einzelnen aktivistischen Protestaktionen: „Die Kraft der Frauen*: Der Schweizer Frauen*Streik vom

14. Juni 2019" von Regula Bühlmann und „How we brought UPSKIRTING down" von Ida Marie Sassenberg in diesem Band.

81 „Presseaussendung des Frauen*Volksbegehrens 2.0: Gleichberechtigung der Geschlechter stärkt Europa. Frauen*Volksbegehren gibt Statements zu Backlash im Europaparlament ab", OTS, zuletzt abgerufen am 01.04.2020, www.ots.at/presseaussendung/OTS_20181129_OTS0190/gleichberechtigung-der-geschlechter-staerkt-europa.

82 P8_TA(2019)0111: European Parliament resolution of 13 February 2019 on experiencing a backlash in women's rights and gender equality in the EU (2018/2684(RSP), European Parliament, zuletzt abgerufen am 01.04.2020.

83 „Frauen*Volksbegehren: Gender Equality under Attack: Feminist Struggles against Sexism, Neoliberalism and Right-Wing Populism." Expert Statement von Christian Berger und Lena Jäger. Unter Mitarbeit von Schifteh Hashemi-Gerdehi, Elisabeth Lechner, Amadea Lichtenfeld, Maria Schachinger und Lisa Marie Weinberger. Vgl. Facebook-Beitrag von Christian Berger, 26.03.2019, zuletzt abgerufen am 01.04.2020, www.facebook.com/permalink.php?story_fbid=408696956357568&id=100016518003499&__tn__=K-R.

---

84 Gösta Esping-Andersen, The Three Worlds of Welfare Capitalism. (Cambridge: Polity Press, 1990).

85 Regina Dackweiler und Reinhild Schäfer (Hg.), Wohlfahrtsstaatlichkeit und Geschlechterverhältnisse aus feministischer Perspektive (Münster: Westfälisches Dampfboot, 2010).

86 Judith Butler, Das Unbehagen der Geschlechter (Frankfurt/Main: Suhrkamp, 1991).

87 Birgit Pfau-Effinger, „Wandel der Geschlechterkultur und Geschlechterpolitiken in konservativen Wohlfahrtsstaaten - Deutschland, Österreich und Schweiz." FU Berlin (Hg), Gender Politik Online (2005), www.fu-berlin.de/sites/gpo/tagungen/Kulturelle_Hegemonie_und_Geschlecht_als_Herausforderung/Birgit_Pfau-Effinger___Wandel_der_Geschlechterkultur_und_Geschlechterpolitiken_in_konservativen_Wohlfahrtsstaaten_____Deutschland____sterreich_und_Schweiz/wandel_geschl_pfau_effinger.pdf.

88 Birgit Schunter-Kleemann, Herrenhaus Europa-Geschlechterverhältnisse im Wohlfahrtsstaat (Berlin: Edition Sigma, 1992).

89 Pfau-Effinger, „Wandel der Geschlechterkultur".

90 Vgl. Ingrid Mairhuber, Die Regulierung des Geschlechterverhältnisses im Sozialstaat Österreich (Frankfurt/Main: Peter Lang, 2000); Regina Dackweiler, Wohlfahrtsstaatliche Geschlechterpolitik am Beispiel Österreich (Opladen: Leske und Budrich, 2003).

91 Pfau-Effinger, „Wandel der Geschlechterkultur".

92 www.morgenpost.de/vermischtes/article213688575/Maenner-koennen-krank-werden-wenn-sie-keine-Gefuehle-zeigen.html.

93 Robin J. Ely und Debra E. Meyerson,. „Theories of Gender in Organizations: A New Approach to Organizational Analysis and Change." Research in Organizational Behaviour, Nr. 22 (2000): 103–151.

94 „Frauen.Management.Report.2020", Kammer für Arbeiter und Angestellte in Wien, zuletzt abgerufen am 06.05.2020, www.arbeiterkammer.at/interessenvertretung/wirtschaft/betriebswirtschaft/AK_Frauen.Management.Report.2020.pdf.

95 Rosabeth Moss Kanter, Men and Women of the Corporation (New York: Basic Books, 1977); Rachel Goodman und Sara Kaplan, "Reconsidering Gender Diversity in Economic Development", Stanford Social Innovation Review, 02.04.2018.

96 Shelley J. Correll, "Gender and the Career Choice Process: The Role of Biased Self Assessments", American Journal of Sociology, Nr. 106/6 (2001): 1691-1730; Soledad Torres-Guijarro und Meredes Bengoechea, "Gender differential in self-assessment: A fact neglected in higher education peer and self-assessment techniques", Higher Education Research & Development, Nr. 36/5 (2016), 1072–1084.

97 Bettina Dausien, „‚Machen Frauen Karriere?' Gedanken zum Diskurs über Geschlecht, Beruf und ‚Work-Life-Balance'", in Anne Schlüter, Bildungs- und Karrierewege von Frauen. Wissen - Erfahrungen - biographisches Lernen. (Opladen: Verlag Barbara Budrich, 2006), 54–74; Angelika Wetterer, Arbeits-

teilung und Geschlechterkonstruktion – „Gender at Work" in theoretischer und historischer Perspektive (Konstanz: UVK Verlag, 2002).

98 Mathias W. Nielsen, „Limits to meritocracy? Gender in academic recruitment and promotion processes", Science and Public Policy, Nr. 43/3 (2016), 386–399.

99 Joan Acker, „Hierarchies, Jobs, and Bodies: A Theory of Gendered Organizations", Gender & Society, Nr. 4/2 (1990), 81-95; Dana M. Britton und Laura Logan, „Gendered Organizations: Progress and Prospects", Sociology Compass, Nr. 2/1 (2008), 107–121.

100 Jens van Tricht, Warum Feminismus gut für Männer ist, übersetzt von Christina Brunnenkamp und Isabel Hessel (Berlin: Christoph Links Verlag, 2019).

101 Diane F. Hermann, The Rape Culture, in Jo Freedman (Hrsg.), Women: A Feminist Perspective (Mountain View: Mayfield Publishing, 1984).

102 Olaf Kapella, Andreas Baierl, Christiane Rille-Pfeiffer, Christine Geserick und Eva-Maria Schmidt, Gewalt in der Familie und im nahen sozialen Umfeld. Österreichische Prävalenzstudie zur Gewalt an Frauen und Männern. (Wien: Österreichisches Institut für Familienforschung an der Universität Wien, 2011).

103 „True Fruits Statement", Facebook, 19.08.2019, zuletzt aufgerufen am 20.02.2020, www.facebook.com/true.fruits.no.tricks/posts/10156602203920914?__tn__=K-R.

104 Beatrice Frasl, „So funktioniert das perfide Marketing von True Fruits – und so zeigt sich der Widerstand im Netz", in Neon online, 19.08.2019, zuletzt aufgerufen am 20.02.2020, www.stern.de/neon/wilde-welt/gesellschaft/true-fruits-werbung--so-funktioniert-die-perfide-masche-dahinter-8855784.html.

105 Kyra Nastassja Furgalec, „#truediskriminierung und sonst nichts. Nehmt true fruits aus Eurem Sortiment", Change.org, zuletzt aufgerufen am 26.02.2020, www.change.org/p/truediskriminisierung-und-sonst-nichts-nehmt-true-fruits-aus-dem-sortiment.

106 „True Diskriminierung. Account zur Kampagne #truediskriminierung“, Instagram, zuletzt aufgerufen am 26.02.2020, www.instagram.com/true-diskriminierung.

107 Zum Nachlesen: Markus Appel und Bernad Batinic, Medienpsychologie (Heidelberg: Springer Medizin Verlag, 2008); Susan Griffin, „Rape: The All-American Crime“, in Ramparts Nr.10 (1971): 26–35; Christina Holtz-Bacha, Stereotype? Frauen und Männer in der Werbung (Wiesbaden: VS Verlag für Sozialwissenschaften, 2011).

108 Anna Dryjańska, „PiS nie docenia tego, że Polacy są nieobliczalni - mówi Marta Lempart, inicjatorka Ogólnopolskiego Strajku Kobiet”, naTemat, 27.9.2016, zuletzt abgerufen am 29.05.2020, www.natemat.pl/190935, pis-nie-docenia-tego-ze-polacy-sa-nieobliczalni-mowi-inicjatorka-ogolnopolskiego-strajku-kobiet.

109 „#KeinenMillimeter Rückschritt bei den reproduktiven Rechten von Frauen*!“, mein #aufstehn, zuletzt aufgerufen am 29.03.2020, www.bit.ly/2xbDrTR.

110 Lena Jäger, „AVISO: Freitag, 15. Februar, 9.00 Uhr: Pressekonferenz #KeinenMillimeter dürfen reproduktive Rechte beschnitten werden“, APA OTS, 14.02. 2019, zuletzt abgerufen am 29.04.2020, www.bit.ly/2Ruc4eF.

111 Keinen Millimeter (@keinen_millimeter), „Es war die schwerste und traurigste Entscheidung unseres Lebens“, Instagram, 24.04.2019, zuletzt abgerufen am 29.04.2020, www.bit.ly/2Vqtdai.

112 #keinenMillimeter, „#keinenMillimeter erreicht 10.000 Unterschriften in drei Tagen“, APA OTS, 26.04. 2019, zuletzt abgerufen am 29.04.2020, www.bit.ly/2JYzvs6.

113 „#KeinenMillimeter Rückschritt bei den reproduktiven Rechten von Frauen*!“, mein #aufstehn, zuletzt abgerufen am 29.03.2020, www.bit.ly/2JW9uK7.

114 Elżbieta Korolczuk, „Explaining Mass Protests against Abortion Ban in Poland.“ „The Power of Connective Action.“ Zoon Politikon, Band 7 (2017), 107.

115 Gilda Sedgh et. al., „Abortion Worldwide 2017: Uneven Progress and Unequal Access“, Guttmacher Institute, (März 2018), zuletzt abgerufen am 29.04.2020, www.//bit.ly/2Rs40uA.

116 Lena Jäger, „AVISO: 23. April, 10 Uhr: Pressekonferenz #KeinenMillimeter“, APA OTS, 22.04.2019, zuletzt abgerufen am 29.03. 2020, www.bit.ly/3c3qw4W.

117 Keinen Millimeter (@keinen_millimeter), Instagram, zuletzt abgerufen am 29.03.2020, www.bit.ly/3eg38mD.

118 Keinen Millimeter, Facebook, zuletzt abgerufen am 29.03.2020, www.bit.ly/2wsvfxU.

119 „Abtreibungsdemonstrationen pro und contra Abtreibung in Wien am 3. Sept 2009“, Wien-konkret, zuletzt abgerufen am 30.03.2020, www.bit.ly/2VdwmtC.

120 „Reproductive Justice“, SisterSong. o.D, Women of Color Reproductive Justice Collective, zuletzt abgerufen am 03.03.2020, www.sistersong.net/reproductive-justice.

121 Peggy Piesche, Mehr als Pro Choice, zuletzt abgerufen am 03.03.2020, www.gwi-boell.de/de/2018/03/16/mehr-als-pro-choice.

122 Wie der Dokumentarfilm Abandoned (2018) von Patricia Marchart eindrücklich zeigt, führt die Verweigerung straffreier Schwangerschaftsabbrüche international auch immer wieder dazu, dass Frauen sterben oder in Lebensgefahr kommen (mehr unter: www.abandoned.film).

123 Auf Weiß-Sein basierendes globales Herrschaftssystem, das Schwarze/People of Color Weißen politisch, ökonomisch und kulturell unterordnet.

124 Fabian Löhe, „Es sind die Frauen, die das Land rocken“, Der Tagesspiegel, 19.03.2020, zuletzt abgerufen am 28.03.2020, www.tagesspiegel.de/politik/umgang-mit-der-coronavirus-krise-es-sind-die-frauen-die-das-land-rocken/25661322.html.

125 Leonhard Bauer und Herbert Matis: Geburt der Neuzeit. Vom Feudalsystem zur Marktgesellschaft (München: DTV, 1992), 43f.

126 BGBl. 412/1975.

127 „Zeitverwendungserhebung 2008/09", Statistik Austria, zuletzt abgerufen am 28.03.2020, www.statistik.at/web_de/statistiken/menschen_und_gesellschaft/soziales/zeitverwendung/zeitverwendungserhebung/index.html.

128 Käthe Knittler (2018), „Auseinanderdriftende Produktivitäten und der Care Sektor", in BEIGEWUM (Hg.), Umkämpfte Technologien. Arbeit im digitalen Wandel, (Hamburg: VSA, 2018), 87–101, hier: 94ff.

129 Birgit Mahnkopf, Gerecht ist, was effizient macht oder: Die Entdeckung produktionsorientierter Ungleichheit durch die neue Sozialdemokratie", in Elmar Altvater et al. (Hg.), Neoliberalismus - Militarismus - Rechtsextremismus. Die Gewalt des Zusammenhangs (Wien: Promedia, 2001), 85–111, hier: 105, zit. nach Eva Kreisky, „Ver- und Neuformungen des politischen und kulturellen Systems. Zur maskulinen Ethik des Neoliberalismus", in Kurswechsel Nr. 4 (2001), 38–50.

130 „Lohnsteuerstatistik 2018, Arbeitnehmer und Arbeitnehmerinnen und Bruttobezüge 2018 nach Geschlecht und wirtschaftlicher Aktivität", Statistik Austria, zuletzt abgerufen am 28.03.2020.

131 „2020: Gender overall earnings gap", Eurostat, zuletzt abgerufen am 28.03.2020, www.ec.europa.eu/eurostat/tgm/table.do?tab=table&plugin=1&language=en&pcode=teqges01.

132 Heike Hausensteiner, „Das Problem ist die Abwertung von Frauenarbeit. Ein Interview mit Alexandra Weiss", Kompetenz, 27.03.2020, zuletzt abgerufen am 19.03.2020. www.kompetenz-online.at/2020/03/27/das-problem-ist-die-abwertung-von-frauenarbeit/.

---

133 Wolfgang Lempert, „Zum Begriff der Emanzipation", in Emanzipation, hrsg. Martin Greifenhagen (Hamburg: Hoffmann und Campe, 1973), 217.

134 Martin Risak, „Emanzipatorische Aspekte der Arbeitszeitregulierung", Momentum Quarterly Vol. 5, No. 4 (Winter 2016), 75.

135 Martin Risak, „Hintergründe der Arbeitszeitregulierung", Zeitschrift für Arbeitsrecht und Sozialrecht Vol. 55, No. 2a (März 2015), 127.

136 1327 BlgNR 11. GP.

137 www.bmi.gv.at/cms/BMI wahlen/volksbegehren/Alle Volksbegehren.aspx (27.03.2020). Näheres siehe auch Martin Risak, Entgrenzte Arbeitszeit: Wunsch, Alptraum oder arbeitsrechtliche Realität? Das Recht der Arbeit No. 1 (2015), 9.

138 Risak, „Emanzipatorische Aspekte“, 75.

139 Risak, „Hintergründe“, 133: (§§ 19c Abs 2, § 19d Abs 2 AZG).

140 BGBl. Nr. I 2018/53.

141 Dazu Martin Risak, ARD Spezial: Arbeitszeitpaket 2018 (Wien: Lexis Nexis, 2018).

142 Martin Risak, „Arbeitszeitrecht Quo Vadis?“, in Arbeitszeitlandschaften in Österreich, hrsg. von Annika Schönauer, Hubert Eichmann und Bernhard Saupe (Baden-Baden: Nomos, 2018), 301–316.

143 ErlRV 903 BlgNR 25. GP 7.

144 „Mikrozensus 2018“, Statistik Austria, zuletzt abgerufen am 02.03.2020.

145 „Zeitverwendungserhebung 2008/2009“, Statistik Austria, zuletzt abgerufen am 29.04.2020, www.statistik.at/web_de/statistiken/menschen_und_gesellschaft/soziales/zeitverwendung/zeitverwendungserhebung/index.html; Ina Freudenschuss, „Hausarbeit ist unsichtbar – und soll es bleiben“, zuletzt abgerufen am 02.03.2020, www.awblog.at/hausarbeit-ist-und-bleibt-unsichtbar/.

---

146 Alleinerzieher*in ist lt. Statistik dann gegeben, wenn nur ein Elternteil mit mindestens einem Kind im gleichen Haushalt gemeldet ist. Diese Lebensform wird auch Ein-Eltern-Familie genannt.

147 Statistik Austria, 2020: Ein-Eltern-Familien mit erhaltenen Kindern unter 25 Jahren nach soziodemographischen Merkmalen – Jahresdurchschnitt 2019.

148 Aus Verantwortung für Österreich. Regierungsprogramm 2020–2024, 235.

149 Familienbegriffe, die alleinerziehenden Frauen in den Fokusgruppen zur ÖPA Maßstab Kampagne von 2018, für sich genannt haben.

150 Statistik Austria, Pressemitteilung: 12.007-073/19.

151 Zusammen. Für unser Österreich. Regierungsprogramm 2017–2022, 9. Aus Verantwortung für Österreich. Regierungsprogramm 2020–2024, 282.

152 Eine weitere kritische familien- und unterhaltsrechtliche Einordung dieser Steuerreform findet sich im Beitrag „Rechtslage und Rechtsprechung zum Kindesunterhalt in Österreich - Ein Beitrag zur Kinderarmut" von Helene Klaar in diesem Band.

153 Caroline Berghammer und Eva-Maria Schmidt, „Familie, Partnerschaft und Geschlechterrollen, Befunde aus der Europäischen Wertestudie," Beziehungsweise Informationsdienst des Österreichischen Instituts für Familienforschung, Januar/Februar 2020, 4.

---

154 pro:woman Wien, interne Daten, 2020.

155 Kirsten Sucker-Sket, „Apotheker durfte Abgabe der „Pille danach" verweigern", Deutsche Apotheker Zeitung (DAZ), 16.01.2020, www.deutsche-apotheker-zeitung.de/news/artikel/2020/01/16/apotheker-durfte-abgabe-der-pille-danach-verweigern/chapter:1.

156 Abortion and Mental Health, American Psychological Association, zuletzt abgerufen am 29.04.2020, www.apa.org/pi/women/programs/abortion/index.

157 pro:woman Wien, interne Daten, 2020.

158 pro:woman Wien, interne Daten, 2020.

---

159 Etwa wenn Frauen eine Paarbeziehung ohne Zustimmung des Partners zu beenden oder Männer im öffentlichen Raum weiblich konnotierte Kleidung oder Verhaltensweisen für sich beanspruchen.

160 Ulrich Beck, Risikogesellschaft. Auf dem Weg in eine andere Moderne (Frankfurt: Suhrkamp, 1986).

161 Rachel Vorona Cote, Too Much: How Victorian Constraints Still Bind Women Today (London: Sphere, 2020).

162 Anne Helen Peterson, Too Fat, Too Slutty, Too Loud. The Rise and Reign of the Unruly Woman (New York: Plume, 2017).

163 Mit Inkrafttreten des 11. Zusatzprotokolls zur EMRK am 1. November 1998 wurde das Straßburger Verfahren dahingehend umgestaltet, dass an die Stelle der bisherigen Durchsetzungsorgane - der Europäischen Kommission für Menschenrechte, dem Europäischen Gerichtshof für Menschenrechte und dem Ministerkomitee - der neue, ständig tagende Europäische Gerichtshof für Menschenrechte trat.

164 Anträge auf Verweis an die Große Kammer werden gemäß Art 43 EMRK in Verbindung mit Artikel 73 der Verfahrensordnung des EGMR nur in Ausnahmefällen zur Prüfung einer schwerwiegenden Frage im Hinblick auf die Auslegung oder Anwendung der EMRK oder die allgemeine Bedeutung zugelassen.

165 EGMR 4.7.2019, Beschwerde 62.903/15.

166 Der gegenständliche Fall war Anlass, das Sicherheitspolizeigesetz im September 2013 zu novellieren und die Anordnung eines Betretungsverbotes auch auf Schulen und Kinderbetreuungseinrichtungen auszudehnen - eine gesetzliche Maßnahme, die mit Inkrafttreten des Gewaltschutzgesetzes 2019 wieder weggefallen ist und durch ein Verbot, sich dem Opfer auf hundert Meter anzunähern, ersetzt wurde.

167 Vgl Haider u.a., Screening Gruppe, Screening Mordfälle, Auswertungszeitraum: 01.01.2018-25.01.2019, Wien 2019, 54, 67, wonach das häufigste Tatmittel bei Beziehungstaten ein Messer ist.

168 RV 270 BlgNR 18. GP.

169 ABl C 1984/127, 137.

170 Vgl. auch UBAS 28.9.1998, 203.430/0-IX/26/98.

171 Hochkommissar der Vereinten Nationen für Flüchtlinge (United Nations High Commissionar for Refugees, UNHCR).

172 Vgl. Art. 10 Abs. 1 lit d Status- oder QualifikationsRL (Richtlinie 2011/95/EU, ABl L 2011/337, 9).

173 Strafgesetzbuch (StGB), BGBl. Nr. I 134/2002.

174 § 100 Abs. 2 StGB idF BGBl. Nr. I 134/2002.

175 Zitiert nach Petra Sußner, „Was ist los in Österreich? Sexuelle Orientierung und geschlechtliche Identität als Gegenstand asylrechtlicher Verfahrensführung“, September 7, 2018, Blogbeitrag Netzwerk Fluchtforschung, zuletzt aufgerufen am 04.04.2020, www.doi.org/10.17176/20190319-133249-0.

176 Barbara Paul, Lüder Tietz, Caroline Schuhbart, Queer as ... – kritische Heteronormativitätsforschung aus interdisziplinärer Perspektive (Bielefeld: transcript, 2016); Peter Wagenknecht, „Was ist Heteronormativität? Zu Geschichte und Gehalt des Begriffs“, in Heteronormativität. Empirische Studien zu Geschlecht, Sexualität und Macht, Hrsg. Jutta Hartmann et al. (Wiesbaden: VS Verlag für Sozialwissenschaften, 2007).

177 Genfer Flüchtlingskonvention, BGBl. 1955/55 sowie BGBl. 1974/78 (Zusatzprotokoll von 1967).

178 Vgl. Thomas Spijkerboer, Gender and Refugee Status (Farnham: Ashgate, 2000), 1.

179 Diese gehen freilich weiter als bis ins Jahr 2015 zurück. Weiterführend etwa Diese gehen freilich weiter als bis ins Jahr 2015 zurück. Weiterführend anstelle von vielen Sonja Buckel, ‚'Welcome to Europe“ - die Grenzen des europäischen Migrationsrechts: juridische Auseinandersetzungen um das „Staatsprojekt Europa“ (Bielefeld: transcript, 2013).

180 EuGH, C-148/13–C-150/13 vom 2.12.2014.

181 Vgl. auch § 3b Abs. 1 Z 4 des deutschen Asylgesetzes in der Fassung 28.8.2013.

182 Vgl. VfGH, 26.06.2020, E902/2020.

183 EuGH, 7.11.2013, C-199/12–C-201/12.

184 Für eine österreichische Fallstudie Petra Sußner, „Was spricht gegen ein wenig Diskretion? Sexuelle Orientierung und geschlechtliche Identität im Flüchtlingsbegriff“, in Der Status im Europäischen Asylrecht, hrsg. v. Stefan Salomon (Baden-Baden: Nomos, 2020).

185 Jenni Millbank, „'The Ring of Truth': A Case Study of Credibility Assessment in Particular Social Group Refugee Determinations", International Journal of Refugee Law 21, Nr. 1 (2009), www.doi.org/10.1093/ijrl/een040. 393.

186 Spijkerboer 2013, 220.

187 The Yogyakarta Principle, zuletzt abgerufen am 14.04.2020, www.yogyakartaprinciples.org/.

188 EuGH, C148/13-C-150/13 vom 2.12.2014.

189 Vgl. zum Gewaltschutz in der asylrechtlichen Aufnahme Petra Sußner, „Wer geht ist selber schuld? Unionsrechtliche Perspektiven auf Gewaltschutzansprüche von LGBTIQ-Asylsuchenden in Unterkünften – unter Berücksichtigung der Rechtsprechung des EGMR", Europäische Grundrechte-Zeitschrift 46, Nr. 17–19 (2019).

190 Richtlinie 2013/33/EU, ABl. L 180, 96.

191 Europäisches Unterstützungsbüro Für Asylfragen, EASO-Leitfaden zu Aufnahmebedingungen: operative Normen und Indikatoren (2016), 21.

Laura Wiesböck
bei Kremayr & Scheriau

IN BESSERER GESELLSCHAFT.

208 Seiten
ISBN: 978-3-218-01133-4
€ 22,00

„Aber wir sind doch alle gleich!" Der Schlachtruf der aufgeklärten Gesellschaft ist zugleich ihr größter Stolperstein: In Wirklichkeit sind wir bestrebt, uns anderen Menschen, anderen Bevölkerungsgruppen, anderen Denkmustern, anderen Verhaltensweisen gegenüber abzugrenzen. Konsumverhalten wird zum Statussymbol, der Beruf zur Identität und politische Andersartigkeit zum Feindbild. Die Soziologin Laura Wiesböck geht unserer Sehnsucht nach Überlegenheit mit Verve, Witz und Wissen auf den Grund - und fördert dabei auch unangenehme Wahrheiten zutage.

*Das Logo des Frauen*Volksbegehrens wurde entworfen von: Alessia Celentano, Pia Steidl, Polly Pavlina Delcheva und Etta Sophie Fresemann*

www.kremayr-scheriau.at

ISBN 978-3-218-01236-2

Einband- und Vorsatzgestaltung: Christine Fischer
Illustrationen: Clara Fridolin Biller
Typografische Gestaltung und Satz: Sheila Ehm
Lektorat: Paul Maercker
Druck und Bindung: Finidr, s.r.o., Czech Republic